ARMSTRO
74

RO21 YCH

FERRARI 75 YEARS

페라리 75년

데니스 애들러 지음
엄성수 옮김

ITDAM BOOKS

Ferrari 75 Years by Dennis Adler

First published in 2006 by Random House. Second edition published in 2016 by Motorbooks,
an imprint of The Quarto Group.

수년간 사랑과 격려로 내가 계속 책을 쓸 수 있도록 용기를 불어넣어준 진에게 이 책을 바칩니다.
그리고 우리 '사총사' 중 하나인 친구 루이지 '코코' 치네티에게 이 책을 바칩니다.
그는 자기 아버지 고 루이지 치네티 시니어에 대한 이야기를 들려주었습니다.
루이지 치네티 시니어는 엔초 페라리와 함께 자동차의 전설을 써내려간 사람입니다.
그리고 여러 해 전 내가 이 책의 시작이 된
『페라리 - 마라넬로부터의 길Ferrari-The Road From Maranello』을 쓰기 시작했을 때
이탈리아에서 함께 지낸 우리의 소중한 두 친구이자 동료 작가인
스티브 피에스태드와 R. L. 윌슨을 추억합니다.
이제 두 사람은 가고 없을지라도 영영 잊지 못할 것입니다.

2021년 1월 데니스 애들러

차례

루이지 치네티 주니어

자동차와 자동차 레이스 세계에는 시대의 아이콘 같은 인물들이 여럿 있었다. 먼저 위대한 에토레 부가티Ettore Bugatti를 떠올릴 수 있다. 그의 파란색 레이스카들과 스포츠카들에서는 1920년대의 태평스러운 이미지가 떠오르며, 그 자신의 신비한 분위기에서는 우아함과 귀족스러움이 연상된다.

부가티의 후계자로는 엔초 페라리Enzo Ferrari가 꼽힌다. 그는 제1차 세계대전 직후 비교적 초라하게 출발했지만 곧 자신만의 존재감을 드러냈다. 1988년 8월 13일에 세상을 떠났지만 그는 수십 년이 지난 지금까지도 여전히 평생 자신의 꿈을 좇아 전설을 쓴 인물로 존경받고 있다.

나는 데니스 애들러의 이 책에 서문을 써달라는 요청을 받고 아주 기뻤는데, 그건 내 아버지 루이지 치네티Luigi Chinetti가 파란만장했던 엔초 페라리의 삶에서 거의 매 순간 함께했으며, 이곳 미국에서 오늘날의 페라리라는 전설을 만드는 데 일조했기 때문이다.

오른쪽 1998년 마라넬로의 페라리 공장에서 루이지 치네티 주니어. © Dennis Adler

1971년 르망 24시간 레이스에서 365 GTB/4 데이토나(365 GTB/4 Daytona) 모델을 몰고 우승을 차지한 루이지 치네티 주니어.

1920년대 초를 상상해보라. 전쟁이 유럽을 유린했고, 그 결과 유럽은 경제적·정치적 혼란에 빠졌다. 그러나 자동차 레이스에 대한 사람들의 열정은 여전했으며, 이번에는 젊은 엔초 페라리가 위대한 알파 로메오Alfa Romeo에 몸담고 주세페 캄파리Giuseppe Campari나 안토니오 아스카리Antonio Ascari 같은 위대한 카레이서들과 경쟁을 벌였다. 엔초 페라리는 빨랐으며, 1924년에 열린 코파 아세르보Coppa Acerbo 자동차 레이스에서 우승을 거머쥐며 팀 안에서 자신의 입지를 다졌다.

나의 아버지 역시 바로 그 무렵에 알파 로메오에서 일하기 시작하면서 페라리와 운명적으로 만나게 되었다. 이후 두 사람은 60년 넘게 친밀한 관계를 유지했다. 당시 아버지가 페라리에 대해 얼마나 잘 알고 있었는지는 모르지만, 자동차 레이스에 대한 공통된 열정을 통해 두 사람의 삶이 서로 뒤얽히게 되었다는 것만은 분명하다.

1931년경 알파 로메오는 아버지를 파리로 보냈다. 아버지는 거기에서 명차 전문가로 인정받았으며, 자신의 자동차 정비소를 개업하게 된다. 그리고 거기에서 부유한 프랑스 젊은이들을 설득해 알파 로메오의 자동차를 구입하게

서문

하는 기술을 터득했으며, 그런 다음 그들을 도와 자동차 레이스에 나가게 해주었다. 프랑스에서 가장 뛰어난 카레이서 중 한 사람인 레몽 소메르Raymond Sommer 역시 그런 프랑스 젊은이들 중 하나였다. 아버지는 소메르에게 알파 로메오 2300 모델을 팔았으며, 두 사람은 이후 그 자동차로 1932년 '르망 24시간Le Mans 24 Hour' 레이스에 나가 우승을 하게 된다.

세 차례에 걸친 아버지의 르망 24시간 레이스 우승은 이렇게 시작되었다. 아버지는 1934년에 역시 알파 로메오 팀 소속으로 또 다른 프랑스 카레이서 필리프 에탕셀랭Philippe Étancelin과 함께 르망 24시간 레이스에 출전해 두 번째 우승을 했으며, 제2차 세계대전이 시작되기 전까지 모든 르망 24시간 레이스에 출전했다. 그야말로 멋진 인생이었으나, 아돌프 히틀러 치하의 독일과 베니토 무솔리니 치하의 이탈리아에서 파시즘이 생겨나는 등 살벌한 유럽 정치 풍토로 인해 그 특별한 시기는 막을 내리게 된다.

자동차 역사 전문가들에 따르면, 엔초 페라리는 1930년대를 거치면서 자동차 레이스에 직접 참가하는 것에서 자기 이름을 딴 레이싱 팀 스쿠데리아 페라리Scuderia Ferrari의 이름 아래 알파 로메오를 대표해 많은 자동차 레이스를 조직하고 운영하는 쪽으로 주안점을 옮겼다. 그는 자신의 고향인 이탈리아 모데나 중심부의 비알레 트렌토 트리에스테 31번지에서 그 레이싱 팀을 운영했다.

1946년 어느 추운 겨울날, 아버지와 엔초 페라리는 그 유명한 만남을 갖고 서로 마주 보고 앉아 오늘날 우리가 알고 있는 자동차 기업 페라리의 씨앗을 뿌렸다. 당시 어린 소년이었던 나는 10대가 되어서야 내가 얼마나 중요한 자리에 함께한 것인지 알게 되었다. 당시 이탈리아는 전쟁으로 피폐해졌고 모든 것이 부족한 상태였으나, 두 사람은 궁핍한 그 시절이 지나면 사람들이 다시 자동차와 자동차 레이스에 열광하는 때가 올 것이라는 꿈을 꾸었다. 그날 두 사람이 합의한 사항은 간단했다. 페라리가 자동차를 제작하고 아버지가 그것들을 열심히 판다는 것. 두 사람이 말하는 자동차에는 레이스에 참가하는 레이스카뿐 아니라 거리를 달리는 로드카도 포함되었다. 두 사람은 로드카를 판매한 돈으로 뛰어난 레이스카를 제작하기로 했다. 그야말로 일거양득 효과를 보자는 것이었다.

앞서 언급했듯 전쟁 직후의 피폐한 시대 상황에도 불구하고, 엔초 페라리는 공산당의 영향을 심하게 받고 있던 노동자들에게 일할 의욕을 불러일으킬 만한 매력과 카리스마를 갖고 있었다. 그리고 당시 이탈리아의 거의 모든 기업은 기습적인 파업으로 몸살을 앓고 있었지만, 페라리는 그런 혼란에서 어느 정도 빗겨나 있었다.

내가 알고 있는 바로는 아버지는 그 시기에 파리로 돌아갔으며, 세계대전이 일어나기 전까지 알고 지낸 영향력 있는 친구들 덕에 당시 가장 큰 성공을 거둔 두 프랑스 사업가 미셸 폴 카발리에Michelle Paul Cavallier와 피에르 루이 드레퓌스Pierre Louis Dreyfus를 만났고,

페라리에 꼭 필요한 자금 투자를 이끌어냈다. 이는 자동차 제작에 큰 도움이 되어 결국 페라리는 레이스카와 로드카 분야에서 모두 큰 성공을 거둘 기업으로 성장하게 되었다. 투자받은 돈은 낭비되지 않았다. 아버지는 그 돈을 토대로 '스파 24시간Spa 24 Hour' 레이스와 몽테히에서 열린 '파리 12시간12 Hours of Paris' 레이스는 물론 1949년 르망 24시간 레이스에도 참여해 우승을 차지했다

그 시기에 아버지는 페라리를 미국에 알리는 작업에 착수했고, 그 과정에서 브릭스 커닝엄Briggs Cunningham에게 미국에 수입된 최초의 페라리 자동차를 팔았다. 이후 커닝엄이 그 자동차를 가지고 1949년 미국 왓킨스 글렌Watkins Glen 레이스에서 우승을 차지함으로써, 미국에서도 페라리의 전설이 시작되었다.

페라리를 미국에 소개하는 동안에도 아버지는 초기 모델인 페라리 166과 212를 파리 모터쇼와 제네바 모터쇼에 소개하는 등 유럽에도 페라리 브랜드를 알리는 데 많은 노력을 기울였다. 아버지는 또 비냘레Vignale를 찾아가 내 생각에 당대 최고의 로드카 디자인이었던 지오반니 미첼로티Giovanni Michelotti의 디자인을 토대로 자동차를 제작해달라고 의뢰했다.

나는 1940년대 말에서 1950년대 사이에 각종 장거리 스포츠카 레이스에서 우승을 차지한 것이 페라리의 명성을 확고히 하는 데 결정적 역할을 했다고 생각한다. 그 이후 페라리의 전설은 점점 더 커져갔다. 오늘날 자동차 애호가들에게 제2차 세계대전 이후에 나온 가장 위대한 자동차들을 꼽으라고 한다면, 아마 대부분 페라리라는 이름을 꼽을 것이다. 페라리 250 GT 숏 휠베이스250 GT Short Wheelbase(250 GT SWB), 스파이더 캘리포니아Spyder California, 250 그란 투리스모 오몰로가토250 Gran Turismo Omologato(250 GTO) 등 불멸의 페라리 V12 엔진을 장착한 모델들 말이다.

1956년에 아버지는 우리의 고객들과 전도유망한 새로운 카레이서들이 미국을 비롯한 전 세계의 다양한 자동차 레이스에서 경쟁할 수 있게 해주기 위해 페라리 북미 레이싱 팀North American Racing Team(NART)을 만들었다. 그런 식으로 우리는 이미 재정적 지원을 받고 있는 카레이서들은 물론 재정적 지원을 받지 못해 자신의 잠재력에 맞는 자동차 레이스에 참가하지 못하는 카레이서들과도 함께할 수 있었다. 레이싱 팀을 통해 두 부류의 카레이서가 모두 도움을 받을 수 있었는데, 그 덕에 어떤 카레이서는 자신의 패기를 입증할 기회를 얻을 수 있었고 또 어떤 카레이서는 축적된 경험을 통해 자신을 향상시킬 기회를 가질 수 있었다.

페라리 NART는 고객과 카레이서, 엔지니어 그리고 자원봉사자로 이루어진 가족이나 다름없었고, 모두 힘을 합쳐 가능한 한 최선의 결과를 내기 위해 노력했다. 이런 분위기는 1965년 르망 24시간 레이스 우승으로 이어졌다. 아버지는 레이싱 팀 소유주로 르망 24시간 레이스 첫 우승

을 했고, 엔초 페라리는 마지막 우승을 했다. 나는 운이 좋게도 그 시기의 끝 무렵에, 그러니까 시케인*과 암코*로 인해 레이스 코스가 다소 무력화되기 전에, 자동차 레이스에 참가할 기회를 잡았다. 전설적인 페라리 312P 모델을 몰고 '세브링 12시간Sebring 12 Hours' 레이스와 '데이토나 24시간24 Hours of Daytona' 레이스에 참가할 수 있었던 건 내겐 더없는 영광이었으며, 또한 내 삶에서 가장 중요한 사건이기도 했다. 그리고 또 나는 운 좋게도 1971년 르망 24시간 레이스에서 밥 그로스만Bob Grossman과 함께 카테고리 우승을 차지했고, 그 덕에 이번엔 페라리 365 GTB/4 데이토나 모델이 레이싱 역사에 기록되었다.

약 15년 전에 레이싱 관련 해설을 썼고 지금 다시 읽어보면서, 나는 내가 그 많은 사람을 알고 지낸 것이 얼마나 큰 행운이었는지 새삼 깨닫게 된다. 그들의 열정과 꿈과 기술 덕에 오늘날 페라리가 누리는 명성의 토대를 쌓을 수 있었다. 그것도 놀랄 만큼 빠른 속도로. 이 책 『페라리 75년Ferrari 75 Years』에서 데니스 애들러는 친애하는 독자 여러분에게 F12 베를리네타F12 Berlinetta, F8 트리부토F8 Tributo, 812 슈퍼패스트812 Superfast, 포르티피노Portifino, F90 스트라달레F90 Stradale 등 지난 몇 년 사이에 페라리 마라넬로에서 시장에 내놓은 페라리 모델들을 소개함으로써 그것을 잘 보여주고 있다. 그 모델들은 저마다 아주 뛰어난 엔지니어링 수준에 걸맞은 아주 독특한 스타일을 갖고 있다. 솔직히 말해, 오늘날에도 그 모델들만큼 빠르고 매혹적이며 뛰어난 성능을 갖추었으며, 자동차 역사에서 중요한 다른 자동차들도 있다. 그러나 그런 특징들을 모두 갖고 있는 놀라운 자동차를 타보고 싶다면, 핸들 중앙에 작은 검은색 말 로고가 박혀 있는 자동차에 앉아봐야 한다.

피아트Fiat 그룹에 인수된 페라리는 2006년 이후 다양한 모델들에서 피아트의 계열사인 마세라티Maserati 및 알파 로메오의 모델들과 뒤섞이며 큰 변화를 겪게 되지만, 오늘날에도 페라리는 뛰어난 엔지니어링 기술과 개성 그리고 놀라운 디자인으로 유명하며 또 높이 평가받고 있다.

데니스 애들러는 이 책에서 지난 75년에 걸친 엔초 페라리와 그의 자동차들에 대한 흥미진진한 이야기를 생생히 전하고 있으며, 많은 사진을 통해 나뿐 아니라 '카발리노 람판테Cavallino Rampante'(페라리의 상징인 '도약하는 말')를 사랑하는 모든 사람에게 많은 추억을 불러일으키고 있다. 엔초 페라리라는 이름은 스포츠카 역사에서 영원히 살아남을 것이며, 나는 우리 가족이 실제로 있었던 동화 같은 자동차 이야기에서 중요한 역할을 한 것을 더없는 영광으로 생각한다.

시시탈리아 – 현대 스포츠카의 구현

모든 이야기에는 시작이 있는데,
종종 그 시작은 이야기가 어떻게 끝나느냐는 것과는 별 관계가 없다.
자동차 디자인의 본질을 추구한 시시탈리아의 이야기가 그렇다.

20세기의 첫 50년간 자동차는 프랑스인과 독일인 그리고 영국인의 마음을 사로잡았지만, 웬일인지 특히 이탈리아인의 마음을 더 강하게 사로잡았다. 이탈리아 사람들은 자동차 운전과 레이스에 워낙 열광해, 1930년대 대공황 시기에 알파 로메오의 지급 능력을 보장해주기 위해 이탈리아 정부가 그 회사의 주식을 사들일 정도였다. 그만큼 알파 로메오는 전 국민적인 자랑이었다. 알파 로메오는 이탈리아의 모터스포츠 챔피언이었다. 프랑스 르망 24시간 레이스 4회 우승과 이탈리아 '밀레 밀리아Mille Miglia' 레이스 연속 10회 우승을 자랑한다. 그 같은 미증유의 성공에 힘입어 최악의 경제 불황기에도 살아남을 수 있었다.

자동차 경주에 대한 국민적인 열정 덕에 제2차 세계대전 후 피에로 듀시오Piero Dusio라는 부유한 이탈리아 기업가가 스포츠카 세계에 뛰어들게 된다. 엔초 페라리와 마찬가지로, 듀시오도 이탈리아 정부에 군수물자를 팔아 돈을 벌었다. 그러나 페라리와 달리 듀시오는 패자 편에 있으면서도 그것이 돈벌이가 된다는 걸 알았고, 그래서 1946년에 콘소르치오 인더스트리알레 스포르티보 이탈리아Consorzio Industriale

1981년 아트센터디자인대학은 북미 피아트 모터스와 함께 전시회를 열었다. 거기 전시된 자동차 중에는 피닌파리나의 멋진 시시탈리아 202 모델도 있었다. 이 모델은 페라리 자동차는 아니었지만, 깔끔하고 우아한 그 모습은 1950년대에 나올 여러 페라리 모델에 그대로 반영되었다. 제2차 세계대전 직후에 생산된 이 쿠페는 발판, 보디에 통합되지 않은 조개껍데기 스타일의 펜더, 프런트 펜더 안에 들어가지 않은 독립된 헤드라이트 구조 등 전쟁 이전의 디자인 특징을 지운 발전된 디자인 덕에 지금도 찬사를 받는다. © INTERFOTO/Alamy Stock Photo

오른쪽과 아래쪽 시시탈리아 202 모델은 디자인이 획기적이었다. 자동차 디자이너 세르지오 피닌파리나는 자기 아버지가 디자인한 그 자동차에 대해 이렇게 말했다. "아버지가 디자인한 최고의 차였습니다. 시시탈리아 모델은 뉴욕 현대미술관에 전시되었는데, 나는 그 모델이 스포츠카 디자인의 첨단을 달렸다고 생각합니다."
© Karl Ludvigsen Photograph Collection/REVS Institute

Sportivo Italia의 줄임말인 시시탈리아Cisitalia라는 1인승 레이스카 전 차종의 개발에 자금을 댔다.

피에로 듀시오는 단테 지아코사Dante Giacosa라는 피아트의 재능 있는 엔지니어를 영입했고, 지아코사는 수익을 내면서 적절 수량 제작할 수 있는 피아트 모델에 기반을 둔 단순한 디자인의 레이스카를 설계했다. 또한 듀시오는 피아트에 몸담았던 실험 정신이 뛰어난 엔지니어 지오반니 사보누치Giovanni Savonuzzi를 영입해 자동차를 제작했으며, 다름 아닌 그 위대한 이탈리아 카레이서 피에로 타루피Piero Taruffi에게 그 첫 모델의 테스트 운전을 의뢰했다. 1946년 8월에 시시탈리아는 새로운 모델인 티포 D46 모노포스토스Tipo D46 Monopostos 7대를 제작했다. 그리고 데뷔 첫 레이스에서 1위, 2위, 3위를 차지했으며, 1947년에는 전설적인 카레이서 타치오 누보라리Tazio Nuvolari가 시시탈리아의 스포츠 버전 자동차를 몰고 밀레 밀리아 레이스에서 2위

왼쪽 백라이트의 기울기가 보디 뒷부분과 조화로운데, 이는 1950년대와 1960년대 내내 유행한 또 다른 스타일 주제였다.

아래쪽 1981년 세르지오 피닌파리나와의 첫 인터뷰 당시 그는 55세로, 페라리와 함께 일한 초창기 시절의 일들을 유쾌하게 회상했다.

로 결승선을 통과했다. 그러자 티포 D46 모노포스토스 모델의 주문이 쏟아져 들어오기 시작했다. 이제 듀시오는 스포츠카 분야에서도 그만한 성공을 거두고 싶어 했고, 그래서 또 다른 시시탈리아 모델인 시시탈리아 202 개발에 대한 자금 지원을 약속했다.

1940년대 말, 영국과 프랑스와 독일은 6년간의 세계대전으로 피폐해져 여전히 휘청거리고 있었다. 그러나 이탈리아는 와인과 자동차와 자동차 레이스에 대한 열정으로 제일 먼저 자동차 생산을 재개했다. 1946년에 피에로 듀시오는 페르디난트 포르쉐Ferdinand Porsche(자동차 엔지니어 겸 포르쉐Porsche 창업자)를 프랑스 감옥에서 빼내기 위해 100만 프랑에 이르는 돈을 지불했다. 포르쉐 가문은 듀시오와 그의 친구 타치오 누보라리를 위해 고성능 12기통 엔진이 장착된 4륜구동형 시시탈리아 F1 그랑프리Formula One Grand Prix 자동차를 설

왼쪽 부드럽게 솟아오른 펜더와 계란형 그릴은 1947년식 피닌 파리나 디자인의 특징이었다.

오른쪽 타원형 포트들은 유럽 및 미국 자동차들에서 몇 년간 보게 될 시시탈리아 자동차 스타일링의 여러 특징 중 하나였다.

계해 그 호의에 보답했다. 그러자 듀시오는 자신의 남은 재산을 1947년형과 1948년형 시시탈리아 202 스포츠카들을 설계하고 개발하는 데 쏟아부었다.

티포 202Tipo 202 모델의 경우 듀시오의 요청에 따라 사보누치가 예비 레이아웃을 마쳤지만, 보디 제작을 마무리 짓고 최초의 시시탈리아 202 쿠페 모델 2대를 제작한 것은 바티스타 피닌 파리나Battista Pinin Farina였다. 1947년 빌라데스테 콩코르소델레간차Villa d'Este Concours d'Eleganza에서 최초의 202 쿠페 모델이 공개되었을 때, 자동차 업계는 이 모델의 단순한 디자인과 스포츠카 스타일링에 대한 신선한 접근방식에 놀라움을 금치 못했다. 세상의 모든 자동차 디자이너들은 자신의 디자인을 처음부터 다시 생각하게 되었고, 피닌파리나는 제2차 세계대전 이후 유럽과 북미 지역에서 가장 유명한 스타일리스트로 떠올랐다. 그 결과 피닌 파리나는 1950년대에 미국 자동차 회사에서 일한 첫 이탈리아인 디자이너가 되었다. 물론 너무도 멋진 최초의 미국 스포츠카인 1952-1954년형 내시-힐리Nash-Healey 모델 역시 그의 작품이다(섀시와 서스펜션은 영국에서 도널드 힐리Donald Healey가 제작했고, 보디는 이탈리아에서 디자인하고 제작되었다).

시시탈리아 202 모델은 피닌 파리나의 강한 개성이 제대로 표현된 작품으로, 자동차 보디의 모든 선을 과할 만큼 일일이 표현하던 당시 프랑스의 디자인 스타일과는 달리 아주 단순하면서도 기능적이었다. 피닌 파리나는 프랑스 디자인 스타일이 터무니없을 만큼 복잡하다고 생각했다.

제2차 세계대전 이전까지만 해도 후드와 펜더, 보디, 트렁크 등을

뒤로 젖혀진 루프라인과 볼록 솟은 뒤 펜더 덕에 차 뒤쪽이 보디에 싸여 있으면서도 조화롭게 보였다.

별개의 부품들로 설계하는 게 일반적이었는데, 시시탈리아로 인해 이탈리아에서는 자동차 보디를 개별 금속판들의 조합이 아닌 단일 금속판으로 보는 '그란투리스모granturismo' 운동이 촉발되었다. 시시탈리아가 구현한 날렵한 보디 스타일링은 1950년대 내내 자동차 디자인, 특히 고성능 스포츠카 디자인의 대세가 되었다. 물 흐르듯 이어지는 자동차 보디는 고객들의 마음을 사로잡았을 뿐 아니라 엔지니어들의 이상에도 부합했다.

1947년과 1948년에 나온 시시탈리아의 그란투리스모 베를리네타Granturismo Berlinettas 모델들은 심플한 피아트 1100S 플랫폼을 기반으로 제작되었다. 그런데 후드 밑에 있는 4기통 모노블록 직렬 엔진과 평범한 하부 구조는 간과하기 쉬웠는데, 그건 그것들이 수작업으로 제작된 시시탈리아의 뒤로 젖혀진 보디에 둘러싸여 있었기 때문이다. 피아트의 작은 엔진은 최대 출력이 50마력밖에 되지 않았지만, 시시탈리아 모델의 공기역학적인 곡선들 덕에 공기 저항이 줄어 최고 속도가 시속 약 160km까지 나왔다. 이 같은 보디 디자인은 시시탈리아 모델의 상징이 되어, 이후 20여 년간 유럽의 많은 자동차 제조업체들이 모방했다.

그러나 시시탈리아는 1949년에 파산했다. 피에로 듀시오는 남은 것들을 팔아치운 뒤 포르쉐가 디자인한 그랑프리 레이스카를 끌고 아르헨티나 부에노스아이레스로 떠났다. 짧은 세월 명멸한 그의 기업에 남은 거라곤 시시탈리아 202 베를리네타 몇 대가 전부였다.

피에로 듀시오는 은행을 상대로 스포츠카에 베팅을 했다가 돈을 날렸지만, 그의 돈 덕택에 전후 시대의 가장 중요한 자동차 디자인이 탄생했다. 그리고 시시탈리아 자동차의 중요성은 1951년에 개최된

오른쪽 시시탈리아의 인테리어 역시 피닌파리나가 디자인한 것으로, 무미건조할 수도 있었을 피아트 1100S 모델에 새로운 활기를 불어넣었다.

아래 왼쪽 둘로 갈라진 윈드실드는 1947년에도 여전히 사용 중이었지만, 피닌파리나는 시시탈리아 모델의 윈드실드 위아래에 멋진 커브를 넣었다. 곡선 형태의 통유리 윈드실드는 1950년대의 스포츠카 디자인에 나타난 시시탈리아와 무관한 극소수의 자동차 디자인 중 하나이다.

아래 오른쪽 1947년과 1948년에 제작된 시시탈리아 그란투리스모 베를리네타 모델들은 심플한 피아트 1100S 플랫폼을 기반으로 제작됐으며, 4기통 모노블록 직렬 엔진이 장착되었고, 평범한 하부 구조를 갖고 있었으나, 그 모든 것은 수작업으로 제작된 시시탈리아 보디에 감싸여 곧 감춰졌다.

© Michael Ward/Magic Car Pics

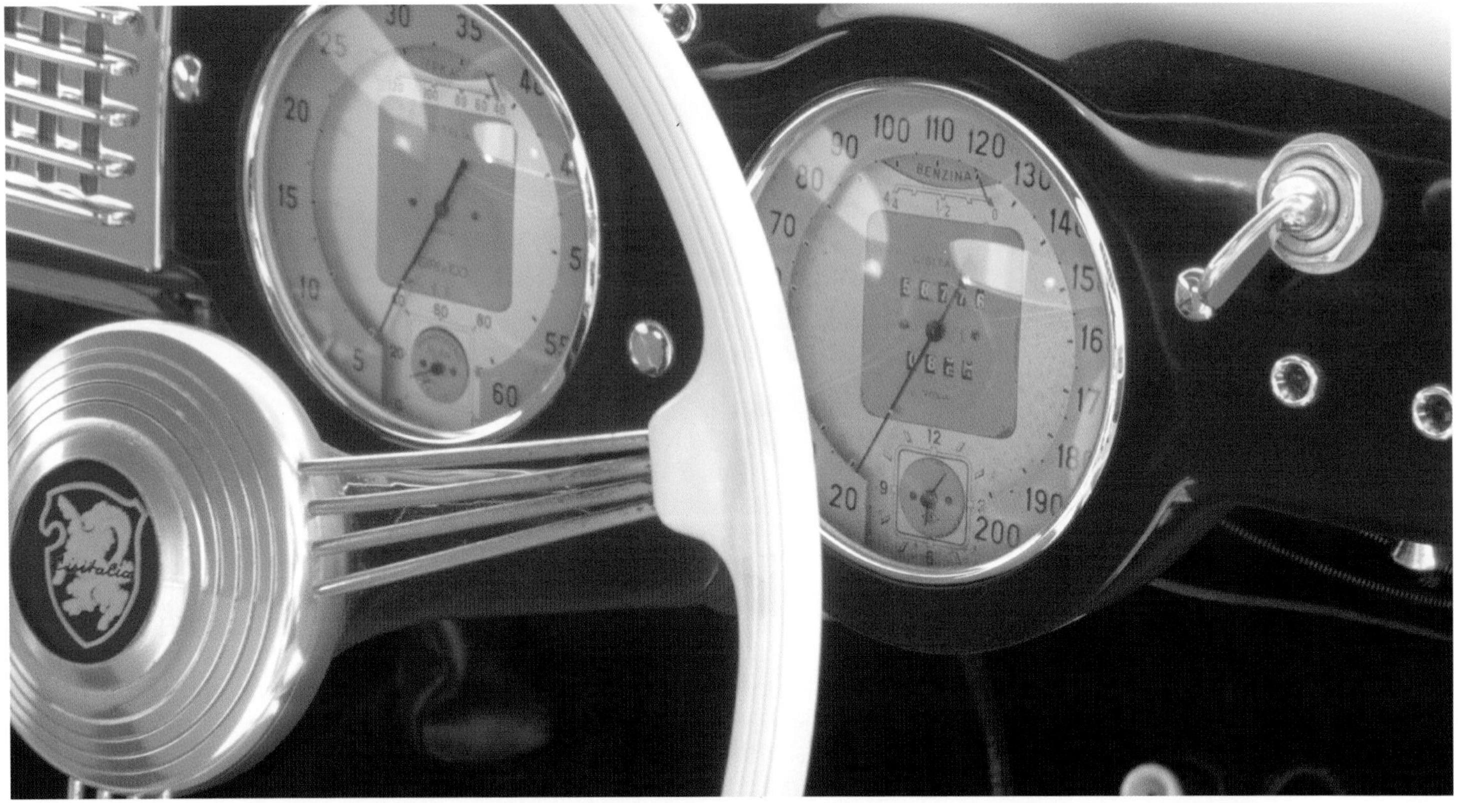

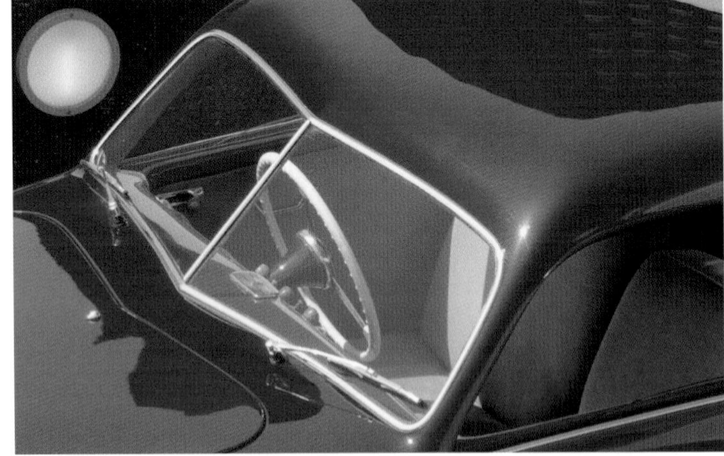

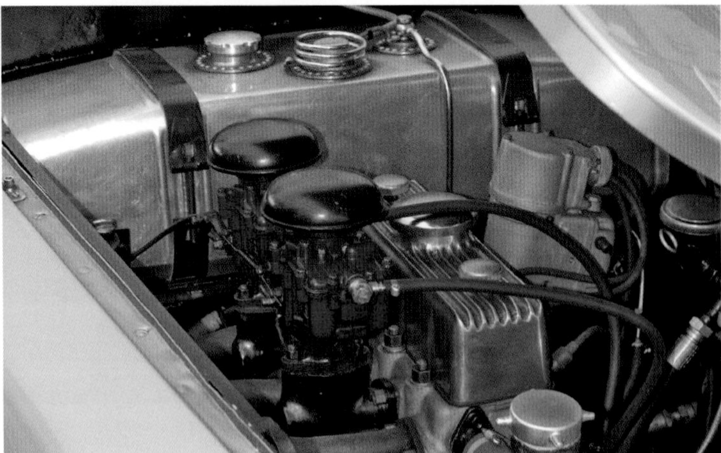

왼쪽 바티스타 피닌 파리나가 디자인한 최초의 미국 스포츠카인 1953년형 내시-힐리 모델에선 시시탈리아의 흔적이 느껴진다. 내시의 사장 조지 메이슨(George Mason)은 미국과 영국과 이탈리아가 합작해 만든 이 내시-힐리 모델에는 피닌파리나가 디자인한 독특한 내시 앰배서더(Nash Ambassador) 그릴이 장착되어 있다고 주장했다. 헤드라이트가 통합되어 있는 이 커다란 크롬 그릴은 시시탈리아의 부드러운 선들에 비해 약간 투박해 보였다.

아래 오른쪽 내시-힐리 모델의 펜더 라인은 1947년형 시시탈리아 202 모델의 펜더 라인과 거의 똑같다.

뉴욕현대미술관 전시회의 '8대의 자동차들'에 선정되면서 입증되었다. 시시탈리아 자동차는 완벽한 디자인을 가진 스포츠카의 예로 여겨지게 되었다. 1972년, 이탈리아 자동차 디자인 기업 카로체리아 피닌파리나Carrozzeria Pininfarina는 시시탈리아 202 모델 1대를 뉴욕현대미술관에 영구 기증했으며, 현재 그 전설적인 시시탈리아 모델은 기계 예술의 한 예로 여겨지고 있다.

Ferrari
페라리 ●

페라리 NART를 이끌던 루이지 치네티는 페라리 창업자 엔초 페라리의 바람들을 저버렸다. 페라리는 자신은 275 GTB/4 베를리네타(275 GTB/4 Berlinetta) 쿠페의 스파이더 컨버터블 버전은 제작하지 않을 거라고 말했다. 그러나 치네티의 생각은 달랐다. 그는 신모델 베를리네타 10대를 주문했고, 그 모델들을 다시 이탈리아 마라넬로 공장에서 너무도 멋진 페라리 보디를 다수 제작해온 자동차 보디 제작의 대가 세르지오 스카글리에티에게 보냈다. 그리고 거기에서 스카글리에티의 장인 정신으로 픽스드-헤드 쿠페(fixed-head coupe) 10대가 다시 제작되어 275 GTS/4 컨버터블로 거듭났다. 그 차들은 전부 미국 코네티컷 그리니치에 있는 치네티의 대리점으로 보내져, 페라리 NART의 이름으로 판매되었다. 결정적인 모욕으로 받아들일 수도 있었지만, 스카글리에티는 치네티가 받은 첫 번째 모델에 옅은 태양빛 노란색(이탈리아어로 지알로 솔라레giallo solare) 칠을 했다. 공장에서 정식 인정을 받지 못한 그 페라리 모델이 1967년 '세브링 12시간' 레이스에 참여한다는 계획이 알려지자, '일 코멘다토레(Il Commendatore)'*는 끓어오르는 분노를 참을 수 없었다. 그는 노란색은 자신의 이름이 붙은 레이스카에 어울리는 색이 아니라고 생각했다. 페라리 레이스카들은 늘 빨간색이었으니까. 그래서 그는 치네티에게 자신의 그런 생각을 분명히 밝혔다. 그러나 치네티는 어깨를 으쓱해 보이더니 이탈리아어 억양이 섞인 영어로 이렇게 답했다. "노란색이라면 레이스 채점자들 눈에 확실히 보일 거요." 엔초 페라리는 선글라스 너머로 흘겨보며 고개를 저었고, 경멸하는 몸짓으로 화를 내며 답했다. "이건 뭐 아예 택시를 만들었군!"

22
Phil Hill
D. Sydorick

0-75년 - 페라리의 진화

세상엔 너무도 많은 자동차들, 너무도 많은 자동차 이름들이 있지만,
그 어떤 자동차도 페라리를 언급할 때처럼 상상력을 자극하진 못한다.

1946년 12월, 자동차 역사상 가장 중요한 만남 중 하나가 있었다. 단 두 사람의 만남이었지만, 이후 두 사람의 협력 속에 전 세계의 많은 사람에게 최고의 스포츠카이자 유일한 스포츠카로 알려지게 되는 자동차 브랜드 '페라리Ferrai'가 탄생하게 된다.

타의 추종을 불허하던 알파 로메오의 전설적인 공장-지원형 레이싱 팀 '스쿠데리아 페라리'의 책임자 자리에서 물러난 엔초 페라리는 자기 자신의 이름으로 레이스카를 제작하기 위해 아우토 코스트루지오네Auto Costruzione를 설립했다. 그런데 안타깝게도 그가 회사를 설립하고 얼마 지나지 않은 1939년 9월 아돌프 히틀러가 폴란드를 침공하면서 제2차 세계대전이 일어났다.

페라리는 전쟁 기간에 군납용 공작기계들을 제작하면서 가까스로 명맥을 유지했지만, 전쟁에서 이탈리아가 패배하자 그의 기계들에 대한 수요는 거의 없었고, 이탈리아산 레이스카들에 대한 수요는 훨씬 더 없었다. 그렇게 암담한 미래에 직면해 있던 페라리에게 1946년 크리스마스이브 날 전화 한 통이 걸려 온다. 오랜 친구 루이지 치네티의 전화였다. 당시 파리에 머물고 있던 치네티는 그날 밤 이탈리아 모데나에 있던 페라리를 방문해 한 가지 아이디어에 대해 얘기를 나누고 싶어 했다.

치네티는 1930년대에 엔초 페라리와 함께 알파 로메오에서 근무했고, 그러다 제2차 세계대전 발발 전에 치네티가 미국으로 이주하면서 두 사람은 멀리 떨어지게 되었다. 치네티는 그해 12월에 프랑스와 이탈리아를 방문했고, 그때 엔초 페라리가 궁지에 몰려 있다는 소식을 들었다. 치네티는 페라리의 레이스카가 미국 시장에서 통하리라는 걸 알고 있었다. 전쟁이 끝나면서 미국에선 부유한 스포츠맨들이 자동차 레이스에 참가하고 싶어 몸이 달아 있었기 때문이다. 그는 페라리에게 그런 얘기를 했고, 두 사람은 함께 사업을 시작하기로 의기투합했다. 페라리가 자동차를 제작하고 치네티는 그것을 팔기로 한 것이다. 훗날 전설이 될 두 사람의 관계는 그렇게 시작되었다.

1년도 채 지나지 않아 페라리는 12기통 엔진이 장착된 레이스카들을 제작하기 시작했고, 치네티는 미국 판매 독점권을 구축하기 시작했다.

최초의 페라리는 이탈리아 언론에서 극찬을 받지는 못했다. 1947년 이탈리아 피아첸차에서 티포 125(Tipo 125) 모델이 그 모습을 드러냈을 때, 한 이탈리아 신문은 이 모델을 "작고 못생긴 빨간 자동차"라 불렀다.

카로체리아 투어링(Carrozzeria Touring)에서 디자인한 모든 초창기 페라리 보디 스타일 중 가장 눈에 띈 166 밀레 밀리아(166 Mille Miglia, 166 MM) 모델. 최초의 모델들은 1948년에 나왔다. 데뷔 후 이 166 MM 모델은 투어링 바르케타(Touring Barchetta)라 불렸는데, 바르케타는 이탈리아어로 '작은 배'라는 뜻이다. 이 166 MM 모델 덕에 페라리의 대담한 계란형 그릴 디자인이 제자리를 잡게 된다.

차들을 세상에 선보이는 가운데, 이제 로드카에서 나온 수익이 레이스카의 제작비를 받쳐주는 식이 된 것이다.

초창기 페라리 로드카 중 가장 멋진 모델들은 카로체리아 비냘레Carrozzeria Vignale에서 제작되었다. 화려한 비냘레 212 인테르Vignale 212 Inter 모델은 원래 투어링카touring car* 였으나, 레이스용으로 개조되면서 레이스카로도 제구실을 잘해냈다. 1951년 카레라 파나메리카나Carrera PanAmericana*에서는 피에로 타루피와 루이지 치네티가 선두를 지키고 알베르토 아스카리Alberto Ascari와 루이지 빌로레시Luigi Villoresi가 그 뒤를 바짝 쫓아 비냘레 212 인테르 모델 2대가 1위와 2위를 차지했다.

1948년과 1952년 사이에 페라리는 계속 12기통 엔진의 배기량을 늘려나갔는데, 바로 전 엔진보다는 그다음 엔진이 계속 자동차 레이스에서 더 좋은 성적을 냈다. 투어링, 피닌파리나, 비냘레에서 제작한 보디 역시 점점 더 매력을 더해갔다.

비냘레 225 S 또는 비냘레 225 스포츠는 비냘레 212 인테르의 디자인을 따랐고, 콜롬보 숏-블록 12기통 엔진을 장착했으며, 이제 배기량은 2.7리터가 되었다. 이 225 S 모델은 212 모델과 섀시와 보디 크기는 동일했으며, 더블 위시본 서스펜션에 트랜스리프 스프링 프런트, 강직 차축*, 반타원형 스프링 리어 서스펜션이 장착되었다.

로드카와 레이스카

제2차 세계대전 직후에 '레이스카'와 '로드카'의 차이는 엄밀히 말해 해석의 차이 정도였다. 레이스카도 대부분 도로 위에서 몰고 다닐 수 있었고, 특수 제작된 소수의 로드카 역시 레이스용으로 적합했다. 그러나 시각적으로 너무 멋진 166 MM 바르케타166 MM Barchetta 모델처럼, 대부분의 레이스카는 실용적인 것과는 거리가 멀었다. 페라리가 자동차 레이스와 무관한 일반 고객용으로 가장 필요로 했던 것은 컨버터블 모델이었고, 그래서 1949년 제네바 모터쇼에서 최초의 컨버터블 페라리 모델을 선보였다.

페라리의 로드카 역사에서 그다음으로 중요한 전환점은 1951년 티포 212Tipo 212 모델의 도입이었다. 한때 레이스카가 엔초 페라리의 '레종 데트르', 즉 유일한 존재 이유였지만, 이제 로드카의 디자인 및 제작 역시 같은 중요성을 띠게 되었다. 치네티가 계속 페라리 자동

356 카브리올레(356 Cabriolet)는 포르쉐의 럭셔리카들 중 최고였다. 1963년에는 새로운 카브리올레 C 시리즈 중 첫 모델로 최고급 구매자들을 겨냥한 SC 모델이 나왔다. 그러나 카브리올레는 사진에 보이는 1954년식 356 1300S 카브리올레 모델과 같은 356A 모델로 1950년대를 시작했다. 카브리올레 모델은 1964년 새로운 911 모델이 나올 준비를 하는 가운데 마지막 진화를 하게 된다. 또한 마지막 356/1600SC 모델이 완성되면서 8년에 걸친 356시리즈 제작이 막을 내린 1966년 3월까지, 356C 모델과 SC 모델들은 계속 제작되었다.
© Heritage Images/Getty Images

1950년대와 1960년대로

1950년대 중반에 이르러, 페라리는 상당수의 로드카들을 제작하고 있었으며, 이제 로드카와 레이스카로 제작되는 자동차들 간의 차이는 점점 더 분명해지고 있었다. 그러나 1950년대에 레이스에 참가할 수 없는 페라리 '양산차'들이 있었다고 말하는 것은 다소 과장이겠지만, 자동차 보디의 디자인과 제작은 여전히 각 자동차 보디 제작업체들이 담당했으며, 이는 1950년대와 1960년대의 페라리 로드카를 정의하는 주요 특징이 되었다.

1950년대 초에 페라리 로드카들은 212 시리즈(이 시리즈는 1953년 10월까지 그대로 생산됐음)에서부터 340 아메리카(1951–1952년), 342 아메리카(1952–1953년) 그리고 1953년에 나온 375 아메리카에 이르기까지 그 종류가 다양했다. 이 자동차들은 이탈리아 이외의 국가들, 특히 미국에서 페라리라는 이름을 달고 소개된 최초의 로드카였으며, 이제 미국에서 페라리는 루이지 치네티에 의해 가장 유명한 수입 스포츠카 및 레이스카로 확고히 자리 잡게 된다. 1950년대의 그 무렵에 맥스 호프만Max Hoffman 역시 자신의 뉴욕 대리점을 통해 후륜구동 방식의 포르쉐 356 쿠페와 카브리올레 그리고 스피드스터Speedster 모델들과 함께 메르세데스-벤츠Mercedes-

1949년에 벨기에에서 열린 스파 프랑코르샹(Spa-Francorchamps) 서킷에서 루이지 치네티가 페라리 166 MM 모델을 몰고 24시간 레이스에서 우승을 차지했다.
© The Klemantaski Collection-www.klemcoll.com

Benz 300 SL 및 190 SL 모델들을 수입·판매하고 있었다. 미국인들은 이제 다양한 수입 스포츠카들의 탄생을 목격하고 있었지만, 그 중 특히 유럽 로드카와 레이스카의 '크라운 주얼'*인 엔초 페라리의 로드카와 레이스카야말로 그야말로 독보적인 존재였다.

미국 시장에 진출한 엔초 페라리는, 미국 자동차들은 크롬이 잔뜩 들어간 무거운 기계였지만 엔진만큼은 배기량도 크고 마력도 엄청난 게 아주 강력하다는 걸 알게 되었다. 커다란 캐딜락Cadillac 및 크라이슬러Chrysler 엔진들이 브리티시 알라즈British Allards 같은 레이스카들의 엔진으로 쓰이자, 그 자동차들은 스포츠카 레이스에서 페라리 자동차들을 제쳤다. 그 자동차들과 대등한 경쟁을 벌이기 위해, 엔초 페라리는 놀라운 마력과 배기량을 자랑하는 비슷한 성능의 12기통 엔진 설계에 착수했다. 그렇게 해서 나온 게 바로 페라리 410 슈퍼아메리카410 Superamerica 모델이다.

피닌파리나는 1956년까지 페라리를 위해 중요한 여러 보디 디자인을 설계했지만, 아마 이 페라리 410 슈퍼아메리카야말로 그 두 위대한 기업의 유대 관계를 더 공고히 하는 데 결정적인 역할을 한 모델일 것이다. 피닌파리나는 오리지널 모델인 1956년형 스타일로 단 8대의 페라리 410 슈퍼아메리카를 제작했지만, 이 자동차의 획기적인 디자인은 이후에도 여러 해 동안 영향을 미치게 된다.

페라리 410 슈퍼아메리카의 긴 후드 밑에는 또 다른 기적이 숨어 있었다. 아우렐리오 람프레디Aurelio Lampredi가 설계한 12기통 엔진이 바로 그것인데, 그 엔진은 배기량이 거의 5리터까지 늘어났으며 최대 출력이 6500rpm(분당 회전수)에서 340마력이었다. 게다가 1958년과 1959년에 제작된 엔진들은 최대 출력이 6500rpm에서 400마력으로 가슴이 웅장해질 정도였다. 람프레디가 설계한 12기통 엔진은 캐딜락 엔진과 크라이슬러 엔진을 장착한 레이스카들에게 안녕을 고하며 스포츠카 레이스에서 그 존재를 지워버렸다.

비냘레가 보디를 설계한 페라리 212 인테르 모델과 페라리 212 엑스포트 모델은 1950년대 초에 나온 이탈리아 레이스카 스타일의 정점이었다. 이 모델들에서도 시시탈리아의 레이스카 스타일의 영향이 그대로 보인다.

페라리의 225 S 모델은 카로체리아 비냘레에서 디자인한 가장 아름다운 레이스카들 중 하나이다. 1952년에 20대 정도가 제작됐으며 보디들은 1대를 제외하곤 모두 카로체리아 비냘레에서 제작되었다.

아래 페라리는 1949년에 첫 컨버터블 버전을 선보였다. 보디는 스타빌리멘티 파리나(Stabilimenti Farina)에서 제작됐으며, 1949년 제네바 모터쇼에서 첫선을 보였다.

위대한 로드카들

페라리 역사에서 250 GT 시리즈에서는 심지어 오늘날까지도 다른 그 어떤 모델보다 많은 전설적인 자동차들이 출현했다. 그 가운데 특히 더 유명한 건 투르 드 프랑스Tour de France와 GTO라는 잊지 못할 이름을 가진 자동차들이다. 투르 드 프랑스는 1956년 10일간의 자동차 레이스에서 절대 강자로 떠오른 초기의 250 GT 모델들에 붙여진 애칭으로, 1959년까지 제작되었다. 1959년에는 향후 10년간 페라리 역사를 빛내줄 새로운 페라리 모델 250 GT 숏 휠베이스 베를리네타250 GT Short Wheelbase Berlinetta(250 GT SWB)가 출시된다.

페라리는 1959년 10월에 파리 모터쇼에서 250 GT SWB 모델을 공개했다. 휠베이스*가 2400mm였던 그 모델은 전장*이 4152mm밖에 되지 않았다. 뭉툭해 보이는 이 패스트백* 모델에는 기다란 후드 아래 60도 각도의 배기량 3리터짜리 콜롬보 12기통 엔진이 장착되어 있었다.

페라리 410 슈퍼아메리카 모델이 등장하면서 1950년대 초 페라리는 12기통 엔진(커다란 미국 8기통 엔진들과 경쟁하기 위해 제작된)이 장착된 고성능 자동차라는 이미지를 갖게 된다. 사진 속 자동차는 시리즈 III의 예로, 1958년에서 1959년 사이에 제작된 12대의 410 슈퍼아메리카 모델들 중 마지막 모델이다. 아우렐리오 람프레디가 설계한 4.9리터 엔진이 장착되어 최대 출력이 400마력에 달하는 이 410 슈퍼아메리카 모델은 페라리가 그때까지 고객들에게 인도한 자동차들 중 가장 강력한 로드카였다. © Don Spiro

숏 휠베이스 베를리네타 모델은 전장이 더 짧아지고 차량 중량은 줄었으며, 엔진 출력은 늘어나(투르 드 프랑스의 경우 6500rpm에서 최대 출력 280마력 대 7000rpm에서 최대 출력 260마력) 유명한 이전 모델들보다 빠르고 다루기도 쉬워졌다. 모든 모델에 기어가 동시에 맞물리는 4단 기어 박스가 장착됐고, 이후 모델들에는 전기 오버드라이브*가 장착되었다. 페라리 250 GT SWB 모델은 디스크 브레이크가 장착되어 팔린 최초의 GT 페라리 모델이기도 하다.

지금도 많은 사람이 탐내는 250 GT SWB 스파이더 캘리포니아 모델은 1960년 제네바 살롱에서 첫선을 보였다. 이 모델에는 새로운 실린더 헤드와 보다 큰 밸브들이 장착되었으며, 출력이 20마력 늘어 7000rpm에서 최대 출력이 280마력이었다. SBW 모델은 트랙*이 더 넓어졌으며, 레버형 쇼크 업소버*에서 늘였다 줄였다 조절 가능한 텔레스코픽 쇼크 업소버로 바뀐 최초의 모델이기도 했다. 또한 250 GT 모델에는 훗날 가장 유명한 페라리 모델들 중 하나가 된 250 GT LWB 모델용으로 만들어진 보다 긴 2600mm 휠베이스가 적용되었다.

휠베이스가 어떻든 스파이더 캘리포니아 모델은 최초의 페라리 '드라이버카' 중 하나로, 아주 빨랐으며 평소에 쓰기에도 좋을 만큼 조작이 편하고 고급스러웠다. 4167 GT 섀시를 쓴 마지막 모델은 1963년

410 슈퍼아메리카 모델의 스타일은 사진 속의 이 1958년형 250 GT 투르 드 프랑스 레이스카에까지 영향을 미쳤다.

아래 410 슈퍼아메리카 모델에서 확립된 피닌파리나 스타일은 이 250 GT 스파이더 캘리포니아 모델에서도 볼 수 있다.

2월에 미국에서 판매되었다.

1962년 10월에는 아주 매력적이고 날렵한 250 GT 베를리네타 루소250 GT Berlinetta Lusso 모델이 첫선을 보였는데, 그 모델에서 피닌파리나는 새로운 차원의 스타일과 화려함을 가진 페라리 로드카의 기준을 세웠다. 250 GT 베를리네타 루소 모델은 심지어 2021년형 로마 2+ 쿠페Roma 2+ Coupe처럼 공기역학적으로 제작된 마라넬로 공장의 최신 모델과도 맞먹을 만큼 경외감을 불러일으키는 멋진 자동차였다. 현재 수집 가치가 높은 이 1960년대 GT 모델은 1962년 10월 파리 모터쇼에 처음 소개된 이후 1964년 마지막 보디가 세르지오 스카글리에티Sergio Scaglietti의 작업실을 떠날 때까지 총 350대밖에 제작되지 않았다. 마지막 루소 모델이 마라넬로 공장에서 출고되면서 250 GT 모델의 시대는 막을 내렸는데, 10년이 넘는 기간 동안 제작된 250 GT 모델의 수는 거의 2500대였다.

250 GT 숏 휠베이스 베를리네타는 1950년대 말과 1960년대 초에 레이스카와 로드카 두 가지 목적에 완전히 부합되는 모델이었다. 또한 250 GT SWB 모델은 1959년 파리 모터쇼에서 첫선을 보였으며, 휠베이스가 2400mm에 전장은 4152mm밖에 되지 않았다. 목적이 뚜렷해 보이는 이 패스트백 모델은 기다란 후드 아래 전통적인 60도 각도의 배기량 3리터짜리 콜롬보 12기통 엔진이 장착되어 있었다. 사진 속에선 1960년 8월에 열린 투어리스트 트로피(Tourist Trophy) 레이스에서 독일 카레이서 볼프강 자이델(Wolfgang Seidel)이 모는 250 GT SWB 모델이 굿우드(Goodwood)의 그 유명한 우드코트 코너를 힘차게 내달리고 있다.
© Klemantaski Collection/Getty Images

전형적인 페라리 - 275 GTB

페라리 250 GT 베를리네타 루소 이후 마라넬로 공장에서 출고된 가장 카리스마 넘치는 로드카는 모든 게 새로워진 275 GTB 모델이었다. 1964년에 출시되어 지금은 전설이 된 이 모델은 트윈-캠 엔진twin-cam engine*이 장착된 투어링카 또는 레이스카로 고객들에게 제공된 1960년대 페라리 베를리네타의 첫 모델이었다. 또한 7600rpm에서 최대 출력 280마력을 내는 콜롬보 디자인의 60도 각도 12기통 엔진이 장착된 이 275 GTB 모델은 페라리 철학이 담긴 궁극적인 모델이기도 했다. 그러니까 레이스카의 기능도 거의 포기하지 않아 자동차 레이스에 나가도 좋을 만한 로드카였던 것이다.

275 GTB 모델의 동력원은 트윈-캠 엔진이었으나, 그건 그리 오래 가지 않았다. 1966년에 포-캠 엔진이 장착된 275 GTB/4 모델이 출시된 것이다. 275 GTB와 275 GTB/4 모델에 적용된 세르지오 피닌파리나Sergio Pininfarina의 이국적인 디자인의 경우 뒤쪽에는 GTB 루소의 디자인이 담겼고, 전체적으로는 250 GTO 모델의 더 나은 디자인 요소들이 담겼다. 275 GTB/4 모델은 그 어떤 스포츠카보다 더 완벽에 가까운 모델이었는지도 모른다. 지금은 고인이 된 베테랑 카레이서 필 힐Phil Hill은 언젠가 이 275 GTB/4 모델을 '가로수 길에서 타는 페라리 GTO 모델' 같다고 말한 바 있다.

전통과 함께하는 데이토나

페라리는 투어링 바르케타 모델에서 나름의 '스타일'을 구축해, 마라넬로 공장에서 나오는 모든 차에 좁다란 칸막이가 있는 그릴을 넓게 달아 앞쪽에 있는 자동차들을 집어삼킬 듯 공격적인 모습을 띠게 되었다. 그러나 새로운 365 GTB/4 데이토나 모델에서 세르지오 피닌파리나와 그의 팀원들은 아예 그릴이 없는 충격적인 디자인을 택하게 된다.

275 GTB/4 모델에 뒤이어 365 GTB/4 모델이 나왔는데, 이 획기적인 모델에선 전통적인 페라리 그릴이 사라지고 대신 투명한 아크릴 플라스틱 띠 뒤쪽에 헤드라이트가 감춰진 새로운 공기역학적 디자인이 채택되었다. 사진 속 자동차는 피닌파리나가 제작한 오리지널 시제품이다.

1960년대 말에는 공기역학적인 구조가 새로운 질서였고, 그것은 페라리의 새로운 프런트-엔드front-end★의 지배적인 디자인이기도 했다. 데이토나 모델에서는 페라리의 전통적인 타원형 그릴이 사라졌으며, 그 대신 기존의 헤드라이트를 없앤 매끈한 공기역학적 프런트 파시아front fascia★를 선보였다. 20년 넘게 헤드라이트는 페라리 로드카들의 펜더 디자인의 일부였으나, 365 GTB/4 데이토나 모델은 전통적인 의미에서의 프런트 펜더 자체가 없었다. 이 모델에서 피닌파리나는 프런트-엔드 및 후드 라인과 연결된 한 줄의 투명한 플라스틱 띠 아래 뒤쪽에 헤드램프를 설치했다. 365 GTB/4 데이토나 모델의 스타일은 놀라울 만큼 모험적이었으며, 이전 페라리 스타일의 모든 원칙을 깬 모델이기도 했다.

왼쪽 가장 진귀한 페라리 275 GTB 모델들 중 하나인 275 GTB/C라는 이름의 레이스용 모델. 가벼운 합금 보디를 채택한 것이 특징이다.

가만히 서 있든 고속도로를 질주하든, 365 GTB/4 데이토나는 페라리 스타일의 역사를 다시 쓴 모델이다.
© Heritage Images/Getty Images

미드-엔진 페라리

페라리가 그동안 로드카 디자인 측면에서 거둔 거의 모든 성과의 토대는 자동차 레이싱이었다. 그리고 가장 중요한 그 성과들 중 하나는 1964년에 있었던 박서 엔진boxer engine★ 개발이었다. 페라리 최초의 반 수평형(180도) 박서 엔진은 배기량 1.5리터짜리 12기통 포뮬러 원Formula One 엔진으로 11:1의 압축비에 루카스 연료 분사 방식을 택했으며 최대 출력은 1만 1000rpm에 210마력이었다.

미드-엔진mid-engine★이 장착된 페라리 최초의 양산 스포츠카는 365 GT4 베를리네타 박서365 GT4 Berlineta Boxer(365 GT4 BB) 모델이었다. 1974년에 나온 이 모델에는 운전자 뒤쪽, 뒤 차축 앞쪽에 배기량 4.4리터짜리 레이스용 엔진 양산 버전이 장착되었다. 최대 출력은 7200rpm에 380마력이었다. 이 모델은 20년 넘게 계속 제작될 최초의 12기통 후방 엔진의 선례가 되었다.

또한 365 GT4 BB 모델은 275 GTB/4 모델 이후 최초의 페라리 로드카로, 운전자들은 마치 레이스카 모델 운전석에 앉은 듯한 기분을 받았다. 이 모델은 새로운 512 베를리네타 박서(512 BB) 모델이 등장하는 1976년까지 계속 제작되었다. 512 BB 모델의 보디 스타일은 전작과 거의 같았으나, 피닌파리나는 좁다란 칸막이가 있는 프런트 그릴 밑에 친 스포일러chin spoiler★를, 그리고 뒷바퀴 앞쪽의 보다 아래쪽 보디 양 측면에는 항공기에서 영감을 얻은 NACA 덕트★를 추가했다. 이 새로운 모델은 365 GT4 BB 모델처럼 보디에 혼합 소재가 사용되었다. 보디 제작에 유리섬유(쉐보레Chevrolet의 코르벳Corvette 모델에 쓰인 이후 미국인들에겐 익숙한 소재가 되었다)를 사용해 보디 패널 위쪽과 아래쪽이 뚜렷이 구분되면서, 365 모델과

미드-엔진이 장착된 이 512 베를리네타 박서 모델은 1970년대에 마라넬로 공장에서 나온 모델과 가장 비슷해, 운전석에 앉은 운전자들은 레이스카를 타고 도로 위를 달리는 기분을 느꼈다. 이 모델은 지금까지도 가장 인상적인 모든 페라리 모델들 가운데 중 하나로 여겨지고 있다.

512 모델 모두 더없이 독특하면서도 기억에 남는 스타일 특징을 갖게 된 것이다. 365 모델의 경우 보디 패널 아래쪽은 늘 무광 검은색으로 칠했다. 그리고 512 모델의 경우 투톤 컬러가 옵션이었다.

365와 512 BB 모델 둘 다 개인 자격의 레이스 참가 사례들이 있었으나, 레이스에 참가한 시간은 짧았다. 이 두 모델은 페라리가 그때까지 시장에 내놓은 로드카들 가운데 단연 가장 뛰어난 모델들이었다. 512 BB 모델은 스타일이 아주 날카로운 데다 비교 불가한 미드-엔진이 장착되어 있어, 시판된 지 45년이 지난 지금까지도 모든 페라리 로드카들 가운데 가장 독특한 로드카의 하나로 여겨지고 있다.

512 BB의 스타일링 진화 - 308 모델

디자인이 발전한 덕에 더없이 뛰어나고 더없이 큰 사랑을 받은 여러 로드카가 나왔지만, 페라리가 제작한 그 어떤 모델보다 많은 인정을 받은 308 GTB와 208 GTS 모델만큼 흔히 볼 수 있는 로드카로 부상하진 못했다. 페라리 308 GTB와 208 GTS 모델은 미국 텔레비전 시리즈 〈매그넘 P.I.Magnum P.I.〉와 톰 셀렉Tom Selleck 덕에 페라리 자동차들 중 가장 널리 인정받는 모델이 되었다. 특히 페라리 308 모델은 텔레비전 시리즈 덕에 더 잘 알려지게 되었다. 게다가 페라리 애호가들은 308 모델이 그때까지 마라넬로 공장에서 제작된 자동차들 가운데 가장 실용적인 자동차에 속한다는 걸 알게 되었다.

보디의 경우, 피닌파리나의 스타일리스트들은 246 디노246 Dino와 365 GT BB, 512 BB 모델 등의 최대 장점들을 끌어모아 308 모델을 만들었다. 페라리 308 모델의 서스펜션은 당시의 전통적인 페라리 구조와는 완전히 달랐으며, 경사 90도의 포-캠 8기통 엔진이 뒤 차축 바로 앞에 가로로 장착되었다. 또한 308 모델의 경우 최대 출력이 7700rpm에 255마력이었으며 5단 변속기가 장착되어 있었다. 1977년에는 308 모델에 컨버터블* 버전이 추가되어, 페라리 246 디노 및 인기 있는 포르쉐 911 타르가911 Targa 모델과 비슷한 탈착식 루프가 장착되었다.

308 모델은 페라리 역사상 가장 오래 제작된 모델로, 1980년대에 이르러서도 308 GTBi, 308 GTB Qv(콰트로밸브quattrovalve의 줄임말), 328 베를리네타, 328 스파이더 등 개선된 버전들이 계속 제작되었다.

반대쪽 308 GTB, 308 GTS 그리고 그 이후에 나온 328 시리즈 GTB 베를리네타와 GTS 스파이더(사진 속 자동차) 모델은 1970년대와 1980년대에 마라넬로 공장에서 제작된 로드카들 중 가장 인기 있고 가격도 적절한 모델들에 속했다.

피닌파리나

가장 최근의 페라리 자동차들은 1980년대 말에 설계된 자동차들에서(1987년에 첫선을 보인 창사 40주년 기념 모델 F40에서 시작) 발전된 모델들이다. 1997년에 첫선을 보인 더 편안하고 멋진 페라리 창사 50주년 기념 모델 F50은 또 다른 벤치마킹 모델이었으나, 이 모델들에는 한 가지 공통점이 있었다. 20세기 말과 21세기 초에 나온 다른 많은 페라리 모델들과 마찬가지로, 세르지오 피닌파리나의 대표적인 작품들인 것이다.

2012년 세상을 떠나기 전까지 피닌파리나는 여러 해 동안 그 유명한 페블 비치 콩쿠르 델레강스Pebble Beach Concours d'Elegance의 명예 심사위원을 역임했는데, 그 당시 그는 그 콩쿠르에서 많은 사람을 만나는 게 즐겁다며 다음과 같이 말했다. "그리고 그들은 자신이 새로운 페라리 또는 오래된 페라리를 갖고 있다면서, 이런 말들을 했습니다. '이렇게 멋진 차들을 만들어주셔서 감사합니다.' 세상에 이보다 더 흡족한 일은 없을 겁니다." 그는 언젠가 한 인터뷰에서 필자에게 이런 말을 했다. "페라리에 대한 제 감정은 이탈리아어로 표현하긴 어렵고 영어로 표현하긴 불가능합니다. 햇빛 아래서 이 빨간 자동차들을 볼 때면 평생을 바친 한 사람의 노력이 보이는 듯합니다.

1987년에 페라리는 창사 40주년을 기념해 트윈-터보차저(twin-tubrocharger) 방식의 8기통 엔진이 장착된 새로운 모델 F40을 내놓았다. 이 모델은 그 당시에 제작된 가장 센세이셔널한 로드카로, 엔진 커버가 투명해 이전엔 절대 볼 수 없던 페라리의 출력을 그대로 볼 수 있었다.

어떤 면에선 아주 자랑스럽고 또 어떤 면에선 페라리에서의 '미래'의 내 (그리고 피닌파리나의) 위치가 얼마나 중요한지 절감하게 됩니다."

그리고 그가 말한 그 '미래'는 보디에 피닌파리나 문양이 붙은 모든 자동차 가운데 특히 456 GT 2+2, F355 베를리네타F355 Berlinetta, F355 스파이더F355 Spider, F50(50주년 기념), 550 마라넬로550 Maranello, 모데나Modena, 엔초(21세기의 첫 슈퍼카들 중 하나) 그리고 575 마라넬로575 Maranello, 같은 자동차들에서 그 모습을 드러내게 된다.

21세기의 페라리들

21세기의 첫 20년간, 페라리의 디자인은 가끔 그 아름다움으로 우리의 말문을 막히게 했고, 그 뛰어난 성능으로 우리를 숨도 못 쉬게 했다. 그 시작을 알린 건 2002년형 페라리 엔초Enzo 모델이었다. 그 뒤를 이어 2007년형 F430 베를리네타와 F430 스파이더가 나왔고, 612 스카글리에티612 Scaglietti와 599 GTB 피오라노599 GTB Fiorano(이탈리아 모데나에 있는 페라리 공장의 피오라노 서킷Fiorano Circuit에서 따온 이름), F60(페라리의 미국 진출 60주년 기념), 라페라리LaFerrari(2013년에 나옴), 캘리포니아 TCalifornia T(1년 후에 나옴) 모델이 나왔으며, 2016년에는 훨씬 더 놀라운 로드카인 488 스파이더, 488 GTB, 그리고 페라리의 4륜 구동 기술이 적용된 2016년형 GTC4 루소 2+2GTC4 Lusso 2+2 모델이 나왔다.

오늘날 센트로 스틸레Centro Stile라고 알려진 페라리의 디자인 부서는 이탈리아 마라넬로에 있으며, 100명이 넘는 디자이너와 자동차 엔지니어들이 21세기의 페라리 자동차들을 만들어내고 있다. 비교적 짧은 기간인 2017년부터 2021년을 거쳐, 2022년에는 페라리의 창사 75주년을 맞게 되며, 그들은 그 기간에도 계속 영감을 주는 새로운 디자인의 자동차들을 내놓아 사람들에게 경외감을 안겨주었다. F12 베를리네타, F8 트리부토, 오랫동안 페라리의 가장 강력한 로드카들과 관련됐던 812 슈퍼패스트812 Superfast(12기통 엔진 장착), 포르토피노Portofino(2017년에 캘리포니아 T로 대체됨), 488 피스타488 Pista 모델이 그 대표적인 예들이다.

페라리는 공급이 달리자 투기꾼들이 자동차를 구입해 되파는 사태가 벌어진 F40 모델의 전철을 밟지 않으려 했고, 그래서 F50 모델의 경우 엄선된 고객들에게 리스 형태로 제공했다. 리스 기간이 끝난 뒤에나 되팔 수 있게 된 것이다. 그렇게 신차는 대당 거의 50만 달러에 판매됐으며, 1997년에 총 349대가 선판매된 뒤 1대씩 제작되면서, 페라리는 가격과 고급스러움을 모두 지킬 수 있었다.

페라리 550 마라넬로 모델은 가장 흥분되는 현대 모델들 중 하나이다. 피닌파리나가 디자인한 이 우아하고 새로운 스포츠카를 필두로 페라리는 한 세기를 보내고 다음 세기를 맞게 된다.

페라리는 2020년과 2021년에 F90 스트라달레를 시작으로 신모델들을 내놓으며 새로우면서도 훨씬 더 높은 성능 기준을 세우게 된다. F90 스트라달레는 769마력의 트윈-터보차저 방식의 8기통 엔진과 217마력을 추가할 수 있는(고객이 요청할 시) 전기 모터 3종이 장착되어 있었다. 페라리의 이 새로운 휘발유/전기 하이브리드 자동차는 최대 출력이 986마력이었으며, 엔진이 중간에 장착된 최초의 4륜구동 페라리 모델이기도 했다. 원래 베를리네타 모델로 제공됐으나, 접이식 하드톱*이 장착된 스파이더 버전의 경우 또 다른 차원의 자동차 디자인을 택해 시속 100km에 도달하는 시간이 2.5초밖에 안 되었다.

페라리는 2020년과 2021년에 이미 가장 빠르고 가장 강력한 페라리 로드카로 인정받던 812 슈퍼패스트 모델의 스파이더 버전인 812 GTS 모델을 내놓았으며, 미드-프런트 엔진을 장착하고 거의 이음매 없이 매끈한 로마 2+ 쿠페Roma 2+ Coupe(역사상 가장 공기역학적인 로드카들 중 하나) 모델과 포르토피노 M 2+2 스파이더Portofino M 2+2 Spider 모델도 내놓았다.

페라리 창사 75주년을 앞두고 세상 사람들은 또 다른 전설적인 창사 기념 자동차와 차세대 페라리 로드카 및 레이스카를 기다리고 있었다. 우리가 알고 있는 사실 하나는, 2022년에 이르러 페라리는 최초의 럭셔리 크로스오버 4륜구동 SUV 자동차인 푸로산게Purosangue*를 내놓는다는 것. 그리고 그 모델 덕에 '카발리노 람판테', 즉 페라리의 상징인 '도약하는 말'은 이제 마세라티 레반테Levante, 롤스로이스Rolls-Royce 컬리넌Cullinan, 람보르기니Lamborghini 우리스Uris, 애스턴마틴Aston Martin DBX, 벤틀리 벤테이가 뮬리너Bentayga Mulliner 등과 함께 검증받은 최고가 SUV 자동차로 자리매김하게 된다. 푸로산게 모델은 로마 2+ 쿠페 플랫폼을 기반으로 하고 있으며, 물론 페라리다워 보이는 유일한 SUV 자동차가 된다.

위 오른쪽 페라리가 하이브리드/전기-모터 지원 기술을 개발 중이라고 했을 때, 반대론자들은 "페라리가 프리우스(Prius) 같은 차를 만들려 한다"며 불만을 드러냈다. 물론 그렇게 되지는 않았지만, 당시 페라리의 최고경영자이자 제품개발 책임자였던 아마데오 펠리사(Amadeo Felisa)는 분명한 어조로 이렇게 밝혔다.
"이 기술은 미래의 탄소 배출 규제들을 헤쳐나가는 데 도움이 될 수도 있겠지만, 지켜보십시오. 그 성능도 대단할 겁니다."
그의 말이 옳았다. 오늘날 SF90 모델은 순수한 성능 면에서 페라리 로드카들 가운데 최상위에 있다.
© Martyn Lucy/Getty Images

왼쪽 "죽이는 게 온다." 라페라리와 제트기의 비유는 일부 사람들이 생각하는 것보다 더 강력하다. 라페라리와 제트기 모두 최대한의 성능을 뽑아내기 위해 최첨단 방법들을 활용하며, 라페라리에 적용된 금속 공학 및 합성물 구조의 상당 부분은 군용 항공기 개발 과정에서 나온 것이다.
© Michael Ward/Magic Car Pics

아래 오른쪽 페라리의 모든 고성능 한정판 특수 모델들 가운데 특히 지붕이 없는 진귀한 16M 아페르타(16M Aperta) 스타일로 제작된 F430 스쿠데리아(F430 Scuderia) 모델은 가장 인기도 높고 수요도 많은 모델들 중 하나로, '스커드 미사일'이라는 기억하기 쉬운 별명을 갖고 있다.
© Michael Ward/Magic Car Pics

Superleggera

엔초 페라리의 모험 - 독립 결심

"내가 마데나로 돌아온 것은 ……
20여 년간 알파 로메오에서 일하며 내가 얻은 모든 명성이
다른 사람들의 노력에 힘입어 거저 얻은 게 아니라는 걸
나 자신과 다른 사람들에게 입증하려는 시도이기도 했다.
이제 내가 나 자신의 노력으로 얼마나 잘해낼 수 있는지를 보여줄 때가 된 것이다."
– 엔초 페라리

오늘날 세계에서 페라리라는 이름이 알려지지 않은 나라나 도시를 찾아내긴 어려울 것이다. 심지어 자신의 이름을 붙인 기업 페라리를 설립하기 한참 전인 1930년대에도, 엔초 페라리는 알파 로메오의 공장 지원 레이싱 팀 스쿠데리아 페라리를 총괄 지휘하는 인물로 잘 알려져 있었다.

엔초는 1898년 2월 18일 이탈리아의 북부 도시 모데나에서 동네 금속 조립업자의 아들로 태어났다. 엔초가 열 살 되던 해에 그의 아버지는 엔초와 동생 알프레도 주니어를 이탈리아의 동북부 도시 볼로냐에서 열린 한 자동차 레이스에 데려갔다. 엔초는 1908년에는 볼로냐 서킷에서 빈센조 란치아Vincenzo Lancia와 펠리체 나자로Felice Nazarro가 우승을 놓고 선두 경쟁을 벌이는 모습을 열심히 지켜보았다. 당시 페라리는 이렇게 적었다. "그 레이스에 정말 큰 인상을 받았어요." 그 이후 몇 차례 더 자동차 레이스를 지켜보면서 젊은 엔초는 자신이 카레이서가 되고 싶어 한다는 걸 확신했으나, 18세가 되던 해에 아버지와 형을 잃게 되면서 그의 세계는 무너져 내렸다. 당시의 일을 페라리는 이렇게 회상했다. "아버지는 요즘 같으면 의사들이 몇 시간에 치료할 수 있는

알파 로메오의 존경 받는 카레이서가 된 엔초 페라리가 1924년 5월 페스카라-코파 아체르보 레이스에서 다소 심각해 보이는 얼굴로 자신의 정비공 에우제니오 시에나(Eugenio Siena)와 함께 사진을 찍고 있다.

1920년에 활기 넘치는 표정의 엔초 페라리가 알파 로메오 레이스카의 운전석에 앉아 있다.

위 오른쪽 1924년 7월 13일 페스카라-코파 아체르보 레이스에서 알파 로메오의 1924년형 RL 타르가 플로리오(Targa Florio) 모델 안에서 함께 사진을 찍은 페라리와 정비공 시에나.

폐렴에 걸려 1916년 초에 세상을 떠나셨습니다. 알프레도 역시 군 복무 중 병에 걸려 같은 해에 세상을 떠났습니다. 나는 너무 외로웠고 그야말로 인생의 전환점에 서 있었습니다." 엔초는 군에 입대했고 말의 편자를 만드는 편자공으로 제1차 세계대전 시기를 보냈다. 그러다 1918년 스페인 독감에 걸렸지만 간신히 살아남았다. 그 이후 카레이서가 되겠다는 어린 시절의 꿈을 이루기로 마음먹었다.

엔초는 군에서 제대한 뒤 1919년에 처음으로 메이저 레이스에 참가했으니, 험난한 시칠리아의 산들 사이를 달리는 그 악명 높은 타르가 플로리오Targa Florio 레이스였다. 이탈리아의 스포츠카 제조업체 코스트루즈오니 메카니치 나시오날리(줄여서 C.M.N.) 소속으로 레이스에 참가했던 그는 꽤 괜찮은 성적인 9위로 결승선을 통과했다. 당시 21세였던 엔초 페라리의 입장에선 고난의 시험대나 다름없는 레이스였다. 그는 그것이 아주 특이한 레이스였다고 회상했다. 친구인 우고 시보치Ugo Sivocci와 함께 운전대를 잡았던 페라리는 이탈리아 아브루치산맥 꼭대기에서 눈보라를 만났다. "우리는 꿈에도 예상하지 못한 위기에 봉착했습니다. 늑대들에게 쫓겼거든요. 그러나 내가 늘 시트 쿠션 밑에 넣고 다니던 리볼버를 꺼내 쏴대고 또 횃불과 총으로 무장한 사람들이 도착하자 도망가더군요." 엔초 페라리와 시보치는 더 높은 순위로 결승선을 통과할 수도 있었으나, 비토리오 에마뉴엘레 오를란도Vittorio Emanuele Orlando 이탈리아 대통령이 연설을 하는 동안 이탈리아 헌병대가 교통 통제에 나서 캄포펠리체 외곽에 바리케이드를 치는 바람에 꼼짝달싹할 수 없었다. 그 이후 떠나는 것이 허용됐지만, 이번엔 대통령 자동차 행렬이 다른 도로로 빠져나갈 때까지 그 뒤를 따라가야 했다. "마침내 결승선에 도착했을 때 시간 기록원들과 관중들은 이미 전부 팔레르모행 마지막 열차를 타고 사라졌더군요. 알람 시계를 가진 한 헌병이 끈기 있게 마지막으로 도착하는 사람들의 시간을 반올림해 가장 가까운 분 단위까지만 기록했습니다. 월요일에 나는 되돌아가 레이스 주관자인 돈 빈센치노 플로리오Don Vincenzino Florio를 만났습니다. '그래, 대체 뭐가 불만입니까?' 그가 평소처럼 무뚝뚝한 말투로 말하더군요. '당신들은 늦었고 위험을 무릅쓰지도 않았는데, 우리는 당신들을 등수 안에 포함시켜주는 선물을 주고 있잖아요.' 나는 9위라는 성적표를 받았고, 작긴 하지만 어쨌든 성공은 성공이었습니다. 더군다나 돈 빈센치노 플로리오도 만났고요. 나는 그를 스승으로 여겼고, 나중에는 친구로 지냈습니다."

그해 말에 엔초는 친구 시보치를 통해 알파 로메오에 취업하게 되는데, 이후 20여 년간 이어질 이탈리아의 유명 자동차 제조사 알파 로메오와의 인연은 그렇게 시작된다.

운전석에 앉을 때마다 보여주는 그 젊음과 결단력 그리고 두려움을 모르는 용기 덕에 엔초 페라리는 강력한 카레이서가 된다. 1920년에 그는 다시 시칠리아로 돌아와 타르가 플로리오 레이스에서 배기량 4.5리터짜리 4기통 엔진이 장착된 레이스카를 몰고 2위를 하게 되며, 그 이후 알파 로메오의 창업자 니콜라 로메오Nicola Romeo의 비서이자 판매 및 레이싱 분야 책임자인 조르지오 리미니Giorgio Rimini의 후원을 받게 된다. 엔초는 1923년에는 이탈리아 라벤나에서 열리는 그 유명한 시보치 서킷에 참가해 우승을 차지하며, 그곳에서 제1차 세계대전 당시의 전설적인 이탈리아 전투기 조종사 프란치스코 바라카Francisco Baracca의 아버지를 만나게 된다. 아버지 바카라는 젊은 엔초의 용기와 대담함에 반해 자기 아들 비행 중대의 배지를 선물했는데, 그게 바로 노란색 방패에 도약하는 말 모양이 들어간 그 유명한 '카발리노 람판테'였다. 이는 엔초 페라리의 상징이 되어, 처음에는 알파 로메오의 레이싱 팀 스쿠데리아 페라리의 상징이었다가 후에는 기업 페라리의 상징이 된다.

1924년 알파 로메오의 RL 타르가 플로리오 모델 조종석에 앉아 있는 페라리와 정비공.

엔초 페라리는 알파 로메오 소속의 정식 카레이서로 지명되어 유럽에서 가장 유명한 자동차 레이스인 프랑스 그랑프리French Grand Prix에 참가할 예정이었다. 그러나 이후 어떤 일이 있었는지 전혀 설명된 적 없지만, 엔초는 그와 가까웠던 사람들이 말하는 이른바 '신뢰의 위기'를 겪게 되면서, 자신의 경력에서 가장 큰 레이스가 됐을 프랑스 그랑프리 참가를 포기한다. 그러나 엔초는 알파 로메오의 레이싱 팀 스쿠데리아 페라리를 떠나지 않았으며, 오히려 조르지오 리미니의 오른팔 같은 인물이 되었다. 그는 1927년까지는 두 번 다시 레이스에 직접 참가하지 않았으며, 그 이후 1931년까지는 스쿠데리아 페라리를 관리하면서 가끔 레이스에도 참가했다. 이와 관련해 그는 이렇게 말했다. "나는 내 아들 디노Dino가 태어난 1932년 1월에, 레이스에 적극적으로 참가하는 건 그만두기로 결심했습니다. 그 귀중한

페라리가 1924년
페스카라-코파 아체르보
레이스에서 우승한 뒤 알파
로메오의 카레이서들과
정비공들에 둘러싸여 있다.

시즌에 내가 마지막으로 참가한 레이스는 6월 14일 이탈리아 피아첸차 남쪽 언덕까지 달리는 보비오-몬테 페니체Bobbio-Monte Penice 레이스였습니다. 그 레이스에서 나는 비토리오 자노Vittorio Jano가 설계한 새로운 2300cc 8기통 엔진이 장착된 알파 로메오의 레이스카를 몰아 우승을 차지했습니다. 그러나 그날 나는 스스로 약속했습니다. 아들이 태어나면, 카레이서 일은 그만두고 조직과 사업에만 전념하겠다고. 그리고 그 약속을 지켰습니다."

엔초 페라리가 이런 결정을 내린 계기는 1925년 알파 로메오가 일시적으로 자동차 레이스에서 철수하며 엔초에게 기계적인 지원 및 레이스카 조달은 물론 필요한 다른 서비스들로 자신들의 레이싱 고객들을 지원해달라는 요청을 해온 것이었다. 이 대가로 엔초는 알파 로메오 공장으로부터 기술적 지원을 보장받았다. (당시 알파 로메오는 그가 설립한 스쿠데리아 페라리의 주식도 매입해주었다.)

엔초 페라리는 1919년 타르가 플로리오 레이스에서 세상 사람들에게 첫선을 보였지만, 세상에 자신을 제대로 알리게 건 이탈리아에서 열리는 다른 유명한 레이스인 밀레 밀리아 레이스였다. "이 레이스에 관해 얘기할 때면 정말 가슴이 뭉클해집니다. 내 삶에 너무도 큰 영향을 주었거든요. 나는 카레이서로, 레이싱 팀의 책임자로, 그리고 또 자

먼 왼쪽 1934년에 엔초 페라리는 알파 로메오 레이싱 팀을 관리했다. 파르마-포지오 디 베르세토(Parma-Poggio di Berceto)에 서 있는 그의 모습이 보이고, 멋진 알파 로메오 P3 모델의 운전석에는 아킬레 바르츠(Achille Varz)가 앉아 있다.

가까운 왼쪽 엔초 페라리(맨 오른쪽)와 당시 가장 위대한 카레이서들 가운데 두 명인 타치오 누보라리(맨 왼쪽)와 카를로 펠리체 트로시 (오른쪽 중앙). 세 번째 카레이서는 브리비오(Brivio)라고 확인되었다. 그는 1933년에 스쿠데리아 팀 소속으로 레이스에 나섰다.

동차 제작자로 이 레이스를 접했습니다. 사실 이 레이스는 지난 30년간 엄청난 기술적 발전을 이뤘을 뿐 아니라, 정말 많은 챔피언을 배출해냈습니다."•

알파 로메오에서 일하던 중에 엔초 페라리의 레이싱 팀은 밀레 밀리아 레이스에서 10번이나 우승을 거머쥐었다!

엔초 페라리는 주세페 캄파리와 타치오 누볼라리 같은 스타급 카레이서들을 보유하는 등 한 개인이 끌어모은 팀으로는 역사상 최대 규모의 레이싱 팀 스쿠테리아 페라리를 만들었다. 총 50명의 카레이서들이 이 레이싱 팀의 지원을 받았으며, 그들은 첫 시즌 때 22개의 레이스에 참가해 8개 레이스에서 우승을 했고 다른 여러 레이스에서 높은 성적을 올렸다. 시작이 아주 좋았다.

알파 로메오는 1930년대 내내 스쿠데리아 페라리를 자신들의 공식적인 레이싱 부서로 인정해 지원했다. 그리고 대공황을 맞아 재정적인 문제들이 생겨나자, 이탈리아 레이스용 타이어 제조업체인 피렐리 Pirelli가 알파 로메오를 설득해 스쿠데리아 페라리에 대한 지속적인 지원을 이끌어냈다. 앞서 언급했듯, 심지어 이탈리아 정부까지 개입해 주식 매입을 통해 알파 로메오의 지불 능력을 높여주었다.

엔초 페라리의 첫째 아들 알프레도(엔초의 아버지와 형의 이름에서 따온 이름이다. 후에는 디노라는 애칭으로 알려진다)가 태어난 직후에, 백만장자 스포츠맨이자 카레이서인 카를로 펠리체 트로시 Carlo Felice Trossi 백작이 스쿠데리아 페라리에 대한 투자를 결정했다.

이후 그는 스쿠데리아 페라리의 회장이 되었으며, 그 결과 페라리는 독일 메르세데스-벤츠 및 아우토 우니온Auto Union과의 경쟁에

• 2005년 《카콜렉터(Car Collector)》에 실린 앤디 마크스(Andy Marks)의 〈위대한 레이스들(The Great Races)〉에서.

1947년 5월 11일에, 페라리라는 이름을 붙인 최초의 자동차가 이탈리아에서 공개되었다. 스포츠카들은 피아첸차에서 레이싱 연습 중이었고, 새로 나온 1.5리터 페라리 티포 125 S 스포츠카의 두 버전이 공개된 것이다. 1대는 심플한 스파이더 코르사(Spyder Corsa) 2인승 모델로, 후에 이탈리아의 한 신문이 "작고 못생긴 빨간 자동차"라 평했다. 여기 소개된 자동차는 1947년에 제조된 최초의 페라리 레이스카들 중 하나인 166 스파이더 코르사 모델이다.

서 밀리고 있던 자신의 레이싱 팀에 관심을 집중할 수 있게 되었다.

1930년대 말에 스쿠데리아 페라리 팀의 성적은 페라리와 트로시의 기대에 훨씬 못 미쳤다. 독일의 카 레이싱 팀이 거의 무적이었던 것이다. 독일 메르세데스-벤츠와 아우토 우니온 연합이 계속 자동차 레이스를 석권해, 1935년 독일 그랑프리German Grand Prix에서 타치오 누보라리가 승리한 걸 제외하면 스쿠데리아 페라리와 알파 로메오 연합이 큰 승리를 거둔 경우는 몹시 드물었다.

회고록에서 페라리는 타치오 누보라리의 믿을 수 없을 만큼 뛰어난 운전 실력에 대해 적었다. 페라리를 자신의 레이스카 조수석에 태운 채, 그 위대한 이탈리아 카레이서는 한 번도 완주해본 적 없는 '3개주 서킷Three Provinces Circuit'의 예행연습을 했다. 페라리는 이렇게 적었다. "첫 번째 커브에서 나는 타치오가 분명 뭔가 잘못하고 있고, 우리는 곧 배수로에 처박힐 거라는 느낌을 받았다. 심각한 상황을 눈앞에 두고 온몸이 뻣뻣해지는 듯했다. 그런데 정신을 차려 보니 우리 차는 어느새 완벽한 자세로 다음 직선 구간을 달리고 있었다. 그를 쳐다봤다. 늘 그렇듯 단호해 보이는 그의 얼굴은 평온했다. 아무리 봐도 방금 머리카락이 쭈뼛해질 만큼 심한 회전을 한 사람의 얼굴이 아니었다." 곧이어 페라리는 다음 여러 커브에서도 똑같은 느낌을 경험했다고 적었다. "네 번째, 다섯 번째 커브에 이르러서야 비로소 이해되기 시작했다. 가만 보니 타치오는 커브를 완전히 돌 때까지 액셀러

먼 왼쪽 페라리 166 스파이더 코르사는 디자인도 단순한 데다 평범한 메탈 대시보드에 필수 장치들만 갖춘 모델이었다. 운전석이 오른쪽에 있는 이 레이스카에는 4단 변속기가 장착되었다. 기어시프트*에는 로마 숫자들이 표기되어 있었다.

가까운 왼쪽 1948년에 처음 선보인 166S 엔진은 배기량이 1995cm^3(1946년과 1947년의 티포 125 GT와 티포 125 S 엔진과 비교)에서 1496.7cm^{3}로 바뀌었다. 최대 출력은 7000rpm에서 118마력이던 것이 150마력으로 높아졌다. 그리고 모든 엔진에는 3개의 3×30DCF 카뷰레터, 즉 기화기가 이용되었다.

레이터에서 발을 떼지 않았다. 액셀러레이터가 계속 바닥에 붙어 있었던 것이다. 계속 커브를 돌면서 그의 비밀을 알게 되었는데, 타치오 누보라리는 카레이서의 본능이 그러라고 말해줄 시기보다 다소 더 일찍 커브에 진입했다. 그러곤 묘한 방식으로 커브로 들어갔다. 어느 순간 자동차 맨 앞부분을 커브가 시작되는 안쪽 가장자리에 맞추는 것이다. 액셀러레이터는 아예 바닥에 닿아 있고, 아마 이 겁나는 과정을 밟기 전에 적절한 기어로 변속시킨 게 분명해 보였다. 그는 이런 식으로 차를 4륜 드리프트 상태로 몰고 갔으며, 원심력의 힘을 최대한 활용했고, 또 구동륜들의 견인력으로 차가 도로에서 벗어나지 않게 했다. 커브에서 자동차는 계속 안쪽으로 붙어 돌았고, 커브가 직선 도로로 바뀔 때면 자동차는 정상적인 자세를 유지해 바로 잡을 필요도 없이 액셀러레이터만 늦춰주면 되었다."

페라리는 1930년대에 계속 타치오 누보라리와 함께 움직였고 그러면서 이런 말을 했다. "매번 롤러코스터에 올라타는 기분이었습니다. 잘 아시잖아요. 롤러코스터가 급강하할 때 느끼는 그 아찔한 기분!"

1937년에 페라리는 다시 또 그 아찔한 기분을 느꼈다. 알파 로메오 측에서 레이싱 전담 부서를 다시 사내에 두기로 결정하면서 페라리를 '디레토레 스포르티보Direttore Sportivo', 즉 그 레이싱 부서의 책임자로 임명하고 새로운 알파 엔지니어링 책임자 윌프레도 리카르드Wilfredo Ricard의 지시를 받게 한 것이다. 두 사람 사이에는 곧 갈등이 생겨났다. 스페인 출신의 리카르드는 뛰어난 자질을 가진 사람이었다. 5개 언어에 능한 천부적인 연설가인 그는 곧 알파 로메오 경영진으로부터 정치적 지원을 이끌어냈다. 다음은 페라리의 말이다. "내가 보기에, 그는 자신의 계획을 설득력 있게 제시하고 자신의 생각을

166 MM 투어링 바르케타(166 MM Touring Barchetta) 모델은 페라리 섀시를 장착한 최초의 스포츠카였다. 휠베이스는 2200mm였으며, 공격적인 디자인의 보디가 특허받은 용접된 수페르레게라 관형 철제 프레임 위에 얹혀 있었다. 윤거, 즉 바퀴 사이의 좌우 거리는 앞쪽이 1270mm, 뒤쪽은 1250mm였다. 프런트 서스펜션에는 횡판 스프링 1개로 지지하는 페라리의 독립적인 A-암 디자인이 사용됐고, 리어 서스펜션에는 양쪽에 반타원형 스프링과 병렬 트레일링 암이 장착된 활축이 사용되었다. 쇼크 업소버는 휴데일(Houdaille)의 유압식 레버 작동 타입이었다. 사진 속 자동차는 원래 루이지 빌로레시의 레이스용이었으나, 후에 카레이서이자 페라리 수입업자인 루이지 치네티에게 팔렸다.

명확하면서도 우아하게 표현하며 모든 나라에서의 홍보를 쉽게 풀어 나갔다. 그리고 마지막으로 자신이 '특별 연구 부서'(일명 Ing)에서 일할 비서로 채용한 한 젊은 대학 졸업생인 엔지니어 오라치오 사타 Orazio Satta(그는 훗날 알파 로메오의 디자인 책임자가 되어 줄리에타Giulietta 모델을 만들어낸다)가 준비한 각종 도표들을 제대로 해석해 전문가다운 면모를 보임으로써 알파 로메오의 경영인인 우고 고바토Ugo Gobbato에게 좋은 인상을 심어준 것 같다." 리카르드의 여러 자질에 대한 칭찬에선 질투심 같은 게 느껴지기도 하지만, 어쨌든 페라리는 자신의 새로운 상사가 함께 일하기 힘든 이상한 사람이라고 느꼈다.

"리카르드는 기름을 칠한 듯 윤이 나는 머리카락에 다소 우아하면서도 깔끔한 옷을 입었으며, 소매가 손목 한참 아래까지 내려오는 재

킷을 걸쳤고, 밑창이 엄청 두꺼운 신발을 신었다. 악수를 할 때면 마치 온기 없이 찬 시체의 손을 잡는 기분이었다." 페라리의 말이다. 큰 용기를 내 마침내 그 기이한 신발에 대해 물었을 때, 리카르드가 내놓은 답에 페라리는 너무 놀라 말문이 막힐 정도였다. 페라리의 상사인 리카르드는 웃지도 않고 아주 진지한 얼굴로 이렇게 답했다. "위대한 엔지니어의 뇌는 고르지 못한 바닥 때문에 충격을 받아선 안 되며, 그래서 아주 세심한 완충 작용이 필요한 법이지요."

리카르드는 여러 차례의 디자인에 실패하며 자신의 무능력을 입증했지만, 오랜 세월 '일 코멘다토레' 역할을 해온 페라리의 입장에선 자신의 지위를 끝내 받아들일 수 없었고, 결국 1939년 20년에 걸친 근무를 끝내고 알파 로메오를 떠나게 된다.

1939년에 알파 로메오를 떠났다고 했지만, 그건 사실 해고를 완곡하게 말한 것이다. 페라리는 리카르드와의 문제를 놓고 우고 고바토와 계속 언쟁을 벌이기 시작했다. 페라리는 자신의 회고록에 이렇게 적었다. "리카르도와의 심한 갈등으로 인해 우고 고바토와 나 사이에는 메울 수 없는 균열이 생겨났고 결국 나는 해고되었다. 그 위기 상황에서 나는 두 가지를 깨달았다. 그 하나는 내가 알파 로메오에 너무 오래 있었다는 것이었다. 또 다른 하나는 설사 간접적으로라도 지휘·감독 일을 너무 오래 하다 보면 결국 에너지가 바닥나기 시작한다는 것이다. 나는 또 뭔가를 배우고 싶어 하는 사람이라면 절대 평생 한 회사에서만 있어선 안 된다는 결론에 도달했다. 배우고 싶다면, 회사를 옮겨 다른 일들도 해봐야 하는 것이다."

1939년 11월이었다. 20년간 한 회사에서 보낸 후라면 대부분의 사람들이 퇴직해 연금을 받으면서 여유로운 삶을 누리려 했을 것이다. 그러나 당시 47세였던 엔초 안셀모 페라리는 다른 생각을 했다. 그는 자신의 운명을 재확인하고자 했다. 알파 로메오에서의 찬란한 성공이

166 바르케타 모델의 인테리어는 아름다운 수제 가죽 커버와 장식들이 특징이다. 모든 게 오로지 레이스 지향적이라 디자인도 심플하다. 그러나 인테리어에 많은 신경을 써 럭셔리한 모델로 여겨진다.

라는 영광에 안주해 은퇴 생활에 들어가기보다는 독립적인 기업가가 되어 새로운 모험을 시작해보고 싶었던 것이다. 그래서 그는 고향인 모데나에서 약 16km 남쪽에 있는 아펜니노산맥 자락의 포 평원에 위치한 에밀리아 지역의 마라넬로에 공장을 세웠다.

페라리는 모든 것을 맨바닥에서부터 다시 시작하기로 한 당시의 결정에 대해 이렇게 적었다. "내가 카레이서와 팀 관리자에서 작은 기업가로의 변신을 위해 20년 만에 모데나로 돌아간 것은 내가 말하는 이른바 '생물학적 사이클'에 맞춘 결론이었을 뿐 아니라, 20여 년간 알파 로메오에서 일하며 내가 얻은 모든 명성이 다른 사람들의 노력에 힘입어 거저 얻은 게 아니라는 것을 나 자신과 다른 사람들에게 입증하려는 시도이기도 했다. 이제 내가 나 자신의 노력으로 얼마나 잘해낼 수 있는지를 보여줄 때가 된 것이다."

사실 1930년대에 유럽의 자동차 레이스 분야에서 스쿠데리아 페라리 레이싱 팀이 워낙 유명세를 탄 덕에, 엔초 페라리가 직접 자신의 자동차를 만들 거라는 소문은 페라리가 자동차 제조업체로 자리 잡는 데 큰 도움이 되었다.

엔초 페라리는 자신의 새로운 회사 이름을 아우토 아비오 코스트루지오네Auto Avio Costruzione라고 지었다. 첫 레이스카는 1939년 모데나에 있던 옛 스쿠데리아 페라리 작업장에서 제작되었다. 첫 고객은 알베르토 아스카리와 모데나의 로타리오 란고니 마키아벨리Lotario Rangoni Machiavelli(페라리의 첫 후원자로 여겨진다) 후작이었다. 배기량 1.5리터짜리 8기통 엔진이 장착된 그 레이스카를 디자인한 사람은 역시 알파 로메오 레이싱 부서를 떠났던 알베르토 마시미모Alberto Massimino였다. 그 레이스카는 그해 밀레 밀리아에서 열리는 1940년 브레시아 그랑프리에 참가할 예정이었다. 그러나 그 레이스카에는 페라리의 이름도 스쿠데리아 페라리 심벌 마크도 붙지 않았다. 페라리는 이렇게 한탄했다. "당시 나는 4년간 내 이름으로 스쿠데리아 페라리 팀을 재조직하거나 레이싱 활동에 참여해선 안 된다는 조항(그가 알파 로메오를 나올 때 맺은 협약에 따른)에 매여 있었다." 알파 로메오 경영진은 페라리라는 이름이 들어가면 자사 레이싱 부서의 일부로 오인될 가능성이 있다는 것을 우려했던 것이다. 그래서 페라리의 첫 레이스카는 단순히 모델 815라고만 알려졌는데, 815는 8기통 1.5리터짜리 엔진이 장착되었다는 의미였다.

스페어 타이어가 바르케타 모델의 트렁크 대부분을 차지하고 있다. 남은 공간은 연료 탱크로 쓰였다.

4년간 레이스에 참여할 수 없다는 장애물은 제2차 세계대전이 발발하면서 쉽게 피해갈 수 있었으나, 유럽 전승기념일(1945년 5월 8일) 한 달 후인 1945년 6월에는, 그러니까 엔초 페라리가 자유롭게 자기 이름을 단 자동차들을 제작할 수 있게 됐을 무렵에는 그의 자동차를 사줄 만한 부자 고객들이 거의 없었다. 전쟁에서 패한 쪽에 속했던 이탈리아는 재정적으로 피폐해져 있었고, 특히 연합군과 독일군 사이에 지상전이 벌어졌던 일부 지역들의 경우 문자 그대로 모든 게 엉망이 되어 있었다. 페라리는 전쟁 기간에는 군대에 공작 기계들을 납품하면서 근근이 살아남았으나, 정작 자유롭게 자동차 관련 일을 할 수 있게 된 상황에서는 이탈리아에는 수작업으로 제작된 레이스카들을 사줄 만한 고객이 별로 없다는 사실에 진저리를 쳐야 했다. 그 무렵 만일 루이지 치네티가 끼어들지 않았다면, 아마 페라리 전설은 쓰이지 않았을 것이다.

루이지 치네티 시니어 역시 1930년대에 알파 로메오에서 일했고, 전쟁 초에 미국으로 이주하면서 페라리와는 멀리 떨어져 지내는 친구 사이가 되었다. 그는 에쿠리에 셸Ecurie Schell 마세라티 팀과 프랑스 카레이서 르네 드레퓌스Rene Dreyfus, 르네 르 베기René Le Bègue와 함께 미국으로 건너갔으며, 거기에서 그들은 1939년 인디애나폴리스 500 레이스에 참가하게 된다. 루이지 치네티는 팀 책임자로 채용되었다. 그리고 전쟁으로 인해 유럽으로 돌아오지 못하게 되자, 치네티는 미국에 그대로 머물기로 마음먹었다. 그리고 미국을 세계대전으로 끌어들인 진주만 공습 이후 그는 아예 뉴욕에 거주지를 정하고 미국 시민이 되기로 결심했다.

세계대전 이후 치네티는 아내 매리언과 어린 아들 루이지 주니어를 데리고 프랑스로 넘어갔고, 거기에서 휴가를 보낸 뒤 다시 이탈리아로 넘어갔다. 당시 엔초 페라리는 이탈리아 모데나에서 다시는 레이스카를 제작하지 못할지도 모른다는 위기 속에 악전고투 중이었다. 그

페라리 자동차의 관능미는 그들의 첫 스포츠카인 투어링 바르케타에서 유감없이 드러났다. 공격적인 그릴과 후드 스쿠프*는 1960년대까지도 유럽과 영국 그리고 미국에서 자동차 디자인에 영향을 주었다. 에밀리오 길레티(Emlio Giletti)가 이탈리아의 그 유명한 룬고마레 서킷에서 열린 1952년 바리 그랑프리(Bari Grand Prix)에서 자신의 166 MM 바르케타 모델을 몰고 달리고 있다(그는 이 레이스에서 11위를 기록했다).

런 소식을 접한 45세의 이탈리아 카레이서 겸 자동차 사업가인 치네티는 1946년 크리스마스이브에 아내와 가족들을 차에 태운 뒤 모데나로 향했다. 그러고는 크리스마스 휴일을 즐기는 대신 사무실에 혼자 앉아 앞으로의 일을 고심 중인 엔초 페라리를 찾아갔다. 페라리는 잘 풀리지 않는 사업과 자신에게 즐거움을 주는 일, 즉 레이스카 디자인과 제작을 다시 하고 싶다는 욕구 사이에서 이도 저도 못 한 채 괴로워하고 있었다. 양자택일의 기로에 서 있었던 것이다.

루이지 치네티 주니어는 영화감독 잉그마르 베르히만Ingmar Bergman의 영화 속 한 장면을 연상케 하던 그 추운 크리스마스 날을 똑똑히 기억한다. 그 당시 어린아이에 불과했지만, 그는 그날 춥고 어두침침한 사무실 안에 앉아 있던 오만해 보이는 엔초 페라리에게서 받은 첫인상을 결코 잊지 못한다. 페라리의 책상 위에는 갓도 없는 맨 전구 하나가 천장에 매달려 있었다. 전후 초기 몇 년간의 절약 분위기 속에 사무실 건물들은 난방이 거의 되지 않았고, 그래서 그 조그만 사무실은 너무 추워 페라리가 처음 입을 열었을 땐 그의 입에서 나온 김이 안개처럼 허공에 맴돌 정도였다.

1952년에 엔초 페라리는 212 투어링 바르케타 모델을 헨리 포드 2세(Henry Ford II)에게 선물했다. 이 자동차의 전위적인 스타일은 1955 포드 선더버드(Thunderbird) 모델에 영향을 주었다. 이 자동차의 0253/EU 섀시는 페라리의 2600mm 롱 휠베이스에 얹혔다. 숏 휠베이스 모델들은 2200mm밖에 안 되었다.

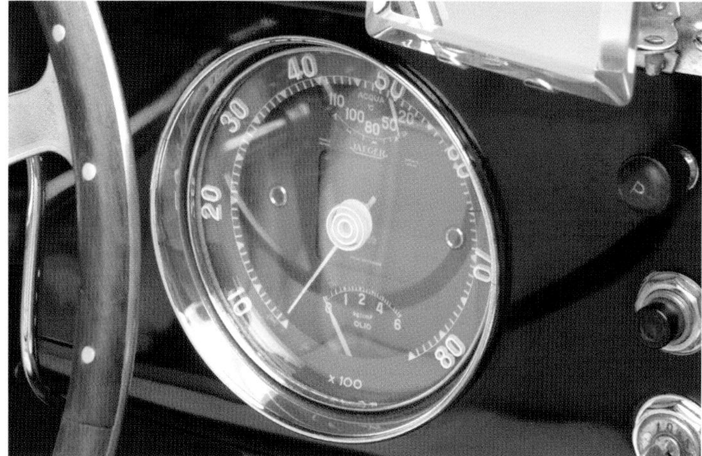

먼 왼쪽
자동차 보디 제작업체 '카로체리아 투어링 수페르레게라(Carrozzeria Touring Superleggera)'의 날개 엠블럼과 수페르레게라* 엠블럼은 해당 자동차가 작고 가벼운 스틸 튜브들을 보디 패널들에 부착하는 특허받은 초경량 제조 방식으로 만들어졌다는 의미를 갖고 있다. 포드 자동차에서는 핸들이 왼쪽으로 옮겨졌는데, 이는 1952년의 페라리 스포츠카와 레이스카에서는 거의 볼 수 없는 변화였다. 변속기는 그 당시 대부분의 페라리 모델들과 마찬가지로 5단이었다.

루이지 치네티 시니어는 페라리와 마주 앉아 유럽이 아니라 미국에는 그의 레이스카들을 팔 시장이 얼마든지 있다고 설명했다. 그러면서 한 가지 계획을 내놓았다. "자동차를 만듭시다. 우리가 잘하는 일 아닙니까?" 페라리는 그 계획에 대해 깊이 생각하더니 엔진 개발은 또 다른 옛 알파 로메오 동료인 지오아키노 콜롬보Gioacchino Colombo에게 맡기자고 했다. 그날 밤 치네티와 페라리는 전후 시대를 맞아 아우토 아비오 코스트루지오네(이후 곧 아우토 코스트루지오네 페라리가 됨)에 다시 활기를 불어넣을 이벤트들에 대한 얘기도 나눴다.

물론 페라리나 치네티에게는 새로운 사업을 시작할 돈이 없었지만, 치네티는 자동차 레이스 분야에서 폭넓은 인맥을 쌓았고, 프랑스와 미국에 부유한 친구들도 많았다. 자동차 제조에 착수할 자금을 댈 투자자들이 많았던 것이다. 신사들끼리의 합의만 손에 넣고 뉴욕으로 돌아간 그는 페라리에게 자동차 8대를 주문했다. 그런 다음 그는 페라리에게 25대는 팔 수 있다고 말했다. 그리고 곧 실제 25대를 팔았는데, 대부분 맨해튼에 새로 설립한 치네티 모터스Chinetti Motors를 통

1950년대 대담한 페라리
보디 스타일의 전형이다.

1948년에 오리지널 바르케타
보디를 설계한 것은 밀라노에
있는 카로체리아
투어링이었다. 그러나
1952년에 헨리 포드를 위해
제작된 마지막 바르케타
모델의 스타일은 아주 달랐다.

해서였다. 그리고 치네티 모터스는 페라리 자동차와 부품들을 수입하는 미국 내 독점 수입사가 되었다.

자신의 첫 전후 스포츠카들을 만들면서, 페라리는 만일 마세라티가 4기통 엔진을 만들고, 탤벗Talbot이 6기통 엔진을, 그리고 알파 로메오가 8기통 엔진을 만든다면, 자신은 12기통 엔진을 만들겠다고 마음먹었다. 훗날 페라리 자동차 연구가 한스 태너Hans Tanner는 이를 두고 "선견지명이 있는 대담한 결정"이라고 말했다.

1947년 5월 11일, 페라리라는 이름을 붙인 최초의 자동차가 이탈리아에서 공개되었다. 스포츠카들은 피아첸차에서 레이싱 연습 중이었고, 새로 나온 배기량 1.5리터짜리 페라리 티포 125 S 스포츠카의 두 버전이 공개된 것이다. 1대는 심플한 스파이더 코르사 2인승 모델로, 후에 이탈리아의 한 신문에 의해 "작고 못생긴 빨간 자동차"라는 말을 들었다. 또 다른 1대는 카로체리아 투어링 수페르레게라에서 보디를 설계한 로드스터* 모델이었다. 125 S 모델에는 60도 각도의 12기통 엔진이 장착됐는데, 페라리가 1946년 크리스마스이브 날 밤에 제안했듯 그 엔진을 설계한 사람은 지오아키노 콜롬보였다.

1948년에 이르러 페라리 공장에서는 이제 12기통 엔진이 장착된 소수의 레이스카들을 제작하고 있었다. 페라리 티포 166 스파이더 코르사Tipo 166 Spyder Corsa 모델은 노란색과 검은색 '도약하는 말' 엠블럼이 부착된 초기 모델들 중 하나로, 겉모습이 그전 해에 나온 125 S 및 159 S 모델과 아주 비슷한 심플한 스타일의 사이클-펜더 버전이었다. 초기 페라리 자동차 섀시들에서는 로드카와 비슷한 점을 찾을 수 있는데, 그건 밀라노에 있는 카로체리아 투어링 수페르레게라(이후 간단히 '투어링'으로 부름)의 스타일 때문이다.

이탈리아에서 가장 오래된 디자인 업체들 중 하나인 투어링은 1926년 카를로 펠리체 비안키 안데를로니Carlo Felice Bianchi

수페르레게라 후드 엠블럼은 해당 자동차가 카로체리아 투어링이 독점한 경량 구조를 갖고 있음을 보여주었다. 수페르레게라라는 이름은 밀라노의 보디 제작사 이름인 투어링만큼이나 널리 알려지게 되었다.

Anderloni가 설립했으며, 1930년대에 가장 멋진 스포츠카들 중 일부를 디자인하고 제작한 것으로 유명하다. 투어링과 엔초 페라리의 관계는 몇 년 전으로, 그러니까 그가 알파 로메오에서 스쿠데리아 페라리 레이싱 팀을 이끌던 시절까지 거슬러 올라간다. 알파 로메오 공장에서 나오는 레이스카들의 보디 대부분을 안데를로니가 디자인하고 제작했던 것이다.

치네티는 페라리에게 로드카와 레이스카 양쪽을 다 충족시키기 위해 보다 범세계적인 스타일의 자동차 모델을 제작할 필요성을 주장했고, 페라리는 그것을 받아들여 계속 안데를로니에게 스포츠카 보디 제작을 맡기되, 이제 페라리의 표준처럼 되어버린 매력은 없어도 성공적인 사이클-펜더 방식의 스파이더 코르사 스타일은 보완하기로 했다. 1년 후 페라리 섀시를 토대로 처음 스포츠카 디자인을 한 166 MM 투

후드 위에 대담하게 공기 흡입구 2개를 올린 것은 마지막 바르케타 모델에 나타난 스타일 특징들 중 하나였다.

포드 자동차는 티포 212 모델의 플랫폼을 토대로 제작됐지만, 엔진은 225 S 레이스카에 사용된 배기량 2562cc짜리 콜롬보 12기통 엔진이었다. 또한 이 모델에는 싱글 오버헤드 캠샤프트와 2개의 배전기, 웨트 섬프식 윤활 장치, 3개의 36 DCF 웨버 카뷰레터가 쓰였다.

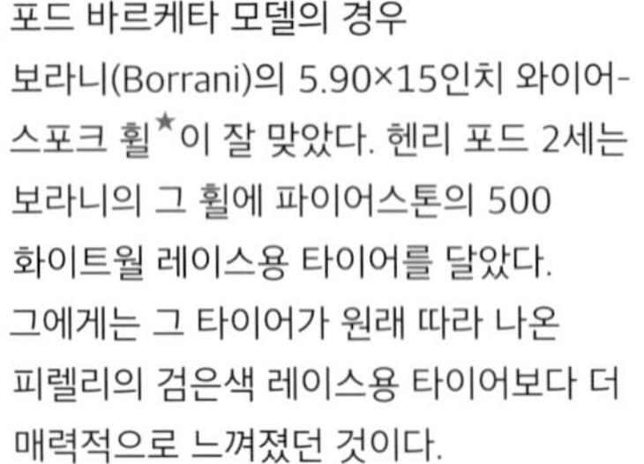

포드 바르케타 모델의 경우 보라니(Borrani)의 5.90×15인치 와이어-스포크 휠★이 잘 맞았다. 헨리 포드 2세는 보라니의 그 휠에 파이어스톤의 500 화이트월 레이스용 타이어를 달았다. 그에게는 그 타이어가 원래 따라 나온 피렐리의 검은색 레이스용 타이어보다 더 매력적으로 느껴졌던 것이다.

어링 바르케타 모델이 나왔다. 그리고 자동차 분야에 그렇게 지속적인 영향을 준 자동차는 거의 없다.

166 MM 투어링 바르케타 모델은 세상에 첫선을 보인 지 반세기가 넘었는데도 아직까지도 모든 페라리 자동차 모델 중 가장 높이 평가되는 모델에 속한다. 이 모델의 스타일은 1940년 카로체리아 투어링이 디자인한 BMW 328 스파이더 모델을 그 토대로 삼고 있다. 이 바르케타 모델들은 모두(그중 투어링이 제작한 건 약 46대) 매끈하게 뒤로 젖혀진 긴 후드, 짧은 리어-덱rear deck, 공격적인 모양의 타원형 그릴을 갖고 있으며, 이는 이후 수년간 제작된 페라리 자동차들의 특징이 되었다. 아주 간단히 말해, 1960년대의 미국 디트로이트 자동차 제조업체들 사이에선 '긴 후드, 짧은 리어-덱'이란 말이 일종의 유행어처럼 되었고,

크라이슬러의 리 아이아코카Lee Iacocca* 역시 일대 전환점이 된 1964½ 포드 머스탱Mustang을 표현할 때 '긴 후드, 짧은 리어-덱' 이란 말을 썼다.

이처럼 직관적인 바르케타 스타일은 영국 재규어의 토제이로 스페셜Tojeiro Special 모델과 역시 같은 영국 AC의 에이스Ace 및 브리스톨Bristol 모델에 영감을 주게 되며, 특히 AC의 모델들은 1960년대 들어 셸비 코브라Shellby Cobra 모델로 진화되게 된다. 결국 페라리와 안데를로니의 대담한 시도 덕에 어느 한쪽에 치우침 없이 레이스카와 로드카의 거리가 좁혀진 것이다.

당시 안데를로니는 바르케타 스타일링 작업은 매력적이면서도 용기가 필요한 작업이었다며 이렇게 적었다. "그 작업이 매력적이었던 것은 당시 유통되고 있던 다른 많은 2인승 스포츠카 '스파이더' 모델들을 그대로 모방하지 않고 페라리를 개인 요구에 맞춰 제작하려 했기 때문이다. 또한 용기가 필요했던 건, 당시의 스포츠카 디자인 원칙은 대개 아래쪽이 넓고 위쪽이 좁으며 땅바닥에 가까운 것이었는데, 바르케타 스타일링 작업은 더없이 엄격한 그 스포츠카 디자인 원칙을 뒤엎은 것이기 때문이다." 바르케타 모델은 측면 중간 바로 윗부분이 가장 넓었고 땅바닥으로부터도 눈에 띄게 높았다. 안데를로니에 따르면, 바르케타 모델은 다른 스포츠카들과 워낙 달랐기 때문에, 1948년 토리노 오토쇼에서 저널리스트들은 페라리 매장에서 공개된 이 모델을 보고 바르케타Barcetta라 불렀는데, 그건 '작은 배'를 뜻하는 이탈리아어였다. 그리고 그 순간부터 새로운 페라리 보디 스타일은 다른 모든 2인승 스포츠카들과 확연히 구분되었다. 공식적으로 그 자동차들은 166 밀레 밀리아166 MM 모델로 분류되는데, 이 이름은 1948년에 열린 그 치열한 이탈리아 로드 레이스*에서 페라리가 우승한 걸 기념하기 위해 지어진 것이다. 그러나 바르케타 모델은 모든 사람이, 심지어 페라리까지 사용하게 된다.

투어링의 디자인은 작고 가벼운 스틸 튜브들을 보디 패널에 부착하는 독점적인 수페르레게라, 즉 초경량 제작 방법을 활용하는 등 형태 면에서 혁명적이었을 뿐 아니라, 살짝 금속화된 독특한 빨간색 조합, 즉 오렌지 빨간색이나 립스틱 빨간색이 아닌 페라리 특유의 색을 쓰는 등 색 배합 면에서도 혁명적이었다. 166 MM 모델들은 대부분 불타는 듯한 이 깊은 색으로 칠해졌으며, 그것이 페라리의 또 다른 전통이 되었다. 140마력의 엑스포트Export 12기통 엔진이 장착된 레이스용 모델이든 아니면 110마력의 인테르 12기통 엔진이 장착된 보다 럭셔리한 루소 모델이든, 사실상 모든 바르케타 모델은 레이스카였다.

프런트-엔드 스타일은 오리지널 바르케타 디자인과는 다소 달랐으나, 리어 스타일은 펜더와 테일라이트 디자인이 독특하다는 점에서 완전히 달랐다. 흥미로운 사실이지만, 이 자동차는 포드의 1955 선더버드(1955 Thunderbird)나 쉐보레의 1953 코르벳(1953 Corvette) 모델 이전에 제작되었다.

바르케타 보디에 또 다른 엔진 변화가 나타난 건 티포 195 S 모델에서였다. 이 모델은 1950년에 제작됐으며, 보어×스트로크는 65×58.8mm에 배기량은 2341cm³였다. 최대 출력은 7000rpm에서 160마력이었다. 그리고 엔진 배기량은 각 실린더의 배기량(예를 들어 195.1cm³)에 따라 달라졌다.

수작업으로 제작된 바르케타의 보디는 용접된 관형 스틸 프레임에 부착됐으며, 그런 다음 짧은 2200mm 휠베이스 위에 얹혀졌다. 프런트 서스펜션에는 횡판 스프링 1개로 지지되는 페라리의 독립적인 A-암 디자인이 사용됐고, 리어 서스펜션에는 양쪽에 반타원형 스프링과 병렬 트레일링 암이 장착된 활축이 사용되었다. 또한 초기 페라리 모델들에는 휴데일의 유압-레버-작동 타입의 댐퍼*가 사용되었다.

페라리 166 MM 모델은 논란의 여지 없이 그 당시 가장 빠른 스포츠카로, 1948년 4월부터 1953년 12월 사이에 유럽 전역의 레이스에서 전 부문에 걸쳐 또는 부문별로 80회 이상 승리를 거두었다. 엔초 페라리는 그렇게 쉽게 레이스 분야에서의 명성을 되찾았다.

1949년 3월에는 클레멘테 비온데티Clemente Biondetti가 타르가 플로리오 레이스에서 우승을 차지했고, 166 인테르 모델이 코파 인터-유로파 레이스에서 1위와 2위를 차지했다. 그해 4월에는 클레멘테 비온데티와 펠리체 보네토Felice Bonetto가 밀레 밀리아 레이스에서 166 MM 모델을 몰고 1위와 2위를 차지했다. 그러나 페라리에 가장 큰 승리를 가져다준 사람은 1949년 르망 24시간 레이스에 영국의 피터 셀스던 경Lord Peter Selsdon과 함께 166 MM 투어링 바르케타 모델을 몰고 우승을 차지한 루이지 치네티였다. 50세가 다 된 '아이언 맨' 치네티가 24시간 가운데 23시간을 운전해 페라리에 가장 중요한 첫 국제 레이스 우승을 안겨준 것이다. 그는 곧이어 7월에도 벨기에 스파 프랑코르샹 레이스에 참가해 투어링카 부문 24시간 레이스에서 우승을 차지했다. 1950년에는 알베르토 아스카리가 룩셈부르크 그랑프리와 실버스톤 인터내셔널 트로피 레이스에서 우승했다. 실버스톤 인터내셔널 트로피 레이스에서는 토리노 세라피니와 루이지 빌로레시가 싱글-카뷰레터가 장착된 바르케타 모델을 몰고 2위를 차지했다. 그 모델은 십중팔구 이 책에 소개된 사진 속 바로 그 모델로, 루이지 치네티에게 팔렸다가 훗날 다시 미국 카레이서 빌 스피어에게 팔렸다.

그 이후 가장 오랫동안 페라리라는 말이 언급될 때마다 사람들은 초기의 모든 페라리 스포츠카들 가운데 최초로 더없이 카리스마 넘쳤던 166 MM 바르케타 모델을 떠올렸다.

가장 마지막 바르케타 보디는 1952년 투어링에서 제작했으며 212 섀시에 맞춰졌다. 그 보디는 엔초 페라리가 헨리 포드 2세에게 선물한 것으로, 225 S 레이스카들에 사용된 보다 큰 225(배기량 2715cm^3) 엔진이 새롭게 장착된 상태로 인도되었다. 그 당시에는 특이한 일이었지만, 포드 자동차의 경우 핸들이 왼쪽에 장착되었다. 포드는 표준적이지만 덜 세련된 피렐리의 검은색 6.50-15 타이어 대신 파이어스톤의 500 화이트월 레이스용 타이어를 달았다.

이 자동차의 디자인인 섀시 0253/EU는 카로체리아 투어링에서 제작된 모든 바르케타 보디들 가운데 가장 전위적인 보디로, 이 모델의 여러 스타일 요소들은 훗날 출현하는 포드의 획기적인 모델 1955 선더버드 최종 버전에서 다시 보게 된다. 이 모델의 스타일 요소들은 쉐보레의 1953 코르벳 모델 보디, 특히 뒷부분에서도 볼 수 있다.

바르케타 모델의 세 번째 소유주로, 한때 포드에서 그리고 후에는 제네럴 모터스General Motors(GM)에서 제품 기획 및 연구 부서 임원을 지낸 딕 메릿Dick Merritt은 이렇게 적었다. "포모코FoMoCo*에서 바르케타 모델은 '접근 금지'였고, 심지어 직접 몰아보는 게 허용되는 사람도 최고위 경영자 한두 명뿐이었다. 선더버드를 디자인할 때 디자인 부서 사람들은 아이디어를 얻기 위해 바르케타 모델을 유심히 살펴봤다. 철저히 살펴보긴 했지만, 단언컨대 엔지니어들이 어떤 테스트를 하거나 분해하진 않았다."

포드의 야간 근무조 테스트 드라이버인 톰 물리Tom Mullee는 자동차 정비소 안에서 헨리 포드의 페라리를 봤는데, 당시 그 자동차는 배기관을 수리하던 중이었다. 이와 관련해 『도약하는 말Prancing Horse』의 편집자 하워드 페인은 이렇게 적었다. "그 자동차에는 배기 헤더*들뿐이라는 사실을 모른 채 그는 그 자동차를 정비소에서 꺼내 테스트 트랙으로 몰고 나갔다. 당시 다른 드라이버들은 모두 식사하러 나간 상태였다. 트랙 진입로에 들어서자마자(새벽 2시 30분) 톰은 페라리의 엔진을 점화시켰다. 그렇다. 그는 차를 예열한 뒤 바로 심야의 질주를 시작했다. 달빛이 환한 따뜻한 여름밤에 지붕이 열린 페라리에 올라탄 젊은 톰 물리가 그야말로 맘껏 내달릴 수 있는 포드 테스트 트랙 위에서 느꼈을 그 짜릿한 기분! 사실 난 상상도 안 된다."

1949년 루이지 치네티는 르망 24시간 레이스에 참가해 페라리 166 MM 모델을 몰고 우승을 차지했다. 외국 땅에서의 중요한 첫 승리를 페라리에 안겨준 치네티(피터 셀스던 경과 함께 찍은 사진. 맨 오른쪽)는 영국의 피터 셀스던 경과 함께 레이스에 참가해 핸들을 23시간 동안 잡았고 셀스던은 단 한 시간 동안 잡았다.

물리에겐 애석한 일이었지만, 트리플-카뷰레터 방식의 배기량 2.7 리터짜리 225 S 레이스용 페라리 엔진은 테스트 트랙에서 바로 도로 건너편에 있던 고급스러운 디어본 모텔에 숙박해 있던 거의 모든 사람의 잠을 깨웠다. 그리고 빠른 속도로 7–8회 돈 뒤 트랙을 빠져나왔을 때 트랙 관리자를 비롯한 나머지 테스트 드라이버들이 모두 그를 기다리고 있었다. 결국 물리는 자신의 경솔한 행동으로 인해 3일간 근신을 해야 했지만, 7년 후 그날 밤 일을 떠올리며 그는 그래도 그건 그럴 만한 가치가 있는 일이었다고 주장했다. 페라리가 헨리 포드 2세에게 선물한 자동차의 매력은 그만큼 대단했다.

딕 메릿을 잘 알고 있던 자동차 전문 역사학자이자 작가인 필 스키너의 회상에 따르면, 메릿은 1956년 11월 18일에 당시 E-카E-car로 알려진 새로운 자동차군을 개발 중이던 포드 특수제품Special Products 부문 기획자로 채용되었다. 그러나 메릿은 특수제품 부문에서 가장 짧게 일한 직원들 중 한 명이 된다. 입사 바로 다음 날인 1956년 11월 19일에 특수제품 부문의 업무는 포드 자동차의 에드셀Edsel 부문으로 이관되며, 특수제품 부문의 직원들은 이제 모두 에드셀 부문에서 일하게 된다는 발표가 나온 것이다.

스키너에게 이 이야기를 들려줄 때 메릿은 이미 페라리의 팬이 되지금 우리는 연봉이 3600달러 정도 됐을 한 청년이 수백만 달러를 가진 사람에게 신차 가격이 1만 달러였고 당시 시장 가치도 최소 6000달러에서 7000달러쯤 하던 자동차에 대한 얘기를 하는 장면에 대해 이야기하고 있는 것이다. 당시 이 건방진 청년한테 깜짝 놀란 헨리 포드 2세는 반쯤 고개를 끄덕인 뒤 약속된 회의 장소로 향했다고 한다.

그러고 나서 수개월 후 메릿은 마침내 그 자동차를 소유할 기회를 갖게 된다. 그는 자동차를, 그것도 중고차를 사기 위해 자신의 1년 연봉도 넘는 돈을 대출받으려고 은행 측을 설득하는 데 다소 애를 먹었다. 그런데 그 자동차의 가격이 놀랍게도 딱 4000달러였다. 그의 주장에 따르면, 그 자동차는 불과 몇 년 전만 해도 1만 달러였고, 신차 가격은 훨씬 더 비쌌다. 그는 결국 대출을 받았고 한동안 손가락만 빨고 살아야 했지만, 페라리란 이름이 붙은 자동차들 중에서도 특히 더 인상적이고 더 멋져 보이는 자동차들 중 하나를 소유하게 되었다.

어 있었다. 그도 그럴 것이 페라리의 성능과 스타일링 그리고 엔지니어링은 그 당시로선 하나같이 첨단이었다. 게다가 포드는 그가 대학 졸업 후 들어간 자동차 업계에서의 첫 직장으로, 자동차 업계에서 그는 그야말로 아직 머리에 피도 안 마른 애송이였다. 게다가 그에게 포드 본사 안에서는 헨리 포드 2세가 먼저 질문을 해올 때라면 모를까 그 외엔 그에게 먼저 말을 걸지 않는 게 예의라는 걸 말해준 사람이 없었다. 운명의 어느 날, 그는 헨리 포드 2세가 회의 참석차 여러 중진과 함께 복도를 걷고 있는 걸 봤다. 다시는 안 올 절호의 기회일지도 모른다는 생각에 그는 헨리 포드 2세에게 다가가 불쑥 말했다. "포드 씨, 당신의 페라리는 정말 멋지다고 생각합니다. 혹 팔 생각이 있을 때 알려주실 수 있을까요?"

영국 카레이서 스털링 모스Stirling Moss는 1963년에 나온 엔초 페라리 회고록 『내 엄청난 기쁨들』 서문의 여러 단락에서 페라리의 삶을 이렇게 요약했다. "거의 모든 자동차 애호가들 사이에서 페라리라는 이름은, 오랫동안 그래 왔고 지금도 그렇지만, 자동차 운전의 진수이며 자동차 엔지니어링의 예술이자 과학 그 자체이다. 이는 1965년에 사실상 모든 스포츠카와 레이스카 애호가들이 공유하고 있던 생각이며, 그로부터 40년이 넘게 지난 지금까지도 마찬가지이다.

초기의 로드카와 레이스카 - 도로와 트랙 위에서의 이미지 메이킹

완고한 두 사람이 뜻이 맞지 않을 땐 성취되는 게 거의 없으나,
서로 힘을 합칠 땐 그 결과가 종종 아주 놀랍다.
치네티와 페라리가 함께한 멋진 날들 역시 그랬다.

제2차 세계대전 직후의 시기에 레이스카와 로드카의 차이는 순전히 해석의 차이였다. 대부분 레이스카도 도로 위를 달릴 수 있었고, 특수 제작된 소수의 로드카 역시 레이스용으로도 적합했다. 그러나 시각적으로 너무 멋진 바르케타 모델처럼, 대부분의 레이스카는 실용적인 것과는 거리가 멀었다. 지붕이 없어 날씨가 좋을 때만 탈 수 있는 데다 인테리어도 거의 없어 안락함이나 편의성과는 거리가 멀었던 것이다. 치네티는 페라리에게 로드카 분야에서 자신이 필요로 하는 건 컨버터블 모델이라고 설명했다. 그래서 페라리는 그런 자동차(섀시 011 S를 토대로 한)의 설계 및 제작을 스타빌리멘티 파리나에 의뢰했다.

그렇게 해서 1949년 그 유명한 제네바 살롱 모터쇼에서 루이지 치네티의 소개로 최초의 페라리 컨버터블 모델이 선을 보였다. 그건 이탈리아 이외의 장소에서 처음 전시된 페라리 자동차이기도 했다. 컨버터블의 디자인은 지붕과 더 통통해진 트렁크 부분을 제외하면 페라리 166 쿠페의 디자인과 거의 똑같았다. 그리고 이탈리아 자동차 디자인답게 보디 라인은 심플했다. 또한 최초의 이 페라리 컨버터블 모델은 그릴과 범퍼를 빼곤 피닌 파리나가 디자인한 전후 초기의 모델인 알파 로

스타빌리멘티 파리나는 최초의 페라리 컨버터블(011 S)을 제작했다. 이는 잘 알려진 가장 오래된 로드카들 중 하나로, 1949년에 제작되어 루이지 치네티에 의해 제네바 살롱 모터쇼에서 전시되었다. 그건 이탈리아 이외의 국가에서 행해진 최초의 페라리 전시이기도 했다. 이 자동차의 보디 라인은 알파 로메오 6C 2500 모델처럼 그 당시 피닌 파리나가 디자인한 자동차들과 비슷했으며, 프랑스의 심카(Simca)에서 디자인한 스포르트 모델과도 비슷했다.

메오 6C 2500 스포르트Alfa Romeo 6C 2500 Sport와 비슷했으며, 두 모델의 기본적인 보디 라인은 1947 시시탈리아 모델의 보디 라인과 그리 다르지 않았다. 이 컨버터블 시제품은 후에 이탈리아 영화감독 로베르토 로셀리니Roberto Rossellini에게 팔렸다. 파리나는 이후 1950년대 내내 여러 대의 페라리 컨버터블 모델들을 제작했으나 비슷한 모델들은 없었다.

페라리 로드카 제작과 관련된 중요한 전환점들 가운데 하나는 1951년 티포 212를 내놓으면서 찾아왔다. 212 베를리네타 모델로 페라리 마라넬로 공장은 새로운 시대를 맞이하게 된다. 레이싱은 한때 엔초 페라리의 유일한 존재 이유였지만, 이제 로드카의 디자인 및 제작 역시 같은 중요성을 지니게 되었다. 마침내 치네티가 엔초를 설득하는 데, 그러니까 페라리의 12기통 엔진과 놀라운 성능에 매료된 사람들이 전부 레이스에 참가하려 하는 것도 아니고 목적이 뚜렷한 레이스카의 인테리어와 조종석의 불편함을 견디고 싶어 하는 것도 아님을 설득하는 데 성공한 것이다.

엔초 페라리는 레이스를 자신의 최우선 순위에 두었고 레이스와 무관한 고객들을 위한 자동차 제작에는 별 관심이 없었으나, 치네티

파리나 컨버터블(011 S) 모델은 엔초 페라리가 너무나도 단호하게 그은 선을 넘은 최초의 모델들 중 하나였으며, 지붕을 여닫을 수 있는 최초의 페라리 오픈카이기도 했다. 레이스용이 아닌 페라리 오픈카를 제작하자는 아이디어는 루이지 치네티한테서 나온 것이다. 이 페라리 컨버터블의 기본적인 보디 라인은 스타빌리멘티 파리나 쿠페의 보디 라인과 거의 똑같았다. 지붕을 올린 166 모델은 전천후 스포츠카가 되었다. 페라리의 새로운 시대가 시작된 것이다.

자동차 등록 번호판을 보면 최초의 페라리 컨버터블 모델은 166 인테르였음을 알 수 있다. 어느 시점에선가 1949년에 보였던 밝은색에서 현재의 짙은 빨간색으로 다시 칠해지긴 했지만, 011 S 모델은 원래의 상태 그대로이다.

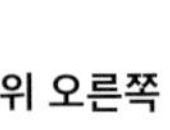

위 오른쪽
계기판은 예거에서 디자인한 것으로, 페라리 로고가 새겨져 있다. 대시보드와 계기판은 메탈색으로 칠해져 있다.

는 한쪽이 다른 한쪽의 필요를 채워줄 수 있다며 그런 그를 설득했다. 치네티의 논리는 타당했다. 레이스카 디자인을 개선하면 로드카의 디자인도 좋아졌고, 로드카 판매에서 나온 수익으로 더 나은 레이스카를 개발할 수 있었다. 또한 레이스카 엔진은 성능을 낮춰 로드카에 쓸 수도 있었고, 전쟁 이후의 이탈리아에는 페라리의 멋진 보디를 만들 만한 전문가들도 부족하지 않았다. 초기에는 많은 자동차의 보디가 맞춤 제작됐으며, 그 덕에 투어링 166 인테르 쿠페Touring 166 Inter Coupe, 기아 212 인테르Ghia 212 Inter, 피닌 파리나의 티포 342 아메리카Tipo 342 America(1953년) 같이 아름다운 자동차들이 탄생했다. 그러나 그런 모델들은 전부 수작업으로 제작된 극히 드문 자동차들이었다. 그러나 몇 년 후 엔초 페라리는 결국 치네티의 사고방식을 받아들이게 되었고, 그래서 자신은 이제 고객들을 크게 세 부류, 즉 '스포츠맨'과 '50대 남성'과 '과시욕이 강한 사람'으로 나눈다는 말까지 하게 되었다.

우아한 모양의 후드 밑에는 두 부분으로 이루어진 독특한 에어필터, 점화 장치와 통합된 특수한 덮개, 싱글 카뷰레터가 장착된 12기통 엔진이 들어 있었는데, 모두 최초의 페라리 투어링 모델들의 특징이었다. 또한 이 엔진은 1949년 제네바 살롱 모터쇼에 전시할 목적으로 스타빌리멘티 파리나에서 보디를 제작한 166 인테르 모델에서 가져온 오리지널 엔진이다.

초창기 페라리 로드카들 가운데 가장 멋진 모델들은 카로체리아 비냘레에서 제작된 모델들이었다. 호화스러운 비냘레 212 인테르 모델은 원래 투어링카로 제작되었으나, 레이스용으로 개조되면서 레이스카로도 잘 어울렸다. 1951년 카레라 파나메리카나 레이스에서는 피에르 타루피와 루이지 치네티가 선두를 지키고 알베르토 아스카리와 루이지 빌로레시가 그 뒤를 바짝 쫓는 가운데 비냘레 212 인테르 모델 2대가 1위와 2위를 차지했다. 비냘레 212 인테르 모델의 경우 불필요한 것들을 모두 뺀 엑스포트 버전이나 레이스용 버전으로 주문할 수도 있었다. 그런데 비냘레 모델은 레이스용으로 제작될 때조차 놀라울 정도로 괜찮은 자동차였다. 초기 몇 년간은 일련번호 배정이 그리 정확하지 않았기 때문에 총 판매 대수는 추정할 수밖에 없는데, 약 8대의 티포 212 인테르(비레이스용) 모델과 27대의 엑스포트(레이스용) 모델이 제작된 것으로 추정된다.

1950년대 초는 페라리 로드카들이 늘어나고 있었고, 이탈리아에서 내로라하는 디자인 업체들은 거의 다 새로운 212 인테르 모델에 쓸 보디 제작에 참여했다. 페라리는 1952년에 처음 카로체리아 피닌파리나에 멋진 스포츠 컨버터블 디자인을 의뢰했다. 그리고 바티스타 '피닌' 파리나의 제도판만 봐도 예상할 수 있었지만, 보디 측면이 평평한 그 컨버터블 디자인은 새로운 스타일 트렌드가 되었다. 그 결과 후에 나온 많은 스포츠카들의 모습에서는 피닌 파리나에서 만든 이 최초의 페라리 컨버터블의 디자인이 엿보인다.

비냘레 212 인테르 모델은 1950년대 이탈리아 보디 제작 기술의 진수를 보여준다. 그리고 이 모델에서 정말 로맨틱했던 페라리 초기 몇 년간의 면모를 볼 수 있다. 비냘레 모델의 아름다움은 디자인의 모든 면에 세심한 주의를 기울였다는 데 있다. 일일이 수작업을 한 부분들이 워낙 많아, 자동차 안에 불어넣은 장인 정신을 제대로 느끼려면 세세한 부분까지 꼼꼼히 살펴봐야 한다. 비냘레의 작은 칠보 엠블럼들이 달린 수작업된 손잡이들, 크롬 도금된 창문 몰딩과 테두리들, 손으로 꿰맨 가죽 및 직물 등이 그 좋은 예다. 사실상 안팎의 모든 세세한 면에서 비냘레 모델은 장인의 작품이었다.

Ferrari

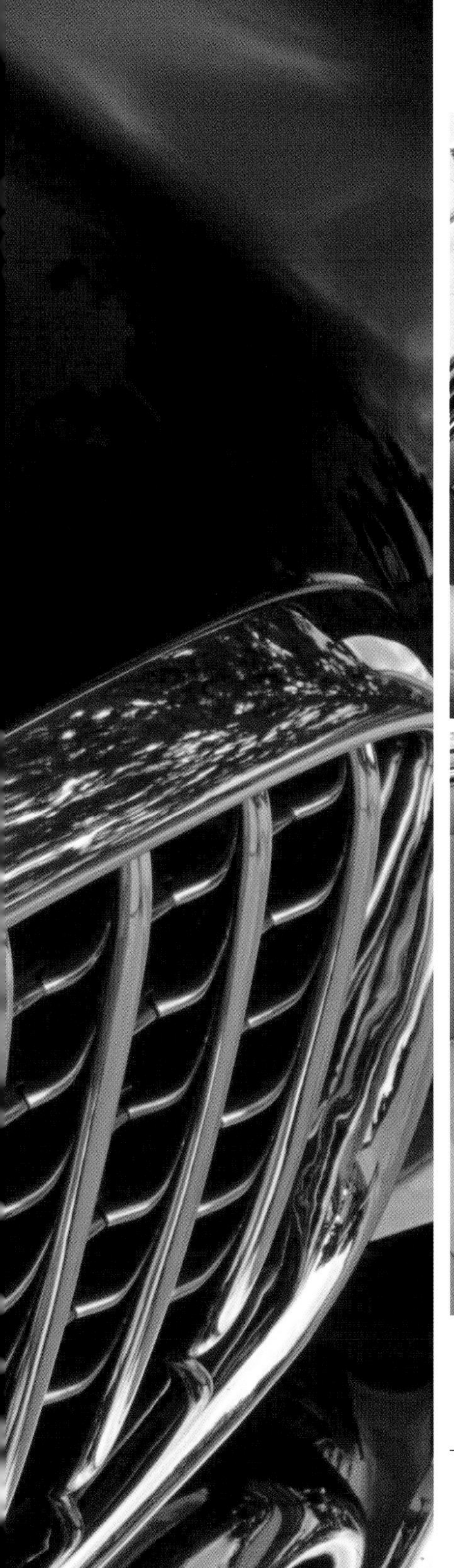

옆 페라리 로드카들은 제작 과정에서 실내는 점점 더 화려해졌고, 도어 패널들과 트랜스미션 터널을 가죽으로 감싸곤 했다. 그리고 계기판과 대시보드의 기본적인 윤곽을 제외한 그 나머지 실내 장식은 보디 제작자와 고객의 재량에 맡겨졌다.

왼쪽 피닌 파리나의 섀시 0117 E 디자인에서 가장 눈에 띄는 특징들 중 하나는 그릴과 전면 공기 흡입구로, 둘 다 완전히 크롬으로 장식되었다.

212 인테르 모델의 엔진은 배기량이 2562.51cm^3이었고 3개의 웨버 36 DCF 카뷰레터가 장착되었다. 최대 출력은 7000rpm에서 180마력이었고 압축비는 8.1이었다. (6500rpm에 170마력이 나오기도 했다.) 이전에 나온 엔진들은 트윈-초크 방식의 웨버 36 DCF 카뷰레터 1개가 장착됐고 최대 출력은 6000rpm에서 130마력이었다. 60도 각도의 오리지널 콜롬보 12기통 엔진이 장착됐고, 경합금 실린더 헤드 및 실린더 블록, 특수 주철로 압축된 라이너들, 68mm 늘어난 보어,★ 58.8mm의 표준 스트로크★ 등이 특징이었다. 동력은 4단 기어에서 다이렉트 드라이브★가 되는 5단 변속 크래시 박스★를 통해 전달되었다.

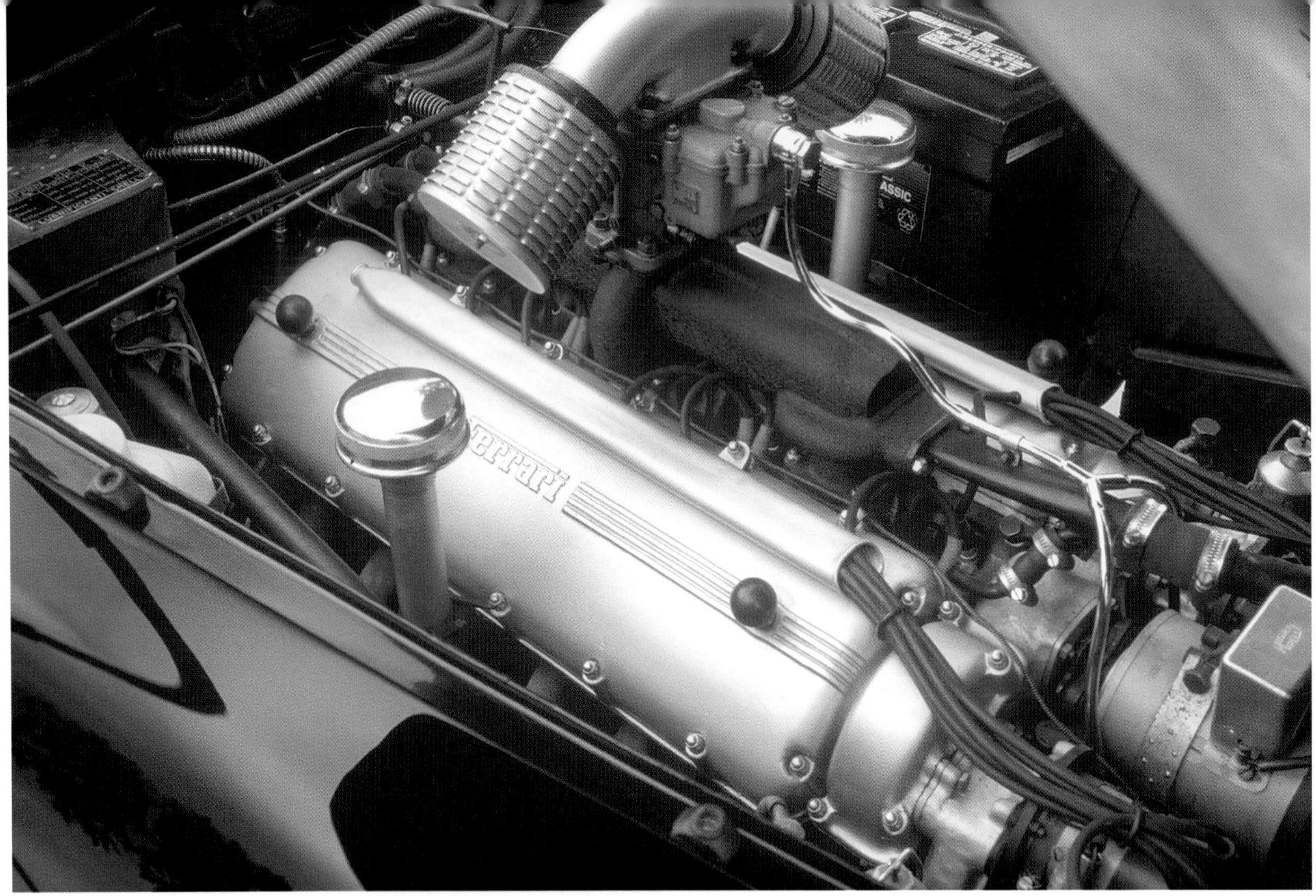

뒤 트렁크 덮개 핸들 중앙에는 멋진 피닌파리나 칠보 엠블럼이 부착되어 있었다. 그 엠블럼은 프런트 펜더에도 부착됐으며, 그 밑에는 크롬 처리된 피닌파리나라는 글씨가 붙어 있었다.

1952년 6월에 인도된 섀시 0117 E 기반의 컨버터블은 페라리와 피닌 파리나가 공동 작업으로 내놓은 최초의 자동차로, 212 인테르 모델의 뛰어난 디자인이 적용된 모델이기도 했다. 이 모델은 2인승 자동차로, 넉넉한 크기의 그릴, 더블 공기 흡입구가 달린 후드, 리어 펜더에 테일라이트가 다시 달린 전면적이고 통합된 펜더 라인 등이 특징이었다.

이 모델에서 가장 눈에 띄는 세세한 면들 중 하나는 세세한 면이 없었다는 것이다. 보디는 측면이 평평했고 단지 휠 아치*만 도드라졌는데, 이는 1950년대 초에는 아주 보기 드문 디자인이었다.

로드카와 레이스카의 구분은 여전히 별로 중요하지 않았으며, 페라리의 가장 매혹적인 레이스카들 중 더없이 멋진 베를리네타 및 스파이더 버전들은 로드카로도 제작되었다. 그런 로드카들 중에서는 수명이 짧았던 티포 225 S가 마라넬로 공장에서 제작된 가장 흥미로운 이중 목적의 모델들 중 하나였다. 그렇다면 1950년대 초에는 페라리 레이스카와 페라리 스포츠카를 어떻게 구분했을까? 만일 카레이서 피에로 타루피나 알베르토 아스카리가 몰았다면 그건 레이스카였다.

1948년과 1952년 사이에 페라리는 계속 12기통 엔진의 배기량을 늘려나갔는데, 다행히 바로 전 엔진보다는 그다음 엔진이 계속 자동차 레이스에서 더 좋은 성적을 냈고 투어링, 피닌 파리나, 비냘레에서 제작된 보디 역시 점점 더 매력을 더해갔다.

212 섀시는 길이가 2250mm에 바퀴 사이의 좌우 거리는 앞쪽이 1270mm, 뒤쪽은 1250mm였다. 보디는 제작업체에 따라 달랐으나, 비냘레만 피닌 파리나와 비슷하게 가장 놀라운 디자인의 보디들을 만들어냈다. 한마디로 다수의 212 인테르 및 212 엑스포트 쿠페 모델들은 덜 매력적으로 보였던 것이다. 그러나 비냘레에서 제작한 모델들은 대개 외형도 매력적이고 디자인도 기대에 부응했다. 사진 속의 1951년형 페라리 비냘레 쿠페 모델과 많은 사람들이 탐내는 페라리 340 멕시코(340 Mexico) 모델은 외형이 아주 비슷하다.

비날레에서 제작한 212 인테르 모델의 고급스러운 실내 장식. 가죽 커버와 실내 전체에 깔린 카펫이 눈길을 끈다. 일일이 수작업을 한 부분이 워낙 많아, 장인 정신을 제대로 느끼려면 세세한 부분까지 꼼꼼히 살펴봐야 한다.

스포츠카들이 레이스 트랙에서 얻은 교훈들을 통해 계속 도움을 받았고, 그 과정에서 종종 225 S 같은 그 중간 형태의 모델도 나왔다. 바르케타 모델의 스타일이 티포 166, 195 S, 212의 섀시를 이용해 제작된 가장 인기 있는 페라리 보디 스타일이 되었지만, 225 S 모델은 그때까지 나온 오픈카들 가운데 가장 흥미로운 오픈카였다. 일련번호 목록을 보면 이 모델이 출시된 유일한 해인 1952년에 약 20대가 제작됐으며, 1대를 제외한 나머지 자동차들의 보디는 전부 비날레에서 제작됐으며, 그중 12개의 보디는 스파이더 모델의 것이었고 7개는 베를리네타 모델의 것이었다. 또한 그 가운데 약 6대는 한 아우터 튜브outer tube가 다른 아우터 튜브 위에 올라가는 더블 아우터 튜브 방식의 투보스코카Tuboscocca 섀시 프레임을 갖고 있었으며, 거기에 트러스 형태가 합쳐졌고 추가 배관을 이용해 보디 모양의 뼈대를 갖추었으며, 수작업으로 제작된 패널들이 맞춰지게 되어 있었다.

위 왼쪽 페라리 212 모델의 표준적인 도어 래치*는 숨겨진 핸들 방식으로 잠금 버튼을 눌러 작동하게 되어 있었다. 훗날 메르세데스-벤츠 300 SL 양산차에 적용된 도어 래치 디자인 역시 기본적으로 이와 동일하다.

아래 왼쪽과 오른쪽 212 인테르와 엑스포트가 합쳐진 이 럭셔리한 비냘레 쿠페에는 레이스카의 연료 탱크와 연료 필터가 장착되어 있었고 노출된 스페어타이어 1개가 있었지만, 럭셔리한 장식들과 덮개는 루소 모델의 것들이었다. 구체적인 기록이 있는 건 아니지만, 이 섀시 175 E가 장착된 모델은 1951년 카레라 파나메리카나 레이스에 참가했던 것으로 보인다.

반대쪽 비냘레 212 모델의 후드 밑에는 60도 각도의 최대 출력 170마력에 배기량이 2562cm³인 12기통 엔진이 장착되어 있다.

Ferrari

사진에 보이는 섀시 번호 0160 ED 1952년형 225 S 모델은 1952년 시칠리아 투어 레이스에서 스쿠데리아 페라리 팀의 카레이서 피에로 타루피가 몰았다. 비냘레에서 제작한 두 번째 스포츠 레이싱 스파이더 모델인 0160 ED는 프런트 펜더에 눈에 띄는 타원형 포트 2개가 있는 등 대부분의 배기량 2.7리터짜리 자동차들에 적용된 전통적인 스타일을 취하고 있다. 225 S 모델의 가장 중요한 스타일 특징 중 하나인 이 포트들은 원래는 없었으나, 시칠리아 투어 레이스 이후 엔진룸 환기를 개선하기 위해 비냘레에서 추가한 것이다. 비냘레는 동시에 이 모델의 주행등을 없애고 타원형 그릴 양옆의 둥근 구멍들을 공기 흡입구로 전환해 새롭고 더 공격적인 전면부를 만들어냈는데, 이는 이후 비냘레 보디가 장착된 페라리 250 MM 모델과 340 MM 모델에도 그대로 적용된다.

페라리 225 S 모델의 실내는 특별히 흥분되는 면은 없었으나, 모든 게 비냘레의 디자인으로, 심지어 단순한 인스트루먼트 패널*에서조차 우아한 분위기가 느껴졌다. 커다란 게이지 2개가 쌍을 이뤄 센터페시아 조금 아래쪽에 있었고, 대시보드에는 눈에 띄는 비냘레 엠블럼이 붙어 있었다.

반대쪽 페라리 225 스포르트 모델의 경우 36 DCF 웨버 카뷰레터 3개가 12기통 엔진에 공기와 연료 혼합물을 공급했다. 엔진 압축비는 8.5:1이었고 최대 출력은 7200rpm에서 210마력이었으며 엔진과 일체형인 5단 기어박스를 통해 뒷바퀴로 배출되었다. 콜롬보 숏-블록 엔진의 배기량은 보어, 즉 실린더 안쪽 지름을 70mm로 만들면서 2715cm^{3}로 늘었다. 엔진은 기본적으로 콜롬보 엔진을 그대로 유지했으나, 아우렐리오 람프레디가 도입한 롤러 캠 팔로워가 사용되었다. 또한 대부분의 엔진들에는 12개의 포트 헤드들이 있었다.

페라리 225 스포르트 모델은 212 인테르 모델의 디자인을 따랐으며, 보어와 스트로크가 70.0mm와 58.8mm였고 배기량이 2.7리터인 콜롬보 숏-블록 12기통 엔진이 장착되었다.

엔진이 근본적으로 달라진 페라리 225 S 모델은 212 모델의 섀시를 그대로 썼으며, 더블 위시본 서스펜션에 트랜스리프 스프링 프런트, 강직 차축, 반타원형 스프링 리어 서스펜션이 장착됐으며, 자동차 크기는 동일해 휠베이스가 2250mm였고 윤거는 앞쪽이 1278mm, 뒤쪽은 1250mm였다. 212 모델에는 앞쪽에 5.50×16 타이어를 사용했는데 225 S 모델에는 5.25×16 타이어를 사용했다는 게 눈에 띄는 단 한 가지 차이였다. 그러나 뒤 타이어는 6.50×16으로 동일했다. 그 무엇보다 이는 그 당시의 다른 페라리 모델들과 구분되는 225 S 모델만의 스타일이었다.

페라리(왼쪽에서 두 번째)의 주변에는 늘 카레이서와 엔지니어들이 있었다. 이 사진에서는 카레이서 알베르토 아스카리(맨 왼쪽)와 레이싱 부서 책임자 페데리코 기베르티(Federico Giber), 수석 엔지니어 아우렐리오 람프레디(맨 오른쪽)가 있다. 이 사진은 1950년 2월에 열린 이탈리아 그랑프리 레이스 때 찍은 것이다.

반대쪽 1951년 밀레 밀리아 레이스에서 루이지 빌로레시가 운전하는 페라리 304 아메리카(번호 405) 앞에서 레이스의 최종 단계를 알리는 바둑판무늬 깃발을 들고 있다.

비냘레에서 보디 제작을 맡은 페라리 212 엑스포트 베를리네타가 1951년 코파 인테르-유로파 레이스에서 우승을 했다. 카레이서는 루이지 빌로레시였다.

405

1952년 밀레 밀리아 레이스에서 페라리 자동차들이 거리에 줄지어 서 있다. 맨 앞에 페라리 340 아메리카가 서 있고, 그 뒤에는 그 레이스에서 우승한 페라리 250 S 모델이 서 있다. 페라리 250 S를 몰고 메르세데스-벤츠 300 SL을 따돌린 카레이서는 지오반니 브라코(Giovanni Bracco)였으며, 이 레이스는 그 해에 메르세데스-벤츠 팀이 우승하지 못한 유일한 레이스였다.
번호 611이 새겨진 브라코의 자동차가 2위를 차지한 메르세데스-벤츠 300 SL보다 단 몇 분 앞서 결승점에서 사진 판정을 받고 있다.

비냘레에서 제작되어 비냘레 212 베를리네타 모델과 아주 비슷한 보디를 갖고 있는 페라리 225 S 베를리네타 모델이 1952년에 열린 레 사블르 돌론느 서킷에서 커브를 돌아 우승을 향해 질주하고 있다.

1952년 5월, 원래 카레이서 피에로 타루피가 페라리 소속으로 몰던 페라리 225 스포르트 모델은 로마에서 한 딜러를 통해 로베르토 보나미Roberto Bonami에게 팔렸으며, 로베르토 보나미는 남미 지역에서 이 자동차를 몰고 레이스에 참가해 1953년 부에노스아이레스 1000km 레이스에서 우승을 했고, 1952년과 1953년에는 아르헨티나 스포츠카 챔피언십에서 우승을 했다. 그리고 또 이 자동차는 2년 후인 1955년 1월 23일에 부에노스아이레스 1000km 레이스에서 전 부문 6위를 차지했다. 이 자동차는 세상에 나온 이후 충돌한 적도 없고 혹사당한 적도 없으며 원래의 엔진도 그대로 유지한 채 정성 어린 보살핌을 받으면서 그야말로 아주 행복한 삶을 살아왔다. 처음에 들은 "작고 못생긴 빨간 자동차"라는 혹평과는 거리가 먼 자동차이다.

4장
1950년대의 로드카들

가장 좋은 천도 재단사의 손에 들어가기 전까지는
가공되지 않은 천에 불과하다.
엔초 페라리는 가장 좋은 천을 만들었고 ……
그의 재단사들은 페라리를 만들었다.

1950년대 중반에 이르자 페라리는 많은 로드카를 디자인하고 제작하는 데 주로 피닌 파리나와 비냘레에 의존했다. 카로체리아 비냘레는 전후에 페라리를 비롯한 이탈리아의 여러 유명 자동차 제조업체들과 거래했지만, 투어링이나 피닌 파리나에 비하면 상대적으로 새로운 회사였다. 비냘레 형제들은 1939년 이탈리아 토리노의 그루글리아스코 지역에 자신들의 조그만 작업장을 만들었으나, 비냘레가 성공 가도를 달리기 시작한 것은 세계대전 이후의 일이었다. 전후 초기 몇 년간 알프레도 비냘레Alfredo Vignale는 대기업 피닌 파리나로부터 자신의 옛 동료들을 여럿 영입해, 자신의 카로체리아, 즉 자동차 공장을 작지만 더욱 현대적인 디자인 하우스로 만들었다. 후에 비냘레는 토리노의 새로운 공장으로 이전했으며, 안젤로 발마Angelo Balma를 파트너로 영입하고 장래가 촉망되는 지오반니 미첼로티라는 젊은 디자이너도 영입했다. 그로부터 2년도 채 되지 않아, 카로체리아 비냘레는 인정받는 자동차 보디 디자인 업체가 되었으며, 1950년대 초에 페라리의 자동차들을 디자인하면서 국제적인 명성을 얻게 된다. 1950년부터 1953년 사이에 비냘레 공장에서는 페라리의 자동차 보디들을 제작했으며, 그 자동차들이 밀레 밀리아 레이스에서 3회, 카레라 파나메리카나 레이스에서 1회 우승을 하게 된다.

페라리 410 슈퍼아메리카는 진정한 로드카였다. 그 크기와 1.587톤이나 되는 무게가 레이스에서는 결정적인 약점이었을 것이기 때문이다. 또한 410 슈퍼아메리카는 핸들링과 승차 특성들 때문에 구불구불한 산악 도로와 혼잡한 도시보다는 탁 트인 고속도로와 크로스컨트리 투어링에 더 적합했다. 지붕이 온통 검은색인 이 자동차는 배기량 4.9리터의 12기통 엔진 덕에 힘이 아주 좋았다.

페라리의 로드카들은 페라리 212 시리즈로 구성되었는데, 그 시리즈는 1953년에 단종됐으며 1953년에 등장해 곧 사라진 340 아메리카, 342 아메리카, 375 아메리카 모델들과 시기적으로 중복되었다. 이 자동차들은 미국 시장에 교두보를 마련한 최초의 페라리 로드카였으며, 1950년대 초에 이르러 페라리 모델들은 루이지 치네티의 노력 덕에 가장 유명한 수입 스포츠카 및 레이스카가 되었다.

치네티는 뉴욕에서 자동차 수입업자 겸 사업가인 맥스 호프만과 함께 아주 치열한 경쟁을 벌였다. 당시 호프만은 뉴욕 한복판에 미국 건축가 프랭크 로이드 라이트가 설계한 아주 고급스러운 자동차 전시실을 갖고 있었는데, 세계를 제패한 1952년형 메르세데스-벤츠 300 SL 레이스카들의 후속작인 걸윙* 방식의 1954년형 메르세데스-벤츠 300 SL 쿠페를 비롯해 메르세데스-벤츠와 포르쉐 그리고 BMW의 스포츠카들을 전시 판매했다. 그리고 치네티와 마찬가지로 호프만 역시 스포츠카 엘리트 의식 같은 걸 갖고 있었으며, 그 결과 자동차 전시실 바닥에서부터 뉴욕 왓킨스 글렌의 피트*들과 캘리포니아 페블 비치에서 열리는 로드 레이스에 이르는 모든 곳에서 판매 전쟁이 벌어졌다. 그러나 치네티에게는 호프만에게는 없는 뭔가가 있었다. 바로 페라리다.

반대쪽 피닌 파리나의 410 슈퍼아메리카 디자인에서는 페라리 특유의 대담한 타원형 그릴을 높이 솟아오른 좌우 펜더가 감싸고 있었고, 양쪽 펜더 라인은 보디 뒤쪽으로 우아하게 이어지다 문 바로 뒤쪽에서 다시 높이 솟아올랐다.

0479
410 SA

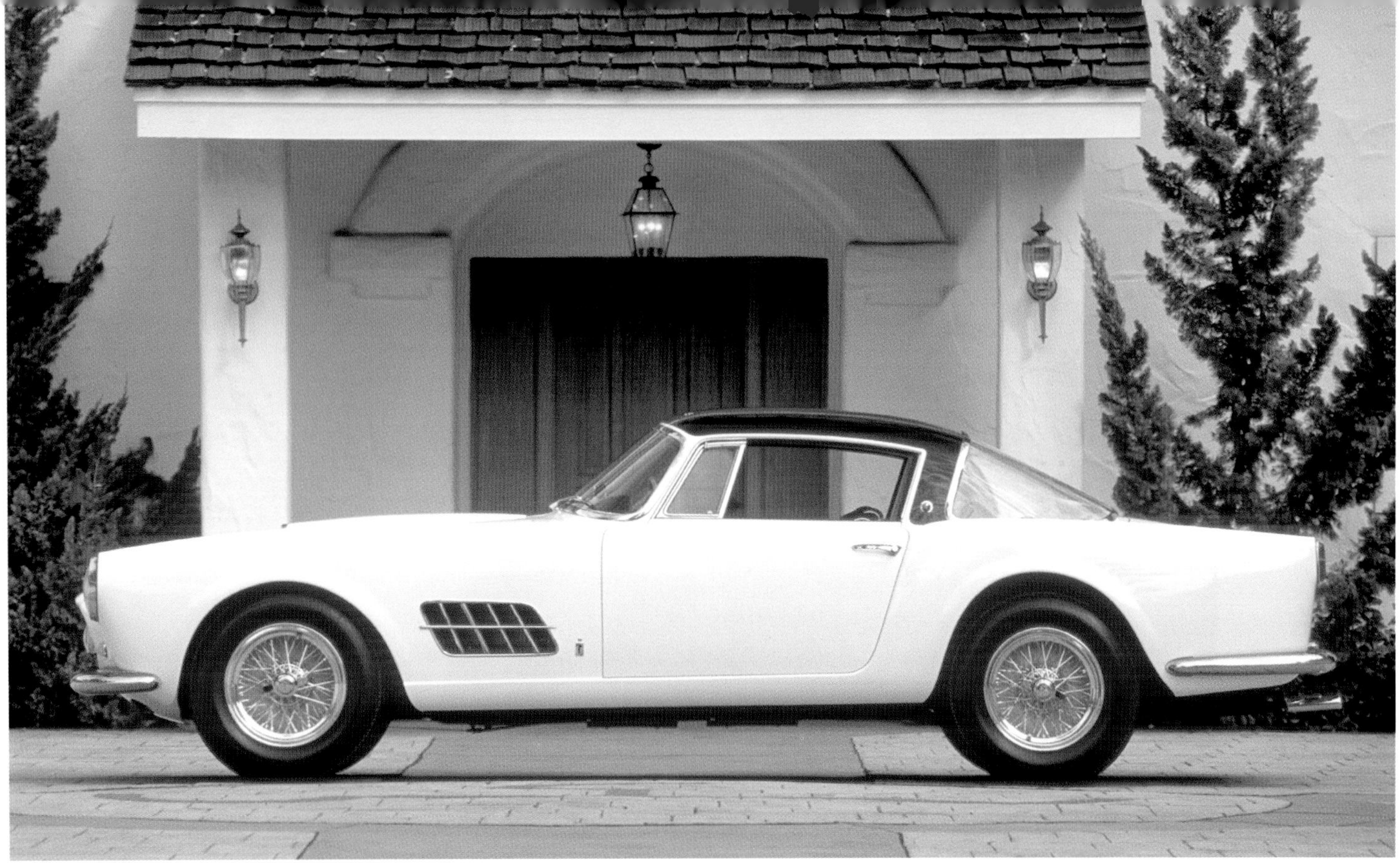

이 자동차의 우아한 옆모습은 랩어라운드★ 방식의 백라이트, 지느러미 같은 느낌의 리어 펜더에 의해 더 돋보였으며, 로커까지 내려간 리어 펜더 홈으로 인해 도어 앞쪽에 스윕 펜더 효과가 생겨났다. 이전에 나온 340 아메리카와 375 아메리카 모델과 마찬가지로, 410 슈퍼아메리카 모델 역시 미국 시장을 염두에 두고 디자인되었다. 디자인 작업을 이끈 사람은 세르지오 피닌파리나로, 1950년대에 그의 아버지 바티스타 '피닌' 파리나가 그를 페라리 디자인 책임자 자리에 앉혔을 때 아직 20대였다. 이 젊은 디자인 책임자는 페라리 디자인 작업에 더없이 잘 맞았고, 자신의 재능을 한껏 발휘하며 주어진 기회를 놓치지 않았다. 그는 변덕스러운 엔초 페라리와 함께 호흡을 맞춰 일했고, 40년 넘게 일하며 페라리에 지대한 영향을 미쳤다.

© Thurston Hopkins/Getty Images

페라리 410 슈퍼아메리카는 1956년에 공개됐는데, 이 모델은 북미 지역에서 판매할 의도로 제작된 최초의 페라리 로드카가 되었다. 이 모델은 340 아메리카 이후 잠시 나왔던 임시 모델들을 이어 나왔다. 340 아메리카는 총 22대가 제작되었으나, 그중 겨우 8대만 로드카로 인지될 정도였다. 340 아메리카에 이어 1952년부터 1953년 겨울에 더 럭셔리한 342 아메리카가 나왔는데, 이 자동차는 핸들이 왼쪽에 장착된 최초의 로드카이기도 하다. 342 아메리카 이전에 나온 페라리 모델은 전부 공장에서 생산되는 레이스카들과 마찬가지로 핸들이 오른쪽에 있었다. 그러다 마지막 212 모델들을 제작하면서 페라리는 비로소 핸들이 왼쪽에 있는 자동차들을 제작할 생각을 하게 된다. 342 시리즈 역시 6대만 제작되고 단종될 만큼 단명했다. 이 342 시리즈는 340 아메리카와 새롭고도 강력한 375 아메리카 모델 사이에 임시방편으로 나온 모델이다.

375 모델의 경우 엔진 배기량이 4.5리터로 늘었고, 보어×스트로크는 84×68mm였으며, 342 모델에 사용된 40DCF 웨버 카뷰레터 대신 트윈-초크 방식의 42DCZ 웨버 카뷰레터 3개가 장착되었다.

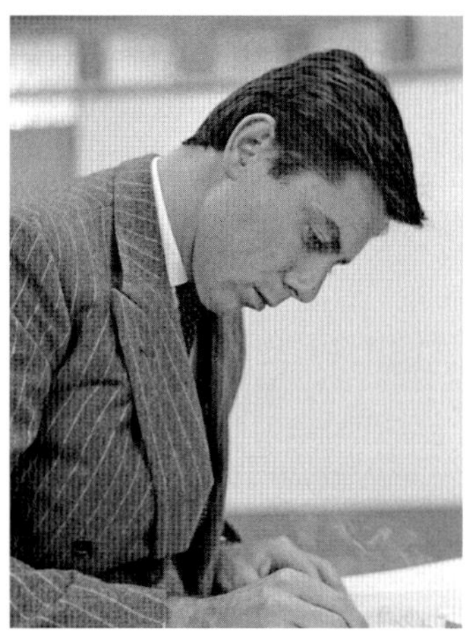

410 슈퍼아메리카의 실내는 이전의 그 어떤 페라리 모델의 실내보다 더 멋지고 세밀했다. 이 자동차의 경우 4단 동기화(포르쉐 스타일) 변속기가 사용됐지만, 변속비는 375 아메리카와 달랐다. 이 자동차 변속기의 가장 당혹스러운 특징은 1단 기어가 앞쪽 오른쪽에 있고 4단 기어는 뒤쪽 왼쪽에 있다는 것이다.

이 새롭고 강력해진 모델은 주로 치네티의 북미 고객들을 위해 제작됐지만, 마찬가지로 1953년에 나온 250 유로파250 Europa 모델은 유럽 시장을 겨냥한 것이다. 두 모델 모두 10월에 파리 모터쇼에서 공개됐으며 엔진을 제외하곤 거의 똑같다. 그리고 250 유로파 모델에는 배기량 3리터 12기통 엔진이 장착되었다. 375 아메리카 모델의 경우 약 13대가 제작된 뒤 1년 후에 제작이 중단됐는데, 그 대부분의 보디는 피닌 파리나에 의해 쿠페형으로 제작되었다. 이렇듯 한정된 수량만 제작된 덕에 많은 초기 페라리 모델들이 오늘날까지 높은 가치를 인정받는다.

1950년대 초 미국 디트로이트에서 자동차의 수제작은 이제 점점 빠른 속도로 과거의 일이 되어가고 있었고, 유럽에서는 전쟁 이후 일체식 보디 제작 방식이 도입되면서 맞춤 보디 제작 수요도, 능력도 점점 더 줄어들고 있었다. 그러나 페라리는 예외여서 여전히 10년 전 방식으로 자동차를 제작하고 있었으며, 제작이 끝난 섀시를 지역 자동차 공장들로 보내 맞춤 보디를 만들고 있었다. 전쟁 이후 초기 몇 년간 페라리는 보디 제작을- 카로체리아 투어링과 스타빌리멘티 파리나에 의존했다.

1950년대에 페라리는 크롬을 아주 즐겨 썼다. 410 슈퍼아메리카의 눈에 띄는 타원형 그릴은 뒤 트렁크 덮개의 기능성 사이드 벤트(로드카에 처음 사용된 사이드 벤트였음) 주변에 빛나는 금속을 쓰고 프런트 범퍼와 리어 범퍼를 처리한 방식 덕에 극적으로 균형이 맞았다.

1905년에 설립된 파리나는 이탈리아 토리노의 가장 오래된 보디 제작업체들 중 하나였다. 파리나에서 마리오 보아노Mario Boano와 지오반니 미첼로티 같이 재능 있는 디자이너들은 물론 1930년에 직접 자기 회사를 차린 파리나 형제들 중 막내인 바티스타 '피닌' 파리나도 배출되었다. 20년 후 바티스타 피닌 파리나는 스타빌리멘티 파리나 공장을 인수했으며, 자신의 아들 세르지오와 함께 페라리 마라넬로 공장과 밀접한 관계를 맺고 부유한 페라리 고객들의 기대에 맞춘 자동차 보디들을 디자인했다.

세르지오 피닌파리나는 당시의 일을 이렇게 회상했다. "전쟁 이후인 1947년에 아버지는 자신이 만든 자동차들 가운데 최고인 시시탈리아 모델을 디자인했습니다. 나는 그 모델의 디자인이 이후 10년간 나온 스포츠카들의 디자인을 선도했다고 생각합니다. 실제로 1950년대에 디자인된 유럽의 스포츠카들 가운데 시시탈리아 모델과 닮은 데가 없는 걸 찾는 건 사실상 불가능합니다. 내 생각에 그 모델은 지금 봐도 더없이 단순하고 균형이 잘

배기량 4.9리터짜리 12기통 엔진은 1951년 포뮬러 원 레이스에 참가한 스포츠카들과 1954년까지 나온 모든 스포츠카들에 사용된 엔진과 비슷했다. 그러나 엔진 배기량은 새로운 라이너들을 쓰면서 5리터까지 올라갔다. 또한 람프레디가 디자인한 60도 각도의 롱-블록 12기통 엔진을 쓰면서 배기량 4961.57cm^3 대신 보어×스트로크 88×68mm에 8.5:1 압축비를 얻었으며 최대 출력은 6000rpm에서 340마력이 나왔다.

페라리 375 MM 모델은 순수한 레이스카였다. 카레이서 조키 마스란트(Jocky Maasland)가 모는 1954년형 375 MM 모델이 한 레이스에서 그 모습을 드러내고 있다.

왼쪽 1953년형 페라리 250 MM 모델. 몬자 그랑프리(Grand Prix at Monza)에서 루이지 빌로레시가 이 차를 몰고 우승했다.

오른쪽 이탈리아 몬자에서 엔초 페라리(왼쪽)가 위대한 이탈리아 디자이너 바티스타 피닌 파리나와 함께 250 MM 모델 앞에서 포즈를 취하고 있다.

250 MM의 휠베이스는 2400mm로, 2250mm였던 212 엑스포트 모델과 2200mm였던 166 MM 모델 이래로 가장 짧은 페라리 자동차였다. 사진 속 모델은 비냘레 스파이더들 가운데 가장 눈에 띄는 모델들 중 하나이다. 0332 MM 모델은 1953년 4월 초에 12대의 비냘레 작품들 가운데 9번째로 완성되었다. 스파이더 모델은 원래 스쿠데리아 페라리 공장 팀으로 인도됐으며, 그래서 지금까지도 그렇게 눈에 띄는 유일한 250 MM 스파이더 모델로 남아 있다. 각 250 MM 모델은 외양이 다르지만, 0332 MM 모델은 비냘레가 유선형 헤드라이트, 공격적으로 앞으로 기울어진 모양, 축소된 프런트 펜더 등을 사용해 특히 더 눈에 띄었다. 또한 펜더 포트들, 리어 펜더의 삼각형 통풍구, 로커 패널★의 에어 덕트들은 비냘레 디자인의 특징들이었다. 이 자동차는 1953년 밀레 밀리아 레이스(부문별로 5위, 전 부문 통틀어 9위)를 시작으로 1953년 4월부터 1956년 4월까지 자동차 레이스에 총 25회 참가했다. 그리고 5회의 우승, 4회의 2위 기록을 갖고 있다.

250 MM 모델의 조종석은 그야말로 필로타*의 자리였다. 핸들이 오른쪽에 있는 전통적인 레이스카 배열이었으며, 커다란 게이지가 2개, 양동이 타입의 시트가 2개 그리고 나무 테로 만들어진 커다란 핸들 하나로 이루어져 있었다. 또한 이 모델에는 새로운 전면 동기화 방식의 4단 변속기가 장착되어 있었다.

잡힌 걸작으로, 더 뭔가를 추가할 필요가 없을 정도입니다."

1950년대는 피닌 파리나 공장에 아주 중요한 시기였다. 페라리와 협업을 시작했기 때문이다. 세르지오 피닌파리나는 이런 말을 했다. "이탈리아에서 우리는 모든 자동차 제조업체들과 일했고, 유럽에선 프랑스의 푸조Peugeot, 영국의 브리티시 레일랜드British Leyland와 손잡고 일했으며 일본 기업들과도 손잡고 일했습니다. 또한 아버지는 미국에서 제작한 자동차인 내시 앰배서더를 디자인한 최초의 이탈리아인이기도 했습니다." 세르지오의 말에서는 자긍심이 느껴졌다. 그러나 피닌 파리나를 가장 유명하게 만든 사람은 엔초 페라리였다. 그리고 그건 페라리 마라넬로 공장에서 밀어준 작업 물량 때문이라기보다는 새로운 자동차 디자인에 대한 전 세계 스포츠카 전문가들의 극찬 때문이었다. 피닌파리나는 지난 50여 년간 제작된 페라리의 거의 모든 로드카를 디자인했다.

세르지오는 이렇게 설명했다. "내가 왜 스포츠카에 푹 빠졌는지는 25세 때인 1951년에 아버지가 내게 페라리 쪽 사업을 맡겼다는 사실을 알면 이해가 될 겁니다. 젊은 엔지니어가 페라리 씨와의 관계를 책임진다는 게 어떤 건지 상상이 되나요? 페라리 씨는 위대하면서도 까다로운 분이었습니다. 그리고 아버지와 함께 내게 자동차에 대한 사랑과 헌신이 어떤 건지를 가르쳐준 분이기도 했습니다."

피닌 파리나는 1956년까지 페라리를 위해 여러 중요한 자동차들을 디자인했지만, 그중 가장 중요한 디자인을 꼽으라면 아마 410 슈퍼아메리카일 것이다. 피닌 파리나에 의해 오리지널 디자인대로 제작된 410 슈퍼아메리카는 9대밖에 안 되지만, 거기에 들어간 디자인 요소들은 거의 10년간 영향력을 미치게 된다. 오리지널 410 슈퍼아메리카 디자인에 대해 얘기하면서 세르지오 피닌파리나는 이런 말을 했다. "중요한 건 자동차를 어떤 방식으로 디자인했느냐가 아니라 (미국) 시장에 맞는 방식으로 디자인했느냐 하는 것이었습니다. 자동차가 늘 움직이는 것도 아니며, 운전자 입장에서 그냥 쳐다만 봐도 좋아야 합니다. 게다가 사람들, 그러니까 거리를 오가는 보통 사람들 역시 자동차를 보게 되는데, 기왕이면 뭔가 특별한 자동차여야 합니다. 또한 보기만 해도 페라리 자동차라는 걸 금방 알 수 있는 뚜렷한 개성이 있어야 합니다."

1956년 2월, 테두리가 흰색이고 지붕은 검은색에 일련번호가 0423 SA인 410 슈퍼아메리카 모델이 브뤼셀 오토쇼의 페라리 전시관을 빛내주었다. 410 슈퍼아메리카 모델은 많은 사람의 시선을 끌었으며, 그 스타일은 250 GT PF 쿠페의 토대가 되고, 이후 250 GT 베를리네타 투르 드 프랑스 디자인의 토대도 되며, 양쪽 리어 펜더가 독특하게 솟아오른 250 GT 카브리올레와 스파이더 캘리포니아 모델에도 많은 영향을 준다.

410 슈퍼아메리카 모델은 기계적인 측면과 미학적인 측면에서 375 아메리카를 대체했는데, 아메리카 모델들은 여전히 최초의 투르 드 프랑스 모델 같은 초기 페라리 로드카들과 피닌 파리나, 비냘레, 투어링, 카로체리아 기아 등이 디자인한 보디를 토대로 제작된 다른 자동차들의 더 무겁고 둥근 보디를 갖고 있었다.

1955년 토리나 모터쇼에서는 410 슈퍼아메리카 모델에 앞서 먼저 375 콘셉트카가 전시되었다. 역시 흰색과 검은색 지붕이 조화를 이룬 그 센세이셔널한 쿠페 스타일은 이후에 나올 피닌 파리나의 410 슈퍼아메리카 모델의 보디 라인과 색 배합을 분명히 예고하고 있었다. 유명한 페라리 역사 전문가인 앙투안 프루네Antoine Prunet는 이렇게 적었다. "410 슈퍼아메리카를 통해 자동차 엔진과 섀시 그리고 보디 디자인은 중요한 발전을 이루게 된다."

새로운 섀시와 엔진을 통해 페라리의 최근 발전을 보여준 410 슈퍼아메리카 모델은 1955년 10월에 파리 모터쇼에 전시됐으며, 이듬해인 1956년 2월에 멋진 피닌 파리나 보디로 변신한 모습으로 되돌아왔다. 410 슈퍼아메리카 모델에는 르망 24시간 레이스와 부에노스 아이레스 1000km 레이스, 파나메리카나 로드 레이스 우승으로 그 진가를 보여준 람프레디의 12기통 엔진은 물론 동일한 부품이 많이 이용되었다. 그와 관련해 엔초 페라리는 이런 말을 했다. "람프레디는 의심의 여지 없이 페라리가 만난 디자이너들 가운데 가장 많은 자동차를 디자인한 디자이너였다. 그는 배기량 1½리터 12기통 엔진을 시작으로 배기량 3리터짜리, 그다음에는 3750cc짜리, 그다음에는 4리터짜리 엔진을 제작했으며, 그 뒤를 이어 배기량 4200cc짜리, 4½리터짜리, 4900cc짜리 엔진을 제작했는데 모두 12기통이었다."

250 MM 모델에 장착된 레이스용 12기통 엔진은 배기량 2953cm³(78×58.8mm)에 최대 출력이 7200rmp에서 240마력이었다. 그리고 이 엔진에는 실린더당 스파크 플러그 1개와 3개의 웨버 36 IF4/C 포-초크 카뷰레터가 쓰였다.

410 슈퍼아메리카 모델에 쓰인 람프레디 12기통 엔진은 배기량이 거의 5리터에 달했다. 또한 보어, 즉 실린더 안쪽 지름이 무려 88mm인 신형 실린더 배럴들이 장착됐고 스트로크는 68mm가 그대로 유지됐으며, 엔진 배기량은 정확히 4961.576cm³였다. 그리고 3개의 트윈-초크 42DCZ 웨버 다운드래프트* 카뷰레터에 8.5:1의 압축비를 활용하는 60도 각도의 12기통 엔진은 이제 최대 출력이 6000rpm에서 340마력이었으며, 1958년과 1959년에 제작된 엔진 버전들은 압축비가 9:1이었고 최대 출력은 무려 6500rpm에 400마력이었다. 물론 그 시점에서 페라리는 미국에서 자동차를 판매할 계획을 세우고 있었는데, 그 당시 미국에서는 그렇게 과할 만큼 강력한 출력이 필수 조건이었다. 그런데 페라리로선 그 정도가 장거리 주행용 투어링카에 적용 가능한 최대한의 엔진 배기량이었다.

410 슈퍼아메리카의 섀시에는 250 GT 모델에 이미 사용된 디자인이 적용되었는데, 특히 프런트 서스펜션의 경우 375 모델에서 A-암들을 지지하는 데 사용된 1개의 트랜스리프 스프링이 코일 스프링으로 교체되었다(유로파 GT 모델에서와 마찬가지로). 그리고 윤건, 즉 앞뒤 바퀴의 좌우 거리 또한 375 모델보다 130mm 늘어나 앞뒤 윤거가 각각 1455mm와 1450mm가 되었다. 섀시 길이는 1958년과 1959년 모델까지만 해도 2800mm를 그대로 유지했으나, 결국 2600mm로 줄어들었다.

피닌 파리나에서 디자인한 410 슈퍼아메리카의 스타일은 보아노 Boano에서 디자인한 보디를 쓴 1956년형 250 GT 모델 트리오와 아주 비슷했다. 그러나 그건 드문 일이 아니었다. 피닌 파리나와 보아노(1956년부터 1958년 사이에 페라리 250 GT 보아노/엘레나 모델을 제작함)는 종종 공동 작업을 한데다 파리나 엠블럼이 없거나 보아노에서 디자인한 자동차라는 것을 알려주는 보아노 엠블럼이 없을 경우 어느 쪽에서 디자인한 자동차인지 구분하기 어려웠기 때문이다.

1956년에 나온 보아노 250 GT 쿠페와 스카글리에티 경량 250

슈퍼패스트 I의 디자인은 뒤쪽에 대담한 테일 핀과 삼각형 테일 라이트*를 배치하는 등 심지어 피닌 파리나에서도 첨단 디자인이었다.

GT 베를리네타는 페라리의 그란 투리스모Gran Turismo* 모델들로, 거의 전적으로 레이스 지향적인 고객들만을 위해 아주 제한된 수량만 제작됐고, 410 슈퍼아메리카 쿠페 역시 한 달에 1대 이상 제작하지 않을 만큼 제한된 수량만 제작되었다.

410 슈퍼아메리카 모델들은 완전히 똑같은 경우가 없었지만, 피닌 파리나에서 디자인한 보디들은 외양이 비슷했으며 더없이 공격적인 모델로 여겨지면서도 페라리 로드카로 제공되었다. 1956년에 410 슈퍼아메리카 모델은 무려 1만 6800달러에 판매되었다. 당시 상황에서 비교해보자면, 1956년에 가장 비싼 미국 자동차는 6240달러에 팔린 캐딜락 플리트우드 75 리무진이었다. 1년 후 캐딜락은 당시 그 어떤 미국 자동차보다 비싼 초호화 자동차 엘도라도 브로엄 Eldorado Brougham 모델을 내놓았는데, 그 자동차의 가격조차 여전히 페라리보다 3000달러 이상 저렴했다.

가격이 그렇게 비쌌으니, 410 슈퍼아메리카 모델이 14대만 제작된 것도 이상할 게 없다. 그 자동차들의 일련번호(오직 홀수만)는 0423 SA부터 0497 SA까지였다. 기아와 보아노는 이 모델에 필요한 보디도 제작했다. 기아는 쿠페 한 모델과 급진적인 디자인의 크라이슬러 길다Gilda 모델 그리고 닷지Dodge의 다트Dart 모델에서 영감을 얻은 410 슈퍼아메리카를 제작했고, 보아노는 컨버터블 및 쿠페 모델 하나를 제작했다. 피닌 파리나는 주문 제작 방식의 럭셔리 모델 슈퍼패스트 I(일련번호 0483 SA)를 준비했다. 이는 보다 짧아진 410 SA 섀시를 토대로 한 아주 특수한 모델로, 410 SA 섀시에는 스카글리

반대쪽 바티스타 피닌 파리나는 일련번호 0483 SA 섀시를 토대로 제작된 1956년 콘셉트카 슈퍼패스트 I를 내놓으면서 조심스레 반응을 살폈다. 이 모델에서 피닌파리나는 슈퍼아메리카 섀시의 길이를 20cm 줄였다. 폐쇄형 헤드라이트가 제시된 최초의 자동차들 중 하나인 슈퍼패스트 I 모델은 앞 유리에 필러가 없는 것도 특징이었다.

1957년 토리나 모터쇼에 등장한 4.9 슈퍼패스트는 1956년형 슈퍼패스트 1을 혁신한 모델이었다. 이 4.9 슈퍼패스트 모델은 카로체리아 피닌파리나의 작품으로, 당시 오토쇼에 전시된 가장 우아한 스포츠카들 중 하나였다.

에티 보디를 토대로 제작된 410 스포르트 스파이더 모델들에서 쓰인 트윈-점화 방식의 레이스용 엔진이 장착되었다. 피닌 파리나 디자이너의 천재성이 드러난 이 자동차의 또 다른 특징들로는 유선형 헤드라이트와 커다란 타원형 그릴, 필러가 없는 앞 유리 등을 꼽을 수 있다.

1956년, 7대가 제작된 시리즈 II 410 슈퍼아메리카 모델에는 짧은 슈퍼패스트 프레임이 사용되었다. 2년 후에는 보디와 엔진에 많은 변화를 겪은 뒤 시리즈 III 410 슈퍼아메리카 모델이 파리에서 공개됐으며, 이 모델들은 약 12대가 제작되었다.

1952년 페라리는 콜롬보 디자인의 숏-블록 12기통 엔진을 계속 개발하기로 했다. 보다 큰 롱-블록 람프레디 엔진 덕분에 배기량 4.5리터짜리 그랑프리 엔진이 적절한 스포츠카 발전소로 바뀌는 데 성공했지만, 엔초 페라리는 여전히 오리지널 콜롬보 디자인에 대한 신뢰를 보였다.

콜롬보 12기통 엔진의 경우 처음 도입된 이후 지속적인 개선이 이루어졌고, 배기량 또한 처음의 1.5리터에서 2.7리터까지 늘어났다. 1952년 봄에 보어와 스트로크에 또 다른 변화를 주면서 엔진의 오리지널 배기량이 두 배로 늘었다. 또한 새로운 250 스포르크 엔진의 경우 스트로크는 58.8mm로 그대로 유지되면서 보어는 70mm에서 73mm로 늘어났고, 그 결과 총 배기량이 2953cm^{3}가 되었다. 이 새로운 엔진에는 9.0:1의 압축비를 자랑하는 피스톤들이 연결됐으며, 3개의 웨버 36 DCF 카뷰레터와 함께 쓰이면서 최대 출력이 7500rpm에서 230마력이 되었다.

개선된 이 엔진은 이전의 225 스포르트 모델과 외양이 비슷한 비냘레 보디의 베를리네타 모델에 탑재됐는데, 1952년 밀레 밀리아 레

왼쪽 보디의 세세한 부분들은 사이드 루버(방열골)에 이르기까지 모두 수작업으로 마무리되었다.

오른쪽 4.9 슈퍼패스트 모델은 1950년대에 제작된 모든 페라리 모델 가운데 실내가 가장 럭셔리한 모델에 속했다. 그리고 대시보드의 조수석 쪽에 AM 라디오가 설치된 게 특징들 중 하나였다.

이스에서 지오반니 브라코가 몰아 우승을 차지한 자동차가 바로 이 자동차였다.

페라리 자동차 역사 전문가 한스 태너는 1952년 밀레 밀리아 레이스를 자동차 레이스 역사에서 가장 위대한 레이스 중 하나라고 말했는데, 그건 지오반니 브라코가 그 레이스에서 메르세데스-벤츠 레이싱 팀과 전면전을 벌였기 때문이다. 악천후에도 불구하고 브라코는 메르세데스-벤츠 300 SL 모델을 모는 천하무적의 카레이서 카를 클링Karl Kling과 치열한 선두 다툼을 벌여, 힘겨운 후타 파스Futa Pass 코스를 넘어 결승선을 통과하기까지 여러 차례 앞서거니 뒤서거니 했다. 당시의 상황을 한스 태너는 이렇게 적었다. "위험한 도로의 특성을 잘 이용해, 브라코는 메르세데스-벤츠 팀을 따라잡아 앞질렀다. 후타 파스 끝에 위치한 볼로냐에 도착했을 때 그는 클링보다 4분 앞서 있었으며, 모데나, 레지오, 에밀리아, 피아첸차를 거치면서 내내 레이스 균형을 맞추기 위해 선두를 유지했다." 이때의 패배는 1952 시즌 결승전에서 메르세데스-벤츠가 맛본 유일한 패배였다.

실린더당 새로운 배기량을 뽑어낸 250 스포르트 모델은 사전에 마라넬로 공장 안과 그 주변에서 테스트 플랫폼으로 사용됐으며, 그런 다음 밀레 밀리아 레이스에 참가하는 브라코에게 건네졌다. 그러나 250 스포르트 모델의 성공적인 데뷔는 시작에 불과했다. 그 자동차는 다음에 르망 24시간 레이스에 모습을 드러냈으며, 이번에는 알베르토 아스카리와 루이지 빌로레시가 핸들을 잡았다. 두 사람은 레이스의 상당 구간에서 선두를 지켰으나, 안타깝게도 사소한 기계적 문제들로 인해 중도 포기해야 했다. 250 스포르트 모델은

슈퍼패스트 모델에는 스카글리에티의 보디를 토대로 제작되고 410 스포르트 레이스용 스파이더 모델들에 사용됐던 트윈-점화 레이싱 엔진이 장착되었다.

410 슈퍼아메리카 시리즈 III는 410 슈퍼아메리카의 마지막 모델이었다. 일련번호가 1495 SA인 이 모델은 시리즈 12대 중 마지막 자동차이자 또 배기량 4.9리터짜리 람프레디 엔진을 사용한 마지막 자동차이기도 하다. 현재 이 자동차는 크라이슬러의 디자이너였던 데이브 커민스(Dave Cummins)가 소유하고 있는데, 그는 이렇게 말했다. "이 차는 대형 페라리였으며, 크기가 중요한 역할을 했습니다. 사실 디자이너는 그러기 위해 대비를 이용했습니다. 몇 가지 기본적인 요소들도 있었죠. 긴 후드에 짧은 데크, 작은 운전실 그리고 커다란 16인치 보라니 림에 커다란 브레이크 드럼 등이 패키지로 제공됐습니다. 게다가 윤거가 100mm에 폭도 250 시리즈보다 넓어 그 어떤 페라리 로드카보다 길었습니다. 또한 410 슈퍼아메리카 모델은 상당히 큰 휠 오프닝들이 필요했으며, 피닌파리나는 그 휠 오프닝들을 아무 장식 없이 둥글게 유지해 페라리의 특성을 제대로 부각시켜주었습니다."
© Don Spiro

이후 '페스카라 24시간' 레이스에 모습을 드러냈으며, 이번에도 다시 지오반니 브라코가 핸들을 잡아 전 부문 우승을 차지했다.

그 시즌의 마지막에 250 스포르트 모델은 멕시코의 카레라 파나메리카나 레이스에 모습을 드러냈는데, 거기에서 브라코는 8개 구간 중에 5개 구간에서 선두를 지켰으나, 7번 기어박스 고장으로 레이스를 중단해야 했다.

250 스포르트 모델의 성공에 고무된 페라리는 새로 개발된 그 모델 엔진을 시리즈 제작 방식의 섀시에 탑재하기로 결정했다. 그러나 시간이 부족해, 1952년 파리 모터쇼에서는 맨 섀시와 엔진만 전시되었다. 그럼에도 불구하고 250 스포르트 모델이 전설적인 시즌을 보낸 덕에 양산 버전에 대한 선주문이 들어왔다. 파리 모터쇼에 전시됐던 오리지널 섀시는 가을에 이탈리아 영화감독 로베르토 로셀리니에게 팔렸으며, 카로체리아 비냘레로 보내져 레이스용 스파이더 모델로 완성되었다.

양산 버전 250 MM에는 12개의 포트 헤드들과 3개의 포-초크 36 IFC/4 웨버 카뷰레터가 장착되었다. 최대 출력은 250 스포르트의 7000rpm에서 220마력으로부터 7200rpm에서 240마력으로 높아졌다. 베를리네타 모델과 스파이더 모델의 경우 피닌 파리나의 보디를 토대로 제작된 베를리네타 디자인의 상당 부분이 쓰였다. 그리고 총 12대의 스파이더 모델이 두 가지 독특한 시리즈에서 비냘레의 보디를 토대로 제작되었다.

그 당시에 페라리는 250 스포르트를 단순히 정상적인 진화를 거쳐 잘 입증되고 오래 사용해 보증이 된 모델 정도로 여겼다. 예전 콜롬보 엔진의 마지막 고난의 시기를 지나, 이제 250 스포르트 모델은 가장 오래 지속된 페라리 시리즈인 250 GT 모델의 출발점이 되었다. 이후 거의 10년간 거의 같은 디자인의 모터 약 3500개가 로드카와 레이스카에 모두 동력을 제공하게 된다.

410 슈퍼아메리카 모델에는 이 시리즈의 자동차들을 위한 배기량 4.9리터짜리 마지막 람프레디 12기통 엔진이 장착되어 있다. © Don Spiro

오른쪽 위 그리고 아래
실내에는 410 슈퍼아메리카 모델의 모든 것이 아낌없이 제공되었다. 410 슈퍼아메리카 시리즈 III가 제작될 무렵, 페라리 측에서는 유연한 가죽 커버와 가죽 인스트루먼트 패널을 사용하면서 새로운 차원의 마감 능력을 갖고 있었다.
이 자동차에는 오프셋 마운트 핸드 브레이크(운전자 시트 오른쪽 바로 앞에)가 있으나, 인스트루먼트 패널 밑에 예전 타입의 핸드 브레이크 장착용 브라켓도 그대로 남아 있다. 이는 분명 마지막 디자인 변화였다. © Don Spiro

250 TR "Testa Rossa"

250 TR '테스타 로사', 빨간 머리

그건 페인트 색이었다. 정확히 말하자면, 지오아키노 콜롬보 12기통 엔진의 최신 버전에서 실린더 헤드들을 칠하는 데 사용된 빨간색 페인트를 뜻한다. 이제 배기량이 3000cm^{3}이 된 이 엔진은 250 테스타 로사250 Testa Rossa의 첫 시판용 후드 아래 섀시 0710을 탑재한 채 1957년 11월에 첫선을 보였다. 은색 페라리는 미국 웨스트코스트 지역의 페라리 수입업자이자 카레이서인 존 폰 노이만John von Neumann에게 팔렸으며, 이탈리아에서 순회 여행을 한 뒤 뉴욕과 플로리다를 경유해 1957년 낫소 스피드 위크Nassau Speed Week 레이스에 참가했다. 낫소 스피드 위크 레이스에서는 리치 진터Richie Ginther가 핸들을 잡았으나, 이 250 TR 모델은 첫 레이스를 완주하지 못했다. 250 TR 모델이 레이스를 완주하지 못하거나 레이스에서 우승을 하지 못한 몇 안 되는 경우 중 하나였다. 공장 레이싱 팀은 1958년부터 1961년 사이에 월드 스포츠카 챔피언십에서 20회의 레이스 가운데 10회 우승을 하게 되며, 1958년과 1960년 그리고 1961년에는 르망 24시간 레이스에서 우승을 하게 된다. 테스타 로사는 라 사르트 서킷에서 3회 우승을 한 것 외에 개인 자격으로 1958년 르망 24시간 레이스에 참가해 5위와 6위를 기록했다.

은색 시리즈 II 테스타 로사 모델(일련번호 0672)은 브루스 메이어(Bruce Meyer)가 소장한 자동차들 중 하나로, 원래 단 2대뿐인 1957년형 TRC 625 모델들 중 하나로 세상에 나왔다. 현재는 TRC 625/250 TR 모델로 여겨지고 있고, 원래 웨스트코스트 지역의 페라리 수입업자이자 카레이서인 존 폰 노이만이 구입했으며, 서던캘리포니아 레이스에도 참가했는데 당시 핸들을 잡은 건 노이만과 리치 진터였다.

시리즈 I 테스타 로사 모델은 아마 과감한 프런트 디자인 덕에 시각적으로 가장 아름다운 페라리 모델에 속할 것이다. 26번 자동차는 1958년 부에노스아이레스 레이스에서 결승선을 4위로 통과했다. 당시 카레이서는 피에로 드로고(Piero Drogo). 211번 자동차는 1958년 샌타바버라 레이스에 참가했고(카레이서는 리치 진터), 16번 자동차는 1960년 쿰브레스 드 쿠루모 서킷에 참가했다(카레이서는 J.M. 갈리아).

초창기의 12기통 엔진 모델들은 스카글리에티에서 제작한 독특한 보디에 거대한 타원형 그릴을 더 눈에 띄게 만드는 부교 스타일의 대담한 프런트 펜더가 돋보였다. 섀시 0672를 이용한 사진 속 은색 모델(한때 존 폰 노이만이 소유했던) 같은 이후 버전들은 보다 매끈한 펜더 라인이 그릴과 잘 통합되었다. 그러나 12기통 엔진 모델이 테스타 로사라는 이름을 단 최초의 페라리 자동차는 아니었다.

최초의 테스타 로사 모델의 경우 공장에서 그전에 제작된 배기량 2리터 몬디알Mondial 레이스카들로부터 진화된 빨간색 칠이 된 4기통 엔진이 장착되었다. 시리즈 I 몬디알 모델(1954년)과 시리즈 II 몬디알 모델(1955-1957년)에는 모두 4기통 엔진이 장착되었다. 그러나 안타깝게도, 몬디알 모델들은 배기량이 2리터인 마세라티 신형 모델들의 적수가 되진 못했다. 최초의 테스타 로사 모델인 티포 500 TRC는 1956년과 1957년에 제작됐고, 배기량이 2000cm³(몬디알의 경우 1984.8cm³)였으며, 최대 출격이 시리즈 I 몬디알 모델보다 30마력이 높고 시리즈 II 몬디알 모델들보다는 20마력이 높은 190마력이었다. 그 최초의 테스타 로사 모델들은 많은 국제 레이스의 배기량 2리터 부문에서 우승했으며, 1956년에는 낫소 레이스에서 1956년에 전 부문 2위를, 그리고 또 1957년에도 다시 전 부문 2위를 차지했고, 1957년 밀레 밀리아 레이스에서 배기량 2리터 부문 우승, 부에노스아이레스와 베네수엘라의 1000km 레이스에서 우승했으며, 미국에서는 500 TRC 모델들이 1958년 USAC 챔피언십에서 배기량 2리터 부문에서 우승했다. 배기량이 2리터인 테스타 로사 모델은 1957년에 단종됐으며, 대신 배기량이 3리터인 250 TR 신형 모델이 나왔다.

250 TR 모델은 왕년의 콜롬보 12기통 엔진을 되살리기에 더없이 좋은 자동차로, 이제 배기

량은 2953cm³였으며, 6개의 트윈-초크 웨버 카뷰레터들이 장착되었고, 최대 출력이 무려 300마력이었다. 기어 단수에 따라 다르지만, 최고 속도는 시속 약 273km가 넘었다.

페라리 250 테스타 로사 모델의 프레임은 아름다운 스카글리에티 보디 아래 멀티튜브 구조를 띠고 있는 등 메르세데스-벤츠 300 SL과 마세라티 버드케이지Birdcage 모델의 프레임과 비슷하다. 세르지오 스카글리에티는 250 TR 모델을 제작했을 뿐 아니라 디자인도 했다. 개비어gabbia 또는 케이지cage★가 바로 그것으로, 자동차 겉면 윤곽과 어울리는 완전한 금속 뼈대이다. 이 때문에 현재 테스타 로사의 디자인은 모든 시대를 통틀어 가장 본능에 충실한 스포츠카 디자인 중 하나로 여겨지고 있다.

250 테스타 로사 모델은 아름다운 만큼 기능도 뛰어나, 아주 크고 긴 전면부와 그릴은 최대한 많은 공기를 브레이크와 라디에이터로 끌어들일 수 있게 설계되었다. 앞으로 튀어나온 프런트 펜더에는 커버가 씌워진 헤드라이트가 들어 있어, 외관은 멋져 보일지 몰라도 시리즈 II 테스타 로사 모델에 적용된 더욱 밀폐된 보디 디자인에 공기역학적 이점은 주지 못했다.

코일 스프링을 이용하는 독립적인 프런트 서스펜션, 반타원형 스프링이 달린 리어 활축, 드럼 브레이크, 앞쪽에 위치한 전면 동기화 방식의 4단 기어박스 등 250 TR 모델이 보여준 뛰어난 하부 균형 감각은 페라리의 '전통적인' 장기였다. 출력이 늘고 보디(카로체리아 스카글리에티사에서 제작)가 향상됐을 뿐, 드라이브라인★에 놀랄 만한 새로운 특징은 없었다. 그러나 사실 그 정도로도 이미 충분했다.

은색 시리즈 II 테스타 로사 모델(일련번호 0672)은 브루스 메이어가 소장한 자동차들 중 하나로, 원래 단 2대뿐인 1957년형 TRC 625 모델들 중 하나로 세상에 나왔다. 현재는 TRC 625/250 TR 모델로 여겨

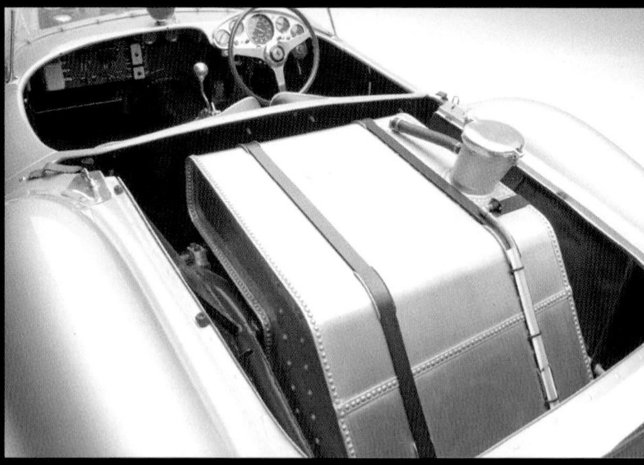

위쪽 그리고 맞은편 테스타 로사는 '빨간 머리'라는 뜻이다. 정확히 말하자면, 지오아키노 콜롬보 12기통 엔진의 최신 버전에서 실린더 헤드들을 칠하는 데 사용된 빨간색 페인트를 뜻한다. 250 TR 모델은 과거의 콜롬보 12기통 엔진을 되살리기에 더없이 좋은 자동차로, 이제 배기량은 2953cm³였으며, 6개의 트윈-초크 웨버 카뷰레터들이 장착되었고, 최대 출력이 무려 300마력이었다. 기어 단수에 따라 다르지만, 최고 속도는 시속 273km가 넘었다. 리어-덱 덮개 안쪽에 존 폰 노이만의 사인이 있는 것에 주목하라. 250 TR 모델의 연료 탱크는 운전자의 헤드 페어링 내 구멍을 통해 접근하는 필러로 인해 자동차 뒤쪽 전체를 차지했다.

테스타 로사 모델의 보디는 모데나에 있는 카로체리아 스카글리에티에서 제작되었다.

오른쪽 이후에 나온 테스타 로사 모델들은 프런트 펜더들이 보디에 통합되어, 이전에 나온 모델들의 펜더 디자인에 비해 더욱 공기역학적인 옆모습을 갖게 되었다.

세르지오 스카글리에티는 역사상 가장 아름다운 스포츠 레이스카라고 일컬어지는 자동차를 디자인했다. 페라리 250 TR 모델은 어떤 각도에서 보더라도 물 흐르는 듯한 디자인을 가진 자동차로, 후드 밑에는 1950년대의 가장 성공적인 엔진과 드라이브라인 조합이 들어 있었다.

지고 있고, 원래 웨스트코스트 지역의 페라리 수입업자이자 카레이서인 존 폰 노이만이 구입했으며, 서던캘리포니아 레이스에도 참가했는데 당시 핸들을 잡은 건 노이만과 리치 진터였다.

존 폰 노이만은 미국에서 가장 중요한 수입 스포츠카 대리점들 중 하나인 서던캘리포니아 대리점을 운영하고 있었고, 거기에서 1950년대와 1960년대에 포르쉐와 페라리를 모두 수입했다. 페라리가 500 TRC 모델을 내놓았을 때, 엔초 페라리를 설득해 배기량이 2.5리터인 르망 24시간 레이스용 엔진이 장착된 테스타 로사 모델 2대(그중 하나가 일련번호가 0672인 모델이었음)를 제작하게 만든 것도 바로 존 폰 노이만이었다. (TRC 625 모델의 엔진은 배기량 2.5리터짜리 4기통 그랑프리 엔진이었으며, 250 TR 모델의 엔진은 오리지널 콜롬보 디자인에서 진화된 배기량이 3.0리터인 신형 12기통 엔진이었다.) 배기량이 2.5리터인 자동차들 가운데 첫 번째 모델은 1956년 3월 24일에 멕시코의 아우토 클럽Auto Club으로 보내졌으며, 거기에서 계속 차고에 보관되어 있다가 4월에 존 폰 노이만이 그것을 몰고 아반다로 레이스에 참가했다. 그리고 그는 테스타 로사 모델의 핸들을 처음 잡은 상태에서 우승을 차지했다. 그런 다음 이 자동차는 로스앤젤레스로 되돌려보내져 프리시전 모터스Precision Motors 레이스에 참가했는데, 이번에 테스타 로사 모델(일련번호 0672)의 핸들을 잡은

연료 주입구는 캔틸레버식 리어-덱 덮개 밑에 위치해 있었는데, 운전자의 헤드 페어링 때문에 잘 보이지 않았다.

모든 페라리 레이스카들과 마찬가지로, 250 TR 모델 역시 핸들이 오른쪽에 있었고 기어박스는 운전자의 왼쪽에 있었다. 인스트루먼트 패널 위에서 가장 중요한 게이지는 커다란 중앙 태코미터★였으며, 6500rpm에 레드라인이 표시되어 있었다. 그 외에 인스트루먼트 패널에는 오일 온도, 오일 압력, 연료 잔량, 물 온도 등이 표시되었다. 속도계는 필요가 없었다. 속도와 랩 타임★을 계산하는 것은 정비 담당자의 몫이었다.

카레이서들은 리치 진터와 존 폰 노이만이었다. 이후 샌타바버라, 솔트레이크시티, 포모나, 새크라멘토, 샌디에이고에서 승리하는 등 그 해 말까지 노련한 두 카레이서는 테스타 로사 모델을 몰고 총 11회 우승을 차지한다.

다음 해에 테스타 로사 모델(일련번호 0672)에 새로운 250 테스타 로사 엔진이 장착되었다. 1958년에는 행운의 여신이 더 이상 250 테스타 로사 모델이나 리치 진터와 존 폰 노이만 편이 아니었다. 리치 진터는 멕시코시티에서 열린 레이스에서만 우승을 했다. 2년 후 그는 리버사이드에서 열린 타임즈-미러 그랑프리 레이스에서 엔진을 날려 먹었고, 존 폰 노이만은 1961년에 일련번호가 0672인 250 테스타 로사 모델을 자신의 동료 자동차 수입업자이자 레이싱 팀 소유주인 오토 지퍼Otto Zipper에게 팔았다. 그리고 테스타 로사 모델은 오토 지퍼 레이싱 팀의 전설적인 카레이서 켄 마일즈Ken Miles와 함께 새로운 삶을 시작하게 된다. 그 자동차가 오토 지퍼 레이싱 팀의 이름으로 처음 참가한 레이스는 1962년 5월에 열린 샌타바버라 레이스로, 그 레이스에서 켄 마일즈는 손쉽게 우승을 차지했다. 그 해 후반에 켄 마일즈는 포모나 레이스에서 엔진을 날려 먹었으며, 오토 지퍼는 6년 된 그 레이스카를 퇴역시키기로 결정했다. 그 무렵 존 폰 노이만 역시 레이싱에서뿐 아니라 자동차 수입 사업에서도 은퇴를 했는데, 그전에 자신의 서던캘리포니아 지역 수입차 판매 대리점을 폭스바겐 AG에 팔아 아주 많은 돈을 벌었다.

이후 일련번호가 0672인 250 테스타 로사 모델은 완벽하게 복구되어 브루스 메이어의 차고 안에 아주 잘 보존되고 있다.

왼쪽 위 리치 진터와 존 폰 노이만은 1957년 내내 레이스에 참가했다.

왼쪽 중앙 일련번호가 0672인 테스타 로사 모델은 리치 진터와 존 폰 노이만과 함께 샌타바버라, 솔트레이크시티, 포모나, 샌디에이고, 새크라멘토 등에서 승리했으며, 1957년에 총 11회의 우승을 거머쥐었다.

왼쪽 아래 자동차 소유주인 존 폰 노이만은 1959년에 일련번호가 0672인 테스타 로사 모델을 몰고 포모나 레이스에 참가했다.

위쪽 오토 지퍼 레이싱 팀에 속해 있던 켄 마일즈가 1960년 리버사이드 인터내셔널 레이스웨이에서 테스타 로사 0672를 몰고 있다.

왼쪽 1950년대 말에 리치 진터(왼쪽)와 존 폰 노이만이 레이스를 앞두고 얘기를 나누고 있다.

250 GT 베를리네타 투르 드 프랑스 모델의 디자인은 1955년 르망 24시간 레이스에서의 메르세데스-벤츠 300 SLR 사고 이후에 나왔다. 그 비극적인 사고는 스포츠카 레이싱 분야에서 일대 전환점이 되어, 레이스에 참가하는 스포츠카들은 더 그랑프리 레이스용 자동차들에 가깝게 발전되었다. 그 결과 국제자동차연맹에서는 새로운 레이싱 부문들을 만들었으며, 페라리는 피닌 파리나의 도움을 받아 1956년형 250 GT 베를리네타 투르 드 프랑스를 끌고 새로운 GT* 레이싱 부문에 참여할 준비를 하게 된다.

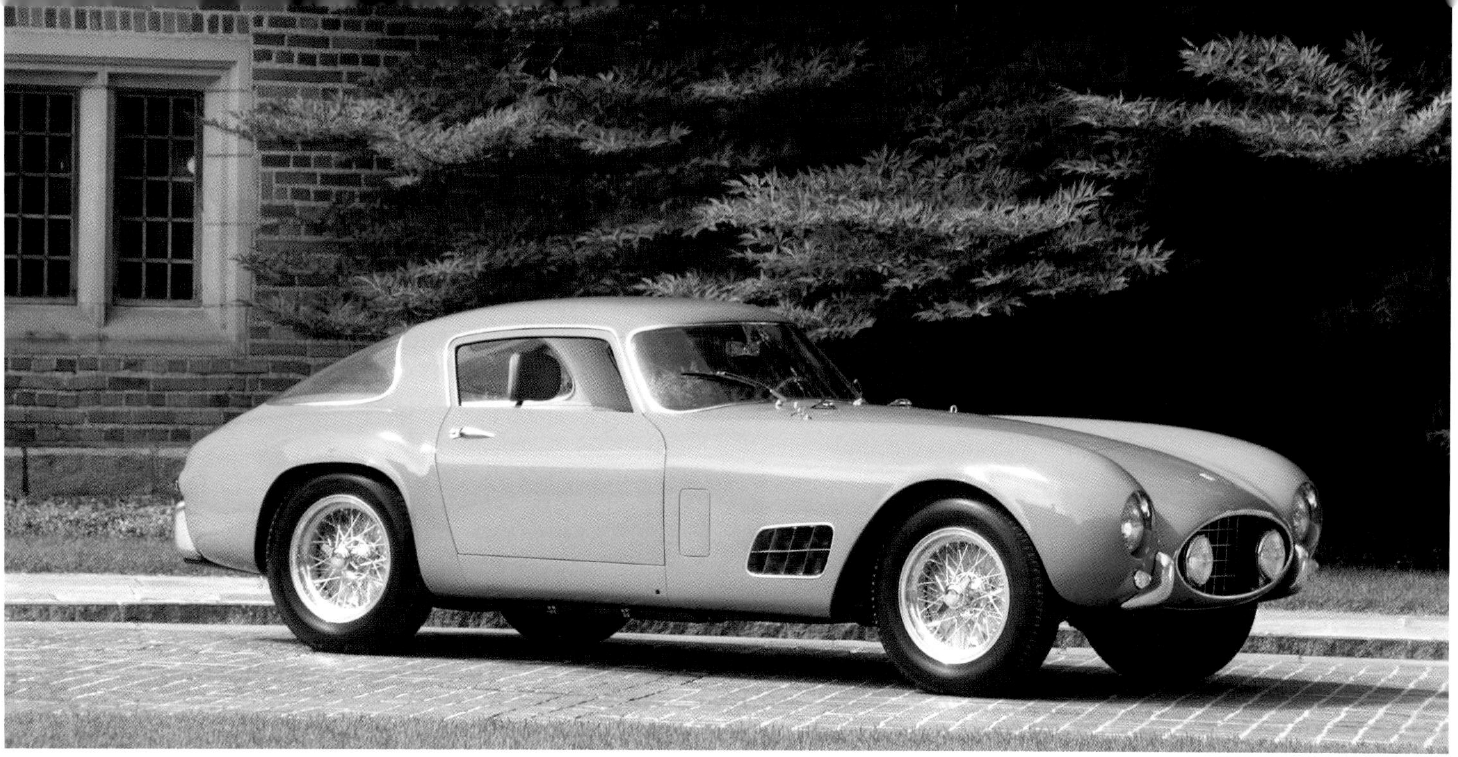

투르 드 프랑스 모델은 레이싱 전용으로 디자인된 매끈한 유개 자동차였다. 경량의 유선형 보디가 레이싱 목적으로 다듬어졌으며, 이것이 베를리네타 모델과 전통적인 쿠페 모델을 구분하는 특징이 되었다. 리처드 겐트가 소유한 사진 속 1956년형 모델 같은 이 투르 드 프랑스 첫 번째 시리즈 모델들은 다른 그 어떤 레이스용 스포츠카들과도 달랐다.

아래쪽 1953년 엔초 페라리가 정비공들이 12기통 엔진을 손보는 모습을 지켜보고 있다.

페라리의 많은 자동차들 가운데 250 GT SWB 모델은 세상에 나온 날부터 스포츠카 애호가들 사이에서 전설로 여겨진 진귀한 자동차들 중 하나였다. 페라리의 의뢰를 받아 뛰어난 엔지니어 지오토 비자리니Giotto Bizzarini(후에 독립해 직접 스포츠카들을 제작했다)가 디자인한 이 모델이 그렇게 유명해진 이유는 무얼까? 너무도 멋진 디자인을 한 250 GT 베를리네타 투르 드 프랑스 모델 뒤, 그리고 한층 더 멋진 페라리 250 GTO 모델 앞이라는 기막힌 타이밍에 나왔기 때문이다. 그러니까 250 GT SWB 모델은 1950년대와 1960년대의 가장 중요한 페라리 로드카와 레이스카를 잇는 다리인 셈이다.

250 GT 베를리네타 투르 드 프랑스의 디자인은 1955년 르망 24시간 레이스에서의 비극적인 메르세데스-벤츠 300 SLR 사고 이후에 나왔는데, 그 사고에서 카레이서 피에르 레베Pierre Levegh는 속도를 늦춘 자동차와의 충돌을 피하려다 목숨을 잃었다. 그가 몰던 늘씬한 메르세데스-벤츠는 랜스 매클린Lance Macklin이 몰던 영국 스포츠카 오스틴-힐리Austin-Healey의 뒤쪽을 들이받고 트랙 밖으로 튕겨져나갔다. 랜스 매클린이 마이크 호손Mike Hawthorne의 영국 스포츠카 재규어 모델을 피하려고 무심코 피

에르 레베 앞으로 끼어들게 되면서 일어난 사고였다. 피에르 레베의 자동차는 트랙 옆 옹벽 쪽으로 날아가 폭발하며 불길에 휩싸였고, 불붙은 잔해들이 그대로 관중석으로 날아갔다. 르망 24시간 레이스 사상 최악의 그 사고로 무려 80명 넘는 관객이 목숨을 잃었다. 또한 스포츠카 레이싱 분야에 일대 전환점이 되어, 레이스에 참가하는 스포츠카들은 더 그랑프리 레이스용 자동차들에 가깝게 발전되었다. 그 결과 국제자동차연맹(FIA)에서는 그랜드 투어링Grand Touing(GT)이라는 이름 아래 새로운 레이싱 부문들을 만들었다. 그리고 페라리는 피닌 파리나의 도움을 받아 완전히 새로운 스포츠카인 1956년형 250 GT 베를리네타 투르 드 프랑스를 가지고 새로운 GT 레이싱 부문에 참여할 준비를 하게 된다. 250 GT 베를리네타 투르 드 프랑스 모델은 레이싱 전용

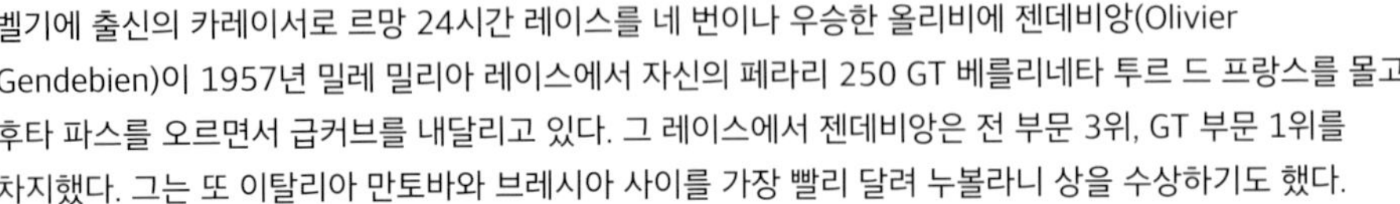

벨기에 출신의 카레이서로 르망 24시간 레이스를 네 번이나 우승한 올리비에 젠데비앙(Olivier Gendebien)이 1957년 밀레 밀리아 레이스에서 자신의 페라리 250 GT 베를리네타 투르 드 프랑스를 몰고 후타 파스를 오르면서 급커브를 내달리고 있다. 그 레이스에서 젠데비앙은 전 부문 3위, GT 부문 1위를 차지했다. 그는 또 이탈리아 만토바와 브레시아 사이를 가장 빨리 달려 누볼라니 상을 수상하기도 했다.

투르 드 프랑스 모델의 실내는 대개 장식 및 액세서리 사용을 최소화하고 방음 처리도 최소화해, 더 시끄럽고 덜 편안했지만 그렇다고 견디기 힘들 정도는 아니었다. 각 자동차는 기본적으로 주문 제작되어 일부 자동차들은 다른 자동차들에 비해 더 화려하기도 했지만, 실내가 형편없다는 말을 들을 만한 자동차는 거의 없었다. 사진 속 자동차는 모든 게 더없이 잘 조화된 예이다.

으로 디자인된 매끈한 유개 자동차였다. 몇 년 전 세르지오 피닌파리나가 필자한테 설명한 바에 따르면, 베를리네타 투르 드 프랑스 모델은 경량의 유선형 보디를 가진 자동차로 레이싱 전용으로 다듬어졌으며, 그것이 베를리네타 모델과 전통적인 쿠페 모델을 구분 짓는 뚜렷한 특징이 된다. 베를리네타는 사실 이탈리아어로 '작은 세단'이라는 뜻이다. 이 모델들의 실내는 장식 및 액세서리 사용을 최소화하고 방음 처리도 최소화해, 더 시끄럽고 덜 편안했지만 그렇다고 견디기 힘들 정도는 아니었다. 각 자동차는 기본적으로 주문 제작되어, 일부 자동차들은 다른 자동차들에 비해 더 화려하기도 했지만, 실내가 형편없다는 말을 들을 만한 자동차는 거의 없었다.

250 GT 베를리네타 투르 드 프랑스는 1956년 투르 드 프랑스 레이스에서 10일간 압도적인 성능을 과시한 초기 250 GT 베를리네타 모델에 붙여진 애칭으로, 1959년 새로운 250 GT SWB 모델이 나올 때까지 계속 제작되었다.

레이싱과 전혀 관계없는 또 다른 페라리 모델 또한 250 GT라 불렸는데, 이 모델은 피닌파리나가 제작한 순수한 로드카였다. 피닌파리나는 1958년 토리노 외곽의 그루글리아스코에 새로 공장을 열면서 원래 두 단어이던 회사명 피닌Pinin과 파리나Farina를 공식적으로 피닌파리나Pininfarina 한 단어로 고쳤다. 그리고 250 GT PF 쿠페 모델이 표준 제작 방식의 첫 페라리 스포츠카가 되었다. 따라서 '고성능 자동차'를 뜻하는 '그란 투리스모Gran Turismo'의 줄임말 GT는 페라리의 여러 모델들에 적용되고 있다. 그러나 250 GT SWB는 결코 전형적인 로드카가 아니었다.

지오토 비자리니와 카를로 치티Carlo Chiti 그리고 마우로 포르기에리Mauro Forghieri는 2400.3mm밖에 안 되는 휠베이스를 토대로 1959년에 시제품 개발을 마쳤다. 이 새로운 자동차에는 솔리드 리어 액슬이 사용되었는데, 그 솔리드 리어 액슬은 독립적인 리어 서스펜션이 별다른 이점을 추가하지 못하는 방식으로 자리 잡고 있었다. 프런트 서스펜션의 경우 롤링 방지 바(리지드 액슬 리어, 리프 스프링들, 레이디어스 암들)가 위시본 및 코일 스프링들에 연결되어 있었다.

250 GT 베를리네타 투르 드 프랑스 모델의 후드 밑에는 250 GT 모델의 엔진이 거의 그대로 있었고, 최대 출력은 7000rpm에 240마력이었다. 이 모델의 12기통 엔진은 3개의 웨버 36 DCF 카뷰레터들을 통해 숨을 쉬었다.

지오토 비자리니의 목표는 롱-휠베이스 방식의 250 GT 모델의 핸들링을 개선하는 것이었는데, 그는 SWB 베를리네타 모델로 그 목표

0967 GT

250 GT 베를리네타 투르 드 프랑스 모델의 두 번째 시리즈는 훨씬 더 놀라운 자동차로, 대담하면서도 새로운 스타일과 높이 솟아오른 프런트 펜더 및 리어 테일 핀이 눈길을 끌었다. 이 모델은 1959년까지 제작되었다. 사진 속 자동차는 1958년에 제작된 모델이다.

를 멋지게 달성했다. 순수한 로드카 또는 루소 모델들은 스프링이 더욱 부드럽게 움직였지만, 레이스 버전의 단단한 서스펜션 때문에 250 SWB 모델은 승차감은 좀 떨어졌지만 코너링 파워는 아주 좋았다.

페라리는 1959년 10월에 파리 모터쇼에서 250 GT SWB 베를리네타 모델을 공개했다. 이 모델은 휠베이스가 2400mm로 짧았고 전장도 4150mm밖에 안 되었다. 뭉툭해 보이는 이 패스트백 모델의 기다란 후드 밑에는 60도 각도의 클래식한 콜롬보 디자인의 배기량 3.0리터짜리 12기통 엔진이 들어 있었다.

250 GT SWB 베를리네타 모델은 GT 모델을 재디자인해 전장이 짧아지고 무게는 줄어들었으며, 출력도 늘어났다. 최대 출력이 투르 드 프랑스 모델은 7000rpm에 260마력이었고, 이 모델은 7000rpm에 280마력이었다. 250 GT SWB 모델은 이전 모델들에 비해 속도는 더 빨라지고 핸들링은 더 쉬워져 훨씬 더 강력한 레이스카가 되었다. 모든 모델들에 동기화 방식의 4단 기어박스가 장착됐으며, 이후에 나온 모델들에는 전기 오버드라이브가 제공되었다.

또한 250 GT SWB 모델은 디스크 브레이크 방식이 적용된 최초

4

250 GT 베를리네타 투르 드 프랑스 모델의 두 번째 시리즈에는 검은색 주름으로 마무리된 새로운 인스트루먼트 패널이 장착됐는데, 그 새로운 패널에서는 게이지들의 위치가 운전자 중심으로 되어 있었다.

후드를 열면 에어 박스가 웨버 36 DCF 카뷰레터들을 감싸고 있는 것이 보인다. 이 에어박스는 후드 스쿠프와 연결되어 카뷰레터에 더 많은 공기를 밀어 보내는 역할을 한다.

의 GT 페라리 모델이기도 했다(페라리는 다른 경쟁사들 대부분이 디스크 브레이크 방식을 채택한 뒤에야 그 브레이크 방식을 채택했음). 이 자동차는 당시 파리 모터쇼의 히트작으로 주문이 폭주해 곧 마감됐는데, 실망스럽게도 레이싱과 직접 관련이 없는 사람들은 구입하고 싶어도 구입할 수가 없었다.

피닌파리나가 디자인한 보디들은 페라리의 의뢰로 모데나에 있는 스카글리에티에서 제작되었다. 짧아진 휠베이스에 맞는 디자인을 만드는 과정에서 피닌파리나는 쿼터 윈도*를 없애 공격적이며 짧은 자동차라는 인상을 주었다. 당장이라도 먹이를 향해 달려들듯 몸을 잔뜩 웅크린 들고양이 같다는 비유는 레이스 트랙에 들어선 250 GT SWB 모델에 잘 어울리는 비유였다. 일부 모델의 경우 레이스 목적에 맞춰 보디 전체가 알루미늄으로 제작되기도 했지만, 보디의 대부분은 강철이었고 도어들과 후드 그리고 트렁크 덮개는 알루미늄이었다. 강철 보디로 된 자동차에 필요한 특정 부품들은 사실상 피닌파리나에서 제작했고, 도어와 후드 그리고 트렁크 덮개는 스카글리에티에서 제작했다.

반대쪽 250 GT SWB 모델의 경우와 마찬가지로, 250 GT 투르 드 프랑스 모델 또한 로드카로서의 기능은 물론 레이스카로서의 기능도 아주 뛰어났다. 1959년 튤립 랠리(Tulip Rally)에서 심사대를 방문 중인 사진 속 자동차는 섀시 일련번호가 0971인 모델이다. 이 모델은 많은 업적을 세웠으며, 특히 그 당시에는 잘 인식되지 못한 사실이지만, 1964년에 나오게 될 275 GTB 모델의 스타일에도 적잖은 영향을 주게 된다.
© Revs Institute

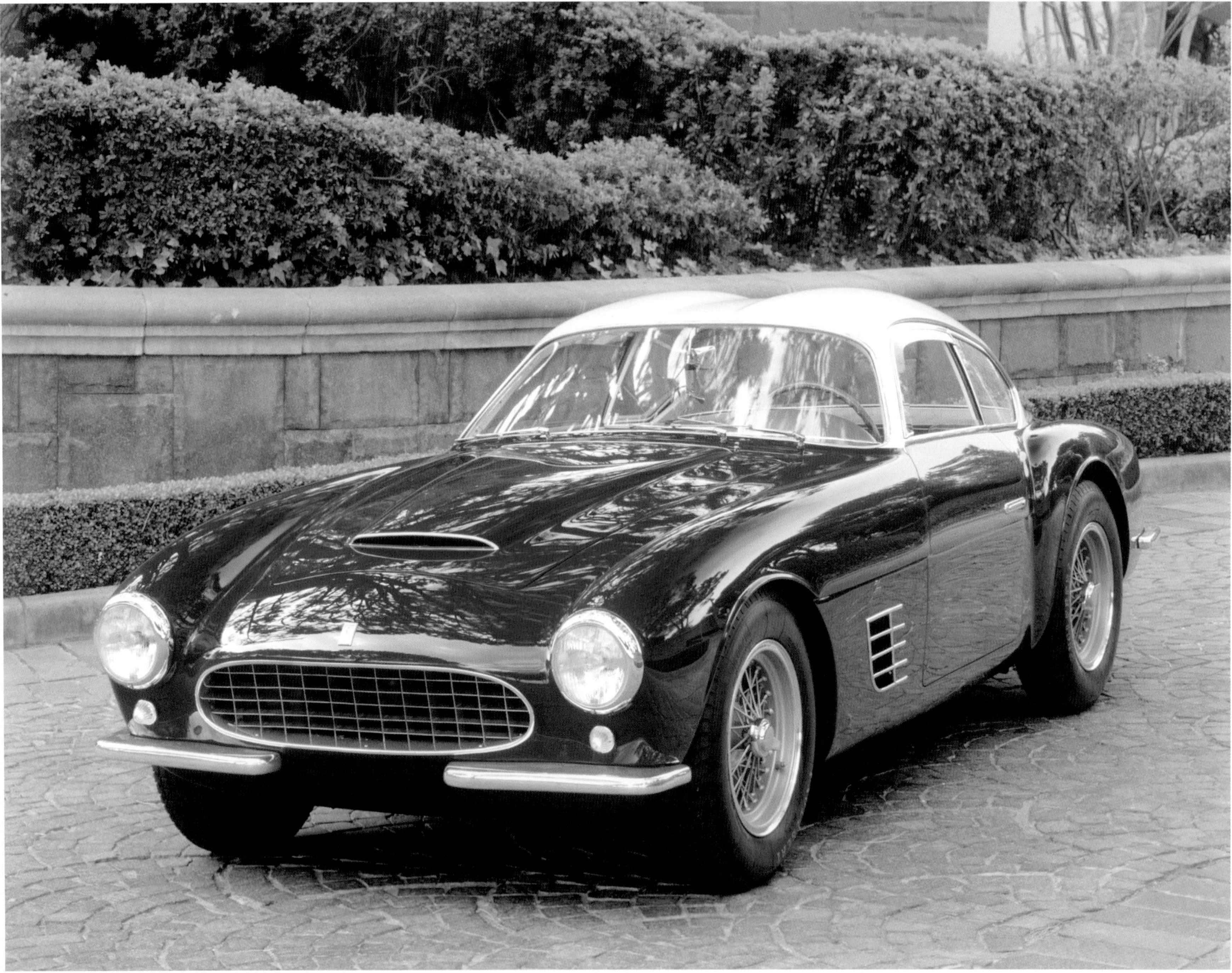

모든 250 GT 베를리네타 투르 드 프랑스 모델들 중에서 가장 눈에 띈 모델은 카로체리아 우고 자가토(Carrozzeria Ugo Zagato)에서 디자인하고 보디를 제작한 이 모델이다. 자가토의 디자이너들은 1956년에 두 시트 윗부분이 볼록볼록한 '더블 버블(double bubble)' 베를리네타 모델을 디자인했는데, '더블 버블' 아이디어는 자가토에서 운전자들에게 머리 위에 여유 공간을 좀 더 주기 위해 자신들의 레이스카 디자인에 이미 몇 차례 적용한 아이디어다. 자동차 뒤쪽 4분의 3 지점을 보면 자가토의 또 다른 독특한 스타일 특징이 보인다. 뒤쪽 쿼터 윈도와 백라이트 필러의 Z 모양 구조가 바로 그것이다. 자가토의 디자이너들은 인테리어에도 신경을 써 시트 커버에 멋진 투톤 컬러를 적용했을 뿐 아니라 대시보드에도 그에 걸맞는 고급스러운 소재를 썼다.

원 소유주가 레이스카로도 쓰고 전시용으로도 쓴 이 스포티한 자가토 모델은 1954년부터 1964년까지 2500대 이상의 페라리 자동차에 장착된 유명한 250 GT 엔진이 장착되었다.

14

250 GT SWB 베를리네타의 특수 레이싱 버전들은 보디 전체가 합금으로 되어 있거나 강철과 합금으로 되어 있었으며, 연료 탱크가 더 커 스페어타이어가 뒤 창문 바로 아래쪽으로 가야 했다. 게다가 일부 레이싱 버전들은 향상된 테스타 로사 엔진과 6개의 카뷰레터가 장착되어 300마력의 최대 출력을 낼 수 있었다.

250 GT SWB 베를리네타 모델과 비슷한 시기에 나온 스포츠카들로는 애스턴마틴 DB 2/4 MK III, 재규어 XK-150 S, 마세라티 3500, 메르세데스-벤츠 300 SL, 쉐보레 코르벳 등을 꼽을 수 있다. 페라리 250 GT 모델들은 로드카들 중에서는 댈 만한 자동차가 없었고, 레이스 분야에서도 곧 유럽 전역에서 계속 승전보를 올리게 된다. 1960년에 250 GT SWB 모델은 영국에서 투어리스트 트로피 레이스에서 우승했으며, 투르 드 프랑스 레이스는 물론 몽틀레이에서 열린 파리 1000km 레이스에서도 우승했다. 1961년에는 카레이서 스털링 모스가 롭 워커Rob Walker 소유의 250 GT SWB 모델을 몰고 투어리스트 트로피 레이스에 참가해 페라리에 두 번째 우승을 안겨주었다. 사실 1961년에는 250 GT SWB 모델이 워낙 많은 부문에서 우승해, 시즌이 끝날 때 페라리는 월드 컨스트럭터즈 챔피언십World Constructors' Championship에서 GT 부문 우승을 했다.

250 GT SWB 베를리네타 모델은 1959년 10월 파리 모터쇼에서 공개되었다. 휠베이스는 2400mm로 짧았고 전장도 4150mm밖에 안 되었다. 뭉툭해 보이는 이 패스트백 모델은 기다란 후드 아래 고전적인 60도 각도의 배기량 3리터짜리 콜롬보 12기통 엔진이 장착되어 있었다.

왼쪽 1959년에 지오토 비자리니와 카를로 치티 그리고 마우로 포르기에리는 2400mm밖에 안 되는 휠베이스를 토대로 250 GT SWB 시제품을 개발했다. 이 새로운 자동차에는 솔리드 리어 액슬이 사용되었는데, 그 솔리드 리어 액슬은 독립적인 리어 서스펜션이 별다른 이점을 추가하지 못하는 방식으로 자리 잡고 있었다. 프런트 서스펜션의 경우 롤링 방지 바(리지드 액슬 리어, 리프 스프링들, 레이디어스 암들)가 위시본 및 코일 스프링들에 연결되어 있었다. 일련번호가 2689인 사진 속 자동차는 1961년에 르망 24시간 레이스에서 GT 부문 우승을 했다. 이 자동차는 1961년 레이스를 위해 특별히 제작된 초경량 공장 자동차 5대 중 1대이기도 하다.

페라리 대시보드는 모두 사용하기 편하게 기능적으로 디자인됐지만, 늘 매력적인 것은 아니다. 순수 레이스카인 250 GT SWB 베를리네타 모델의 실내 역시 그리 매력적이진 않았다.

아래쪽 연료 필러가 왼쪽 리어 펜더 쪽에 있었으며, 연료가 넘칠 때를 대비해 왼쪽 배기관들 위에 스플래시 실드가 장착되어 있었다.

250 GT SWB 베를리네타 모델은 최고 속도가 시속 약 241.4km에 핸들링이 민첩하고 균형 감각도 뛰어난 자동차여서, 직선 도로는 물론 코너에서도 맘껏 내달릴 수 있었다. 한 운전자는 이렇게 적었다. "빠른 속도로 내달리는 게 너무 쉽고 편했으며 안정감 또한 워낙 뛰어났다." 또 한스 태너는 이런 말을 했다. "루소 모델이든 레이싱 전용 모델이든, 250 GT SWB 모델은 이전에 나온 그 어떤 페라리 모델보다 레이스 트랙에서든 도로에서든 다 같이 편안한 자동차였다." 1959년 말부터 1963년 초까지 레이스카 버전과 로드카 버전으로 제작된 250 GT SWB 모델은 200대가 채 되지 않았다.

브루스 메이어가 소장한 사진 속 자동차는 가장 유명한 250 GT SWB 모델들 중 하나이다. 일련번호가 2689인 이 공장 레이스카(르망 24시간 레이스용으로 제작된 5대 중 하나)는 초경량 보디를 갖고 있으며, 1961년 GT 부문 1위를 차지했고, 1961년 몬자 그랑프리에서 전 부문 1위, 1961년 몽틀레이 1000km 레이스에서 GT 부문 1위, 1962년 쿠페 드 브뤼셀 레이스에서 전 부문 1위, 벨기에 스파에서 열린 1962년 500km 레이스에서 전

250 GT SWB 베를리네타의 후드 밑에는 가슴을 뒤흔드는 260마력의 엔진이 있었다. 그리고 보어×스트로크가 73×58.8mm에 배기량은 2953.21cm³였다. 엔진 압축비는 9.2:1이었고, 3개의 웨버 38DCN 카뷰레터들을 통해 공기와 연료 혼합물이 공급되었다.

부문 2위 그리고 1962년 뉘르부르크링 1000km 레이스에서 GT 부문 2위를 차지했다.

이 특별한 레이스카들에는 유난히 큰 46DCF 웨버 카뷰레터들을 활용하는 더 높은 출력의 엔진들이 장착되었다. 최대 출력은 285마력까지 끌어올려졌으며, 르망 24시간 레이스 당시 뮬산느 스트레이트Mulsanne Straight에서 기록한 최고 속도는 시속 약 257.5km였다.

초창기에 페라리는 마라넬로 공장에서 250 GT SWB 모델 같은 전설적인 자동차들을 만들어내면서 성공 가도를 달렸다. 특히 250 GT SWB 모델은 레이싱도 가능한 로드카였으며 또 장거리 여행도 가능한 레이스카였다. 1950년대와 1960년대 초에는 거의 어떤 페라리 250 GT 모델을 소유하든, 그것이 진정 최고의 로드카였고 또 최고의 레이스카였다.

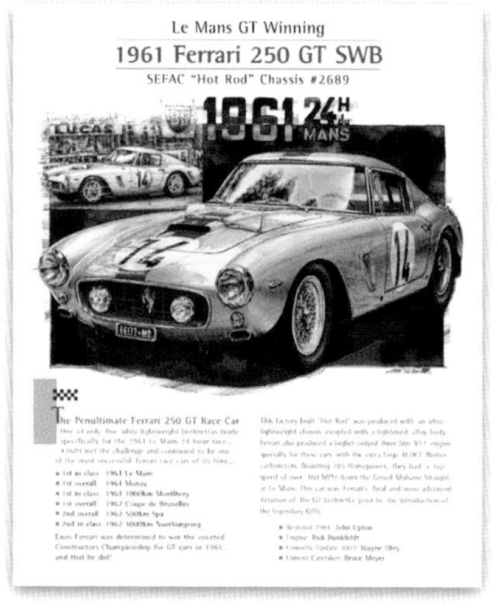

1961년 르망 24시간 레이스에서 우승한 250 GT SWB를 위해 소유주 브루스 메이어가 특별한 포스터를 만들었다. 혼자 거둔 그 많은 승리 덕에 이 자동차는 가장 높은 평가를 받는 250 GT SWB 모델들 중 하나가 되었다. 이 자동차는 르망 24시간 레이스에서 1위를 차지한 것 외에, 1961년 몬자 그랑프리에서 전 부문 1위를 차지했고, 1961년 몽틀레이 1000km 레이스에서 GT 부문 1위, 1962년 쿠페 드 브뤼셀 레이스에서 전 부문 1위, 벨기에 스파에서 열린 1962년 500km 레이스에서 전 부문 2위 그리고 1962년 뉘르부르크링 1000km 레이스에서 GT 부문 2위를 차지했다.

낮부터 밤까지 24시간 동안 벌어진 1961년 르망 24시간 마라톤 레이스에서 GT 부문 우승을 차지한 250 GT SWB 모델이 달리고 있다.

Ferrari 250 GTO

페라리 250 GTO, 레이싱 승인을 받은 GT 모델

250 GTO 모델은 아름다우면서도 사악하다는 얘기를 들어왔다. 달릴 때든 쉴 때든, 이 자동차에서는 왠지 모를 위기감과 거의 억제되지 않는 힘 같은 게 느껴진다. 그리고 전속력으로 질주할 때는 마치 완벽한 진공 상태를 달리 듯 바람을 가른다.

페라리 250 GTO(그란 투리스모 오몰로가토Gran Turismo Omologato의 줄임말로 omologato가 '승인된'의 뜻이므로 '레이스용으로 승인된 GT, 즉 '고성능 자동차'라는 뜻)는 많은 사람이 자동차 역사상 가장 아름다운 디자인을 갖고 있다고 믿는다. 1960년대에 나온 페라리 자동차들의 진수라 할 만하다. 보디 대부분은 세르지오 스카글리에티가 디자인했으며, 페라리 측의 의뢰로 페라리 공장에서 몇 킬로미터밖에 안 떨어진 모데나의 카로체리아 스카글리에티 공장에서 제작되었다.

페라리 250 GTO 모델은 1962년에 공개되어 곧 뛰어난 페라리 로드카 겸 레이스카로 부상했다. 그리고 1964년까지 단 39대밖에 제작되지 않아 가장 희귀하고 가치 있는 페라리 모델들 중 하나가 되었다. 오늘날까지도 아마 이 모델이 550만 달러에서 600만 달러 선에서 주인이 바뀌는 걸 보긴 힘들 것이다.

250 GT SWB 베를리네타(1959-1962년)를 근본적으로 개량한 이 250 GTO 모델에는 개선된 배기량 3리터짜리 12기통 엔진이 쓰였으며, 6개의 트윈-스로트 웨버 38DCN 카뷰레터들과 전면 동기화 방식의 5단 기어박스(250 GT SWD 모델에 장착된 4단 기어박스 대체)가 장착됐고 8400rpm에서 최소 300마력의 출력이 나왔다.

250 GTO의 엔진은 새롭게 개선된 섀시 안에서 더 깊은 곳에 들어앉게 되었으며, 그 결과 자동차의 중력 중심이 낮아졌고 거의 완벽한 무게 중심 및 힘의 분산이 일어나게 되었다. 게다가 300마력의 최대 출력에 공기역학적인 스타일이 합쳐지면서 이해하기 힘든 결과가 도출되었다. 코너로 들어가거나 나올 때는 물론 코너를 돌 때도 계속 균형이 유지된 것이다. 특히 직선 코스를 달릴 때면 그야말로 적수가 없었다.

페라리가 250 GTO 모델을 개발한 주된 이유들 가운데 하나는 250 GT SWB 모델의 보디가 시속 250km가 넘는 속도에서 공기역학적 한계에 부딪혔기 때문이다. 말하자면 SWB 베를리네타 모델의 뭉툭한 프런트-엔드 때문에 한계에 부딪혔던 것이다. 결국 250 GTO 모델은 공기역학을 중시해 좀 더 늘씬하게 늘린 250 GT SWB 버전이었던 셈이다. 스카글리에티 공장에서 디자인 작업을 이끈 사람은 지오토 비자리니였다. 이탈리아 피사대학교를 졸업한 그는 대학 측의 허락을 받아 풍동★을 이용할 수 있었으며, 250 GTO 모델의 스타일 개선은 상당 부분 피사에서의 작업에서 나왔다. 보디 디자인 작업을 거치면서 엔진룸에서 브레이크로 통하는 모든 걸 식히고 동시에 자동차의 항력 계수를 줄이기 위해 많은 통풍구와 구멍들이 만들어졌다. 그 결과 최고 속도가 시속 약 249.4km에서 273.6km로 올라가게 되며, 그 덕에 필 힐과 올리비에 젠데비앙 같은 카레이서들이 이 자동차를 몰고 레이스에서 우승을 거머쥐게 된다.

멋진 패스트백 스타일과 리어 스포일러★가 돋보이는 250 GTO 모델은 많은 스포츠카에 영감을 불어넣었다. 리어 펜더에서 깎아낸 부분들은 브레이크의 열을 배출하기 위함이었다.

바람 속을 더 잘 미끄러져 나가는 새로운 자동차를 만들기 위해 루프 라인이 더 높아지고 앞 유리도 더 높아졌다. 그 때문에 250 GTO는 250 GT SWB보다 더 공격적인 자세를 취하게 되었다. 리어 쿼터 패널들은 움푹 들어가고 더 커진 리어 휠들 위로 볼록 튀어나왔으며 자동차 전면부는 더 낮아져 바람이 높아진 앞 유리 위와 그 주변으로 미끄러져 나가게 되었다. 또한 더 낮아진 새로운 프런트-엔드 덕에, 250 GT SWB 모델에서 종종 문제가 됐던 드리프팅 현상을 없애는 데도 도움이 되었다. 250 GTO 모델의 백-엔드는 뒷바퀴들 뒤에서 끊어지고 눈에 띄는 덕테일 스포일러가 얹혀, 바람을 안고 달릴 때 그 어떤 페라리 GT 모델만큼이나 매끄러운 주행이 가능했다. 프런트 후드 앞쪽 가장자리에는 반달 모양의 통풍구가 3개 있고 프런트 휠 웰★과 리어 휠 웰 뒤쪽에 환기 그릴들이 있어, 레이스카가 앞으로 내달릴 때 그렇듯 마치 먹이를 향해 돌진하는 상어 같아 보였다.

국제자동차연맹(FIA)으로부터 레이스용으로 허가받기 위해, 페라리는 250 GTO 모델 100대를 제작해야 했다. 그런데 레이스용으로 허가받을 1962년 무렵 엔초 페라리는 아직 필요한 대수의 3분의 1도 제작하지 못했다. 국제자동차연맹으로부터 필요한 대수를 맞출 계획이냐는 압박성 질문을 받았을 때, 엔초 페라리는 다음과 같은 답변으로 연맹 관계자들을 놀라게 했다. "그런 자동차 시장은 이미 포화 상태여서, 세상에 그런 말도 안 되는 규정을 지킬 사람은 몇 안 됩니다." 엔초 페라리니까 가능한 일이었지만, 어쨌든 그는 그런 식으로 거부 의사를 밝혔다. 아닌 건 아닌 거니까.

페라리가 250 GTO 모델을 1961년과 1962년에 지오토 비자리니와 세르지오 스카글리에티의 개선 작업을 거쳐 나온 250 GT SWB 모델의 '개선된 버전'으로 여겼다는 것을 감안해, 그리고 레이스카 분야에서 페라리의 비중을 감안해, 국제자동차연맹은 그간 제작된 250 SWB 모델을 전부 합산해 더 이상의 질문 없이 250 GTO 모델을 레이스용으로 허가해주었으며, 그렇게 해서 역사상 가장 위대한 '그란 투리스모들' 중 하나가 탄생하게 된다.

사실 엔초 페라리의 주장에도 어느 정도 일리가 있었는데, 그건 250 GTO 모델의 섀시가 250 GT SWB 모델의 섀시와 동일한 튜브 타입의 구조에 독립적인 프런트 서스펜션과 리어 활축이 사용됐기 때문이다. 기본적으로 SWB, 즉 숏 휠베이스 베를리네타 모델에서 개선된 것은 드라이 섬프 윤활 방식, 새로운 5단 기어박스, 보다 공기역학적인 보디 정도였다. 속이 뻔히 들여다보이는 속임수 같은 거였지만, 감히 그 누구도 '일 코멘다토레' 즉 사령관 엔초 페라리에게 이의를 제기하지 못한 것이다.

예상대로, 페라리 250 GTO 모델들은 페라리에 3년 연속 스포츠카 제조업체들의 꿈인 '스포츠카 제조업체 월드 챔피언Manufacturer's World Championship'으로 선정되는 명예를 안겨주었다. 1962년과 1963년 그리고 1964년 연속 총 28개 레이스에 참가해 1위에 20회, 2위에 12회, 그리고 3위에 9회 오른 것이다.

페라리 250 GTO를 역사상 가장 아름다운 자동차로 생각하는 사람들도 많다. 물론 그런 견해에는 논란의 여지가 있지만, 페라리 250 GTO가 자동차 역사상 가장 위대한 10대 자동차 가운데 하나라는 데는 이론의 여지가 없다. 과거든 현재든, 스타일 면에서는 이 250 GTO에 필적할 만한 스포츠카가 없다. 그리고 마지막 250 GTO가 제작된 지 42년이나 지난 지금까지도 그 성능은 많은 스포츠카에 영감을 주고 있다.

이렇게 해서 250 GTO 모델은 '카발리노 람판테', 즉 '도약하는 말' 엠블럼을 달고 있는 가장 희귀하고 매력적인 로드-레이스가 되었다.

250 GTO 모델의 실내는 화려함과는 아주 거리가 멀었으며 그야말로 순수한 레이스카 기능들만 들어 있었다. 그러나 꾸밈없는 인테리어에도 불구하고, 주 인스트루먼트 패널과 핸들은 모든 250 GT 모델과 동일했다. 시트들은 레이스용 경량 가죽 시트였다. 나머지 실내는 메탈 소재에 페인트칠이 되어 있었다. 비상 브레이크가 홋 박스 바로 오른쪽 센터 터널을 따라 위치해 있는 것에 주목하라.

위 왼쪽 1963년 르망 24시간 레이스에서 출발 중인 24번 자동차.
© Chip Connor

위 오른쪽 1963년에 열린 르망 24시간 레이스에서 코너를 돌아 우승을 향해 달려가는 24번 자동차.
© Chip Connor

오른쪽 르망 24시간 레이스에서 결승선을 1위로 통과해 페라리의 역사에 또 다른 장을 써내려가고 있다.
© Chip Connor

이 장에 실린 사진과 표지에 소개된 아주 매혹적인 빨간색 페라리 250 GTO 모델은 1963년 르망 24시간 레이스에서 GT 부문 1위 그리고 전 부문 2위를 차지했다. 이 자동차는 동화책에나 나올 법한 삶을 살았다. 처음부터 공장 레이스카로 우승을 차지했고 충돌 사고를 낸 적이 전혀 없으며 40년 넘는 세월 동안 한 위대한 소유주에게서 또 다른 위대한 소유주의 손에 넘어갔다. 그리고 다름 아닌 세계 드라이빙 챔피언이자 전직 페라리 카레이서였던 필 힐에 의해 복원되었다. 섀시 일련번호가 4293 GT인 이 챔피언 페라리 250 GTO 모델은 현재 윌리엄 E. 코너William E. Connor가 소장한 자동차들 중 하나이다.

500 Mondial

500 몬디알, 4기통 엔진의 페라리

처음 제작된 6대의 500 몬디알 레이스카 가운데 하나인 이 모델의 보디는 피닌파리나에서 제작됐으며 페라리 공장 팀에 의해 유지되었다. 1953년 밀레 밀리아 레이스에서는 500 몬디알 모델 1대가 전 부문 2위라는 뛰어난 성적을 거뒀고, 1954년에는 카사블랑카, 아가디르, 북아프리카 다카르에서 GT 부문 우승을 차지하는 등 큰 성공을 거두었다. 후에는 마이크 호손과 움베르토 마기올리가 몬자 그랑프리에서 이 자동차를 몰고 보다 큰 배기량 3리터짜리 자동차들을 제치며 놀라운 승리를 거두었다.

요즘에는 12기통 엔진이 장착된 페라리 자동차들이 워낙 높은 평가를 받고 있어서 우리는 1950년대 초에 제작된 4기통 엔진의 몬디알 모델들을 잊는 경우가 많다. 페라리 500 몬디알 모델은 아주 큰 성공을 거둔 배기량 2리터짜리 1인승 레이스카들의 스포츠카 버전으로, 1952년과 1953년에 페라리에 우승의 영광을 안겨주었다(카레이서는 아스카리). 람프레디가 디자인한 몬디알 레이싱 엔진에서는 트윈 오버헤드 캠샤프트, 듀얼 자석식 점화 장치, 드라이 섬프 윤활 시스템, 롤러 태핏 캠 팔로워들이 눈에 띄었으며, 2개의 웨버 40 DCO A3 카뷰레터를 통해 7000rpm에서 160마력(보수적으로 봤을 때)의 최대 출력이 뒷바퀴들로 전달되었다.

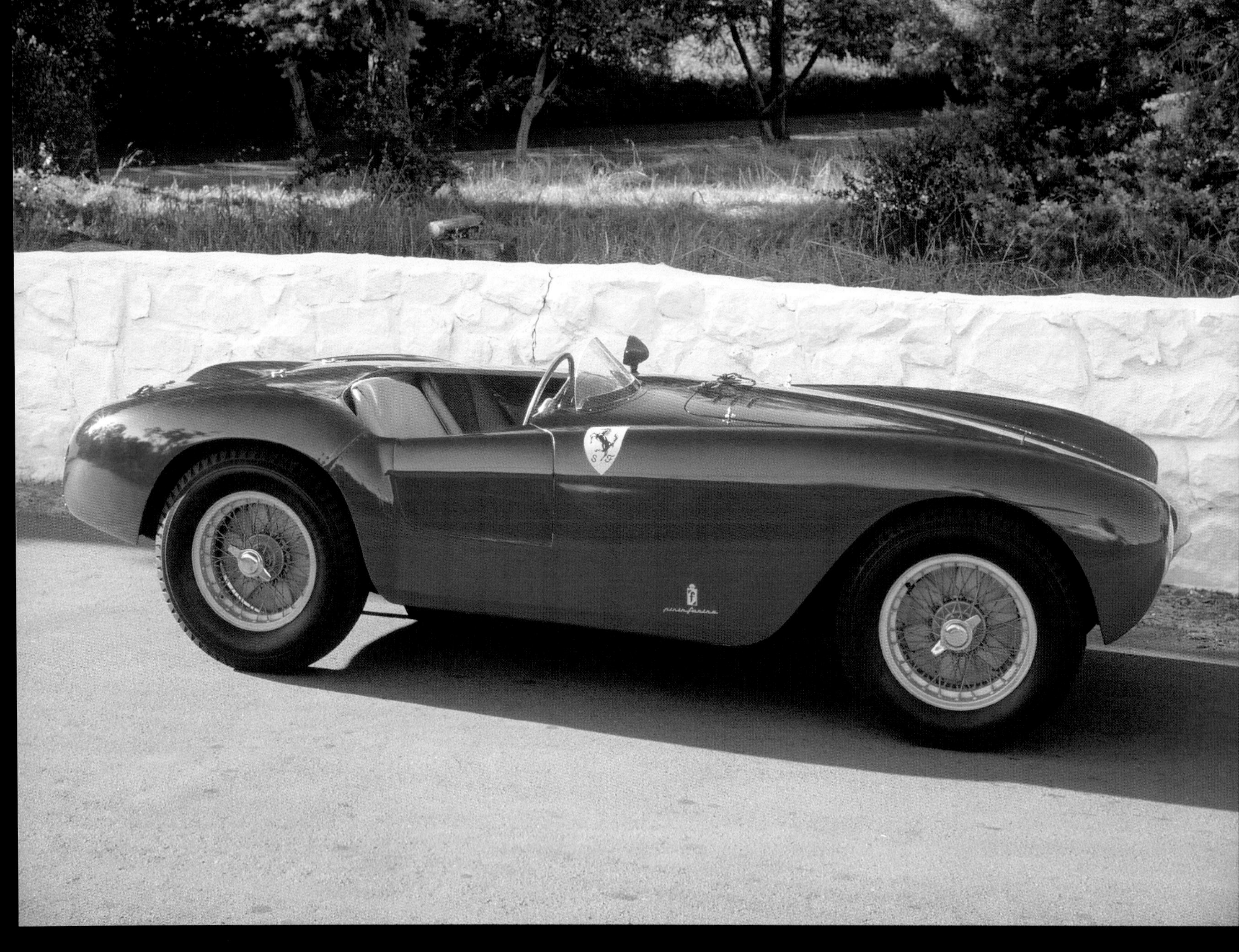

500 몬디알 모델은 아주 큰 성공을 거둔 배기량 2리터짜리 1인승 레이스카의 스포츠카 버전이었다. 람프레디가 디자인한 몬디알 레이싱 엔진에서는 트윈 오버헤드 캠샤프트, 듀얼 자석식 점화 장치, 드라이 섬프 윤활 시스템, 롤러 태핏 캠 팔로워들이 눈에 띄었으며, 2개의 웨버 40 DCO A3 카뷰레터를 통해 7000rpm에서 160마력(보수적으로 봤을 때)의 최대 출력이 뒷바퀴로 전달되었다.

500 몬디알의 동력은 섀시 뒤쪽에 탑재된 4단 멀티플레이트 클러치와 4단 트랜스액슬transaxle을 통해 전달되었다. 또한 배기량이 2.0리터인 1인승 레이스카들이 그렇듯, 프런트 서스펜션은 길이가 다른 A-암들과 독립적으로 움직였다. 리어 서스펜션은 트랜스리프 스프링으로 지지되는 드 디옹de Dion의 액슬이었다.

일련번호가 0418인 사진 속 자동차는 처음 제작된 6대 중 하나로 페라리 공장 팀에 의해 유지되었다. 총 34대의 자동차 가운데 처음 제작된 자동차 보디들의 절반은 피닌 파리나에서, 그리고 나머지 절반은 카로체리아 스카글리에티에서 제작되었다.

1953년 밀레 밀리아 레이스에서는 500 몬디알 모델 1대가 전 부문 2위라는 뛰어난 성적을 거뒀고, 1954년에는 카사블랑카, 아가디르, 북아프리카 다카르에서 GT 부문 우승을 차지하는 등 큰 성공을 거두었다. 후에는 마이크 호손과 움베르토 마기올리가 몬자 그랑프리에서 이 자동차를 몰고 배기량 3리터짜리 자동차들을 제치며 놀라운 승리를 거두었다.

500 몬디알 모델은 1950년대 내내 개인 자격의 카레이서들에 의해 각종 레이스에서 계속 좋은 성적을 거둠으로써, 사람들이 가장 동경하는 자동차들 중 하나가 됐지만, 초기의 페라리 모델들만큼 대중화되지는 못했다.

TEMP. ACQUA
°C
PRESS. OLIO
BENZINA
VEGLIA BORLETTI
ELECTRONIC
km/h
x100
LIGHTS

5장

디노 - 엔초의 아들에게 헌정한 자동차

나는 아들이 자기 아버지에게 유산을 남겨줄 수 있다고 생각해본 적이 없는데, 내 아들은 그랬다. 나는 그 애가 세상을 떠난 뒤에야 비로소 그 애가 얼마나 선한 아이였는지를 절절하게 깨달았다. 그 애는 자신이 곧 죽게 된다는 걸 알고 있었지만, 아버지인 나와 병문안 온 친구들에게 부담을 주지 않으려고 고통스러운 내색을 전혀 하지 않았다. – 엔초 페라리

페라리 전설은 디노 모델이 없었다면 완전할 수 없었을 것이다. 비록 페라리가 아니라 피아트 자동차였지만 말이다. 어찌 보면, 디노 모델과 페라리의 관계는 디노보다는 덜 비싸지만 역시 다른 회사가 제작한 914 모델과 포르쉐의 관계와 같다. (유럽에서 914 모델은 포르쉐가 아닌 폭스바겐의 자동차였다.)

엔초 페라리가 디노 모델을 제작한 데는 아주 개인적인 이유가 있었다. 사실 그는 그런 이유로 1963년 회고록을 쓰게 되었다. "내 아들 디노의 죽음으로 나는 슬픔에 빠져 생각할 시간을 갖게 되었다. 나는 가쁜 숨을 몰아쉬며 지나온 머나먼 길을 돌아보았다. 내가 걸어온 길이 뒤로 길게 늘어서 있었다. 나는 너무 늦지 않았길 바라며 자신과의 대화에서 해방감을 찾기로 했다. 큰 슬픔 속에서 홀로 나누는 나 자신과의 대화에서."

6기통 엔진이 장착된 디노 모델들은 1956년에 세상을 떠난 '사령관'의 아들 디노를 기리기 위해 제작되었다.

"그 애는 태어날 때부터 자동차 레이싱에 관심이 많았다." 엔초 페라리의 회상이다. "그 애는 다른 그 어떤 스포츠보다 자동차 레이싱에 관심이 많았고, 내가 준 다양한 자동차들을 능숙하게 몰았다. 그 애가 처음 몬 자동차는 작은 피아트 토프리노 500Toplino 500이었고, 그다음에는 피아트 100TV를 몰았으며, 마지막에는 가끔 배기량이 2리터인 페라리를 몰고 모데나 트랙으로 가 시험 운전을 하곤 했다. 나는 그 애의 그런 열정

Dino gt

피닌파리나에서 디자인한 디노의 보디는 스포츠카용 보디들 가운데 가장 곡선미가 뛰어난 보디들 중 하나였는데, 거기에는 디노의 건강을 기원하는 의미가 있었다. 특히 206 GT 모델들은 보디가 알루미늄으로 된 유일한 디노 모델들이었다. 디자인은 피닌파리나에서 했지만, 차체는 스카글리에티에서, 그리고 합금 엔진은 피아트에서 제작했다. 디노 모델들은 1969년 초부터 제작되기 시작했다. 그 자동차들에는 페라리 엠블럼은 붙지 않았고, 미등 옆에 있는 디노 GT의 이름과 리어 휠 웰 앞쪽에 있는 피닌파리나 보디 플레이트에서만 페라리의 흔적을 볼 수 있었다. 디노 모델들의 휠베이스는 2336mm였고, 강철관 프레임에 4륜 독립 서스펜션과 디스크 브레이크가 장착되어 있었다.

이 걱정이었는데, 그건 그만큼 위험 부담이 클까 싶어서가 아니라 그 애의 건강 상태가 워낙 위태로워 스스로를 너무 혹사할까 두려웠기 때문이다."

엔초 페라리의 아들 알프레도 '디노' 페라리Alfredo 'Dino' Ferrari는 태어날 때부터 근위축증을 앓았지만, 아버지 같은 불굴의 의지를 갖고 있었다. 그는 어렵사리 학교를 마치고 엔지니어링 분야에서 학위를 땄지만, 20대 초에 건강이 악화되기 시작했다. 디노는 결국 대부분의 시간을 침대에서 보낼 수밖에 없었다. 그래서 엔초 페라리는 자신의 친한 친구이자 뛰어난 엔지니어로 1920년대에 페라리가 피아트에서 영입해온 비토리오 자노와 함께 시간이 날 때마다 디노가 디자인한 배기량 1.5리터리짜리 새로운 엔진에 대한 의견을 나누곤 했다. 디노는 이탈리아 잡지 《벨로치타Velocita》에 자신의 고성능 6기통 엔진에 대한 글을 두 차례 나눠 올리기도 했다. 다음은 엔초의 말이다. "기계적인 효율성의 이유들로 디노는 결국 엔진은 6기통이 되어야 한다는 결론에 도달했고, 우리는 그 애의 결정을 받아들였다." 디노가 세상을 떠난 지 5개월 후 엔초는 자기 아들이 디자인한 엔진인 156 디노를 만들었다.

엔초는 자신의 회고록에서 이렇게 적었다. "디노는 놀랄 만큼 차분한 인생관을 가진 청년이었다. 예를 들어 내가 뭔가에 대해 걱정하고 있을 때면 늘 마음이 차분해지게 만드는 말을 해주었다. 아직 어렸지만, 마치 늘 준비되어 있는 듯 적절한 때에 적절한 말을 했다." 죽음은 피할 길이 없었고, 결국 디노는 질병에 굴복해 쓰러졌는데, 그게 엔초에게는 거의 삶을 뒤바꿔놓을 만큼 큰 충격으로 다가왔다. 디노에 대한 추억을 두고두고 기억하고 싶어 엔초는 156 디노 엔진뿐 아니라 10년 넘는 세월 동안 후속 디노 엔진들을

첫 디노 모델인 206 GT에 장착된 엔진은 최대 출력이 180마력인 65도 각도의 6기통 엔진이었으며, 보어×스트로크가 86×57mm에 배기량은 1987cm^3였다. 246 GT 모델(사진 속 자동차)과 GTS 모델에 사용된 엔진들은 보어×스트로크가 92.5×60mm에 배기량은 2418cm^3였고, 최대 출력은 7600rpm에서 195마력으로 늘어났다.

개발했고, 그 엔진들을 포뮬러 원*, 포뮬러 투Formula Two*, 각종 스포츠 레이싱은 물론 GT 로드카들에도 사용했다.

"나는 아들이 자기 아버지에게 유산을 남겨줄 수 있다고 생각해본 적이 없는데, 내 아들은 그랬다. 나는 그 애가 세상을 떠난 뒤에야 비로소 그 애가 얼마나 선한 아이였는지를 절절하게 깨달았다. 그 애는 자신이 곧 죽게 된다는 걸 알고 있었지만, 아버지인 나와 병문안 온 친구들에게 부담을 주지 않으려고 고통스러운 내색을 전혀 하지 않았다. 어려운 친구들을 위해 책값과 학술 전문지 구독료를 대신 내주는 등, 그 애는 고결하면서도 너그러운 마음을 가진 청년이었다. 그 애는 내게 자신의 위대한 정신적 유산을 남겨줬으며, 그 무엇보다 내게 아주 큰 슬픔에 직면해 갑자기 선함, 절제, 너그러움, 책임 등의 의미를 깨닫게 되기 전까지는 아무리 나이를 먹어도 어린아이나 같다는 걸 가르쳐주었다. 그리고 또 삶을 떠나는 젊은이에게 산다는 것이 어떤 의미인지도 가르쳐주었다."

6기통 엔진이 장착된 디노 206 GT 모델은 1966년 토리노 오토쇼에서 처음 공개되었다. 이 모델의 배기량 2.0리터짜리 6기통 엔진은 후에 배기량이 2.4리터까지 커져 익숙한 디노 246 GT 모델에 쓰였다. 피닌파리나에서 디자인한 디노 모델은 12기통 엔진이 장착된 페라리 모델들만큼 강력하진 못했지만, 스타일이 아주 멋졌고 유연하면서도 균형 잡힌 주행 특성을 갖고 있었다. 원래 베를리네타 쿠페 모델로 출시됐으나 곧이어 오픈카 형태의 GTS 모델이 나왔다.

1965년에 카로체리아 피닌파리나에서는 6기통 미드-엔진이 장착된 최초의 디노 로드카의 보디를 제작했다. 그해 10월 파리 모터쇼에서 디노 206 GT 스페치알레Dino 206 GT Speciale라고 알려진 시제품이 전시되었다. 1966년에는 디노 베를리네타 GTDino Berlineta GT로 불리는 두 번째 버전의 디노 모델이 토리노 모터쇼에 전시되었다. 보다 앞서 나온 모델들과 마찬가지로, 엔진은 리어 액슬, 즉 뒤 차축 앞쪽에 세로로 위치해 있었다. 디노의 세 번째이자 마지막 버전은 1967년 11월에 토리노에서 첫선을 보였다. 그 모델에는 피아트에서 제작된 엔진이 가로로 장착되어 있었고 5단 트랜스액슬과 함께 내장되어 있었다. 그다음에는 후속 시제품이 브뤼셀에서 공개됐으며, 1969년 초에는 카로체리아 스카글리에티에서 디노 모델이 제작되기 시작했다. 그 해 말까지 대략 150대의 디노 모델들이 제작됐는데, 전부 수작업으로 만든 특출한 스타일의 알루미늄 보디를 갖고 있었다. 피아트에서 제작한 엔진이 장착된 자동차들에는 첫 양산 페라리 모델들임을 구분하기 위해 짝수 섀시 번호들만 매겨졌으며(약간의 예외는 있었지만 로드카들에는 홀수 번호들만 매겨졌음) '도약하는 말' 엠블럼도 페라리라는 이름도 붙지 않았다. 그저 엔진 커버 아래쪽 보디의 오른쪽 구석에 'Dino GT'라는 이름만 붙어 있었다.

디노 246 GT 모델은 1969년 말에 디노 206 GT 모델의 뒤를 이었으며 1973년까지 계속 제작되었다.

왼쪽 디노의 뒤쪽 스타일은 1970년대에 제작된 많은 스포츠카들에 영감을 주었다. 특히 기다란 세일 패널과 백라이트 디자인은 많이 벤치마킹되었다.

아래쪽 1960년대에 유행했던 사진 속 모델의 헤어스타일과 옷만 보면 이 모델과 페라리 디노가 활기찬 1960년대와 1970년대의 산물이라는 걸 금방 알 수 있다. 디노는 그 당시의 대중문화 아이콘 같은 것이기도 해, 수십 편의 영화와 텔레비전 프로그램에 카메오로 출연하곤 했다.
© Trinity Mirror/ Mirrorpix/ Alamy Stock Photo

먼 왼쪽 피닌파리나에서 디자인한 디노의 스타일은 후에 나온 많은 스포츠카의 스타일에 영향을 줬지만, 그 어떤 스타일도 스카글리에티 보디를 토대로 제작된 피아트 모델의 독특한 개성을 따라가지는 못했다. 평소 페라리 엠블럼이 붙어 있었을 후드 위에는 디노라는 이름이 자랑스레 붙어 있었다. 이 모델의 소유주들은 종종 디노 배지를 '도약하는 말' 엠블럼으로 바꿨다. 자동차 어디에도 페라리란 이름도 피아트란 이름도 붙어 있지 않았다.

디노의 대시보드는 그 시대의 페라리 스타일대로 제작되었으며, 페라리 364 GTB/4 데이토나 모델과 거의 똑같았다.

디노 206 GT 스페치알레 모델의 기계적 토대는 1966년 레이싱 시즌을 위해 소량 제작된 206 엔진이었다. 그 콤팩트한 6기통 엔진에는 4개의 오버헤드 캠샤프트가 쓰였는데, 그건 배기량이 1500cm^3인 1961년 포뮬러 원 월드 챔피언십 자동차로부터 온 디자인이었다. 디노라는 이름은 1인승 포뮬러 투 자동차용 엔진에 처음 쓰였으며, 그 후에는 레이스카와 로드카를 불문하고 모든 6기통 엔진에 쓰였다. 디노 206 GT에서 206은 엔진의 총배기량(2리터에 6기통)을 표기한 것이다.

페라리 입장에선 디노 엔진을 포뮬러 투 레이스에서 사용하기 위해 최소 500대의 자동차를 대량 생산해야 했다. 그래서 페라리 마라넬로 공장은 피아트와 500개의 엔진을 제작하고 그 엔진들을 레이스용으로 허가받은 자동차에 바로 사용하기로 계약을 맺었다. 페라리 입장에선 그것이 자신들의 목적을 달성하기 위한 성급하지만 효율적인 수단이었던 것이다.

디노 엔진은 피아트 엔진으로 여겨지고 있지만, 더 하부의 모든 부품, 즉 오일 섬프*와 기어박스, 드라이브 샤프트, 차동 장치 등은 페라

그 누구보다 열심히 일하고 열심히 드라이브를 즐기고 열심히 살다 간 영국 록밴드 더후의 드러머 키스 문이 얼핏 봐도 다 파손된 디노 모델 앞에서 포즈를 취하고 있다. 주변에는 메르세데스-벤츠를 비롯한 여러 자동차가 보인다.
© Jack Kay/Getty Images

리 마라넬로 공장에서 제작되고 피아트로 배송되어 최종 조립되었다. 따라서 디노 엔진들은 피아트 제품이기도 하지만 페라리 제품이기도 하다. 디노 6기통 엔진은 이후 다양한 형태로 제작되어 피아트 디노 피닌파리나 카브리올레Fiat Dino Pininfarina Cabriolet, 피아트 디노 베르토네 쿠페Fiat Dino Bertone Coupes, 포뮬러 투 1인승 모델은 물론 디노 206 GT, 246 GT, 246 GTS 모델 등에도 장착되었다. 디노 206 GT 모델들은 단 100여 대만 제작됐고, 그 이후 디노 246 GT 모델로 대체되었다. 두 모델은 외양이 거의 같았지만 디노 246 GT는 배기량이 2.4리터로 더 커졌는데, 새로운 보어×스트로크 92.5×60mm 덕이었다. 그리고 그 결과 최대 출력은 디노 206 GT 모델의 8000rpm에서 180마력으로부터 7600rpm에서 195마력으로 늘었으며, 토크*는 5500rpm에서 23kg/m로 개선됐고, 전면 동기화 방식의 5단 기어박스를 통해 뒷바퀴들로 동력이 전달되었다. 또 다른 변화가 일어난 건 휠베이스 쪽이었다. 디노 206 GT 모델은 휠베이스가 2280mm였으나, 디노 246 GT 모델은 이전에 나온 디노 시제품 길이로 돌아가 60mm가 늘어난 2340mm가 되었다.

CALIFORNIA
OLD DINO
Dino gt

디노 246 GTS 모델은 1972년에 추가됐는데, 타르가 타입의 탈착식 루프 패널이 장착된 것이 특징이었다. 마지막 디노 모델은 1974년에 제작이 끝났다. 디노 206 GT, 디노 246 GT, 디노 246 GTS 모델의 총 제작 대수는 애초에 페라리 측에서 제작해야 했던 대수인 500대를 훨씬 넘었다. 단종될 무렵까지 디노 모델은 4000대 넘게 제작되었으며, 그 가운데 1200대는 인기 좋은 1972–1974년형 디노 GTS 모델들이었다.

디노 모델의 엔진은 뒷바퀴들 앞쪽에 가로로 장착됐으며, 그래서 피닌파리나의 디자이너들은 보디 디자인을 위해 새로운 캔버스를 꺼내야 했으며, 그 과정에서 보디는 디노 모델의 가장 눈에 띄는 특징 중 하나가 되었다. 또한 디노 모델은 미드-엔진이 장착된 최초의 페라리 '그란 투리스모'가 됐으며, 엔진 룸 앞쪽 부근을 감싼 오목한 수직 백라이트 또한 눈에 띄는 특징이었다. 그 때문에 루프 라인 양 옆면이 경사를 이루어 드라마틱하면서도 유연한 세일 패널들이 생겨나 볼록 솟아오른 리어 펜더 너머까지 이어졌으며, 그 결과 기다란 루프 라인을 배경으로 리어 펜더들이 돋보였다. 알루미늄 보디는 모데나에 위치한 스카글리에티 공장에서 제작되었으며, 그 결과 스카글리에티는 디노 모델로 인해 페라리 마라넬로 공장과 또다시 중요한 관계를 맺게 되었다. 디노 모델은, 설사 드라마틱한 스타일이 고객들의 마음을 끌지 못했다 해도 가격은 달랐다. 1970년 당시에 단 1만 3400달러면 피아트 디노를 살 수 있었다.

자동차 제조업체 피아트는 이탈리아에서 역사가 가장 오래되고 규모도 가장 큰 기업들 중 하나이다. 그리고 미국에선 그리 높이 평가되지 않지만, 이탈리아에서 피아트는 미국에서 GM과 같다. 피아트는 이탈리아에서 가장 규모가 큰 자동차 제조업체로, 오늘날 알파 로메오와 란치아Lancia, 페라리 등을 자회

사로 거느리고 있다. 토리노에 본사를 둔 피아트는 105년 역사를 자랑하며, 자주 위대한 행보를 보여왔으나 특히 디노 모델을 놓고 엔초 페라리와 협력한 시기야말로 분명 최전성기 중 하나였다.

첫 번째 디노 시리즈들 가운데 일부는 1969년 루이지 치네티에 의해 미국에서도 판매됐지만, 그 대부분은 이탈리아와 유럽에서 판매되었다. 그리고 디노 206 GT 모델은 1969년 말에 디노 246 GT 모델로 대체됐으며, 디노 246 GT 모델은 1973년까지도 제작되었다. 디노 246 GTS 모델은 1972년에 추가됐는데, 타르가 타입의 탈착식 루프 패널이 장착된 게 특징이었다. 마지막 디노 모델은 1974년에 제작이 끝났다. 디노 206 GT, 디노 246 GT, 디노 246 GTS 모델의 총 제작 대수는 애초에 페라리 측에서 제작해야 했던 대수인 500대를 훨씬 넘었다. 단종될 무렵까지 디노 모델은 4000대 넘게 제작되었으며, 그 가운데 1200대는 인기 좋은 1972–1974년형 디노 GTS 모델들이었다.

1973년형 디노 308 GT4 2+2 모델에 사용된 8기통 엔진은 디노 모델에서 유래된 것인데, 그 엔진은 페라리 디노 모델의 역사에서 단순히 부차적인 존재 이상의 것이었다. 베르토네Bertone에서 디자인한 보디가 사용된 디노 308 GT4 2+2는 잠시 시리즈로 나왔던 모델로, 그 디자인이 오리지널 디노 모델의 디자인과는 전혀 달랐다. 그리고 이 모델들 중 하나는 1974년 루이지 치네티의 페라리 NART 소속 레이스카로 르망 24시간 레이스에 참가하기도 했다. 그러나 또 다른 디노 버전인 배기량 2리터짜리 디노 208 GT4 모델은 유럽에서 독점 판매되었다. 디노 308 GT4 2+2모델은 새로운 페라리 308 GT 모델로 발전됐으며, 이 모델이 결국 1975년 디노 모델을 대체하게 된다.

RWF 326M

6장

아메리카 시대의 도래 - 1960년대와 1970년대의 페라리

1960년대와 1970년대의 미국인 세대는
권위와 정부 그리고 재산을 경멸하며 자라났다.
그들은 페라리 자동차는 물론 구불구불한 산악 도로들과
허공을 울리는 12기통 엔진의 소리에 대해서도 잘 알지 못했다.

1960년대 초에 페라리는 놀라운 로드카를 연이어 내놓았다. 410 슈퍼아메리카에 이어 250 GTB 루소, 스파이더 캘리포니아 그리고 500 슈퍼패스트가 나왔는데, 하나같이 스포츠카 애호가들에게 큰 감동을 줄 만한 모델들이었고, 또 스포츠카의 역사에 영원히 기억될 만한 모델들이었다. 또한 《로드 앤 트랙Road & Track》, 《스포츠카 그래픽Sports Car Graphic》, 《모터 트렌드Motor Trend》 같은 자동차 잡지들이 계속 페라리에 대한 극찬을 쏟아내자 자동차 애호가들은 자기 차고에 페라리 1대를 주차해두는 꿈을 꾸게 되었다. 그러나 그 꿈을 실현할 만큼 돈이 많은 사람은 아주 드물었다. 1960년대에 페라리 자동차는 세상에서 가장 비싼 자동차들 중 하나였으며, 어떤 경우에는 가장 럭셔리한 자동차들 중 하나였다.

1957년에 나온 250 GT 카브리올레 시리즈 I은 그 당시의 전통적인 스포츠카 스타일에서 벗어난 파격적인 스타일의 자동차였다.

1950년대까지만 해도 페라리 스포츠카들은 '럭셔리'라는 단어와는 어느 정도 거리가 있었다. 그러나 1960년대에 이르러 엔초 페라리는 자신의 자동차들이 아주 다양한 고객층의 수요와 요구에 부응할 필요가 있다는 사실을 깨닫게 되었다. 그 결과 1964년에 이르러서는 사람들이 페라리 스포츠카를 보고 '럭셔리'라는 단어를 떠올릴 수 있게 되었다. 1964년은 페라리가 500 슈퍼패스트 모델을 내놓은 해였다.

250 GT 카브리올레 모델의 실내는 가죽 시트, 콘솔, 도어와 킥 패널 그리고 눈부심을 막아주는 쭈글쭈글한 검은색 무광 소재로 마감된 대시보드 등으로 되어 있어, 페라리 자동차치고는 럭셔리했다.

페라리 400 슈퍼아메리카 모델은 실내가 럭셔리하면서도 편안하다는 평가를 받으면서 더 전통적인 레이스용 로드카들과 차별화되었다. 그리고 그 모델 덕에 곧 페라리 스포츠카 하면 럭셔리한 자동차라는 인식이 생겨나게 되었다. 럭셔리한 고성능 자동차라는 인식은 페라리 410 슈퍼아메리카에서부터 시작됐지만, 승차감과 실내를 개선하고 로드카와 레이스카의 최대 장점들을 한 자동차에 집어넣었는데도 성숙 단계에 도달하게 된 것은 페라리 슈퍼패스트 모델이 공개되면서부터였다.

물론 순수한 레이스카들 외에 1950년대의 모든 페라리 로드카는 그 당시에는 럭셔리한 자동차들이었다. 그러나 많은 고객들의 관점에서, 페라리의 도로 주행용 자동차인 스파이더나 베를리네타 모델들에서는 세계대전 직후 알파 로메오 로드카들에서 느껴졌던 럭셔리하면서도 편안한 분위기보다는 레이스를 중시하는 페라리의 전통적인 분위기가 더 많이 느껴졌다. 루이지 치네티는 기회가 있을 때마다 계속

그런 사실을 엔초 페라리에게 상기시켰고, 두 사람은 1960년대 내내 그 문제를 놓고 대립했다.

페라리 마라넬로 공장이 내놓는 순수 레이스카들보다 짐 실을 공간이 더 넓고 실내도 더 럭셔리한 자동차에 대한 수요는 1950년대 후반까지 계속 증가했다. 맞춤형 보디 제작을 담당한 이탈리아의 주요 제작업체들은 필요할 경우 아주 멋진 2인승 및 4인승 페라리 보디를 만들어내는 등 최선을 다했지만, 전체적으로 페라리 자동차는 럭셔리 카는 아니었다.

페라리가 미국 기준에 맞는 럭셔리 카로 생각한 루소 스타일로 옮겨간 것은 1961년 피닌파리나 250 GT2+2 모델이 나온 뒤부터이다. 1963년에 이르러 그 모델은 950대 이상 고객들에게 인도되었다. 페라리의 입장에서 한 가지 모델이 그만큼 판매되었다는 것은 경이로운 일이었다. 그리고 엔초 페라리의 입장에선 거의 깨달음을 얻은 순간이었다.

왼쪽 피닌파리나 디자인에서 특히 눈에 띄는 것은 공격적인 프런트-엔드의 외양이었다. 또한 헤드라이트들이 펜더 라인 안쪽으로 들어가 있고, 250 GT 레이스카처럼 그 앞을 퍼스펙스★로 덮었으며, 공기 흡입구가 후드의 거의 3분의 1을 차지했고, 작은 보조용 수직 범퍼들이 크롬 도금된 채 바로 옆의 그릴과 어우러져 펜더처럼 보였다.

오른쪽 250 GT 카브리올레 시리즈 I의 엔진은 60도 각도의 콜롬보 디자인 12기통 엔진이었으며, 보어×스트로크가 73×58.8mm에 배기량은 2953cm^{3}였다. 밸브는 싱글 오버헤드 캠샤프트에 의해 작동되었다. 이 모델 엔진의 경우 3개의 트윈-초크 웨버 카뷰레터들이 장착됐고 압축비는 8.5:1이었으며, 최대 출력은 7000rpm에서 240마력이었다.

ARONDE
LANCIA
NAUTIQUE
KER
RD
ELECTRIC
TABACS
VOITURETTES
ENGLEBERT

250 GT 피닌파리나 카브리올레 모델은 파리에서 열린 1958년 페라리 전시회에서 스타 대접을 받았다.

1957년 페라리는 자신들의 첫 컨버터블 자동차인 250 GT 카브리올레 시리즈의 제작에 착수했다. 그리고 피닌파리나에서 디자인한 첫 모델이 1957년 제네바 모터쇼에 공개되었다. 250 GT 카브리올레 모델은 처음부터 레이스용으로 제작된 게 아니었고, 후드 밑에 240마력의 콜롬보 12기통 엔진이 들어 있었으나 레이스용으로 제작된 다른 자동차들과 구분되는 서스펜션과 튜닝 그리고 아주 고급스러운 실내 장식 외엔 특별한 것이 별로 없었다. 아마 1950년대 말의 상황에선 두 극단 사이에 이상적인 타협을 본 결과라 할 수 있을 것이다.

250 GT 카브리올레의 섀시는 동시에 제작된 보아노 쿠페의 섀시와 동일했으며, 두 모델 모두 용접된 튜브 모양의 타원형 강철이 사용됐고 사다리 모양의 프레임에 독립적인 프런트 액슬과 리어 액슬 그리고 드럼 브레이크가 장착되었다

먼 왼쪽 1958년 제네바 모터쇼에서 페라리는 피닌파리나 카브리올레 모델을 무대 중앙에 배치하는 형태로 아주 다른 세 종류의 스포츠카를 전시했다.

페라리 400 슈퍼아메리카 모델은 실내가 럭셔리하면서도 편안하다는 평가를 받으면서 더 전통적인 레이스용 로드카들과 차별화되었다. 그리고 그 모델 덕에 곧 페라리 스포츠카는 럭셔리한 자동차라는 인식이 생겨나게 되었다. 럭셔리한 고성능 자동차라는 인식은 페라리 410 슈퍼아메리카에서부터 시작됐지만, 승차감과 실내를 개선하고 로드카와 레이스카의 최대 장점들을 한 자동차에 집어넣었는데도 완전한 성공은 거두지 못해 400 슈퍼아메리카 모델들은 수명이 길진 못했다.

피닌파리나에서 디자인한 1962년형 슈퍼아메리카 슈퍼패스트 IV는 슈퍼아메리카 시리즈 중 가장 이국적인 자동차였다. 슈퍼아메리카는 1964년 500 슈퍼패스트로 성공을 거뒀는데, 그 500 슈퍼패스트의 스타일이 바로 슈퍼패스트 IV에서 부분 진화된 것이었다.

초기의 페라리 자동차들은 디자인이 아주 매력적이진 않더라도 그런대로 멋져 보였으며, 아주 드라마틱한 그릴, 펜더 라인 안쪽으로 파고든 퍼스펙스 커버의 돌출된 헤드라이트, 앞쪽의 대담한 수직 보조 범퍼 등으로 눈길을 끌었다. 피닌파리나 디자인은 앞으로 돌출된 공기 흡입구가 거의 평평하며 후드 전체 길이의 거의 4분의 3이나 차지하는 게 특징이었다. 헤드라이트 및 범퍼 디자인과 더불어 그 같은 공기 흡입구 디자인 때문에 앞에서 보면 극도로 공격적인 자동차라는 느낌이 들었다. 첫 시리즈의 자동차들은 제작 대수가 24대 정도로 제한된 데다가 디자인도 전부 비슷했다. 그러나 이후에 나온 버전들(1958년부터 1959년까지 다시 12대가 제작됨)은 랩어라운드 방식의 일체형 프런트 범퍼와 앞쪽 양 모서리까지 밀려나간 덜 드라마틱하면서 덮개가 없는 헤드라이트가 특징으로, 프런트-엔드 부분이 사각형 느낌을 주었다. 시리즈 I 모델들은 40대 정도 제작된 걸로 추정되며, 보디는 모두 피닌파리나에서 강철로 제작되었다.

250 GT 카브리올레 모델은 레이스카와 로드카 간 타협의 산물로 후자 쪽에 더 많은 비중을 두긴 했으나, 뉴욕에서 루이지 치네티는 보다 공격적인 스타일의 GT 컨버터블 모델을 팔려 하고 있었다. 피닌파리나에게 제도실로 돌아가 엔지니어들을 이끌고 개선된 섀시와 서스펜션을 만들게 해달라며 엔초 페라리를 상대로 목소리를 높인 건 비단 루이지 치네티만이 아니었다. 웨스트코스트 지역의 페라리 수입업자

페라리는 로드카들을 제작하면서 동시에 1960년대 초에 놀라운 레이스카 두 종을 제작했는데, 그 첫 번째가 250 GT SWB 모델이었다. © Bob Masters Classic Car Images / Alamy Stock Photo

250 GT SWB 모델은 레이스카와 로드카 모델로 두루 쓸 수 있는 아름다운 스포츠카로, 1960년대에 이렇게 두 가지 목적에 두루 쓸 수 있는 스포츠카는 몇 안 되었다.
© Klemantaski Collection / Getty Images

© GP Library Limited / Alamy Stock Photo

이자 카레이서인 존 폰 노이만 역시 250 GT 카브리올레 모델은 자기 고객들이 원하는 종류의 페라리 자동차가 아니라는 데 의견을 같이했다. 그래서 그는 엔초 페라리에게 보다 가벼운 베를리네타 모델의 특징들을 가진 오픈카라면 미국에서 아주 인기 있을 거라고 말했다. '사령관'은 그의 말을 받아들여 특별 시리즈의 자동차들을 제작하기로 했다. 그렇게 해서 1958년 5월에 250 GT 스파이더 캘리포니아 모델이 한정 제작에 들어갔으며, 1960년에는 롱 휠베이스의 GT 베를리네타 섀시를 토대로 제작되었다.

피닌파리나가 디자인한 새로운 보디는 이번에도 모데나에 있는 스카글리에티의 작업장에서 제

엔초 페라리에 따르면, 페라리 측에서는 250 GTO 모델을 1961년과 1962년에 지오토 비자리니와 세르지오 스카글리에티가 수정한 250 GT 숏 휠베이스 베를리네타 모델의 '개선된 버전' 정도로 여겼다. 250 GTO 모델을 레이스용으로 허가받는 데 필요한 대수만큼 제작하지 않은 것도 바로 그 때문이었다. 250 GTO 모델에는 개선된 배기량 3리터짜리 12기통 엔진에 6개의 트윈-스로트 웨버 38DCN 카뷰레터들 그리고 전면 동기화 방식의 5단 기어박스(250 GT SWB 모델에서 사용된 4단 기어 대신)가 장착됐으며, 8400rpm에서 최소 300마력의 출력이 나왔다.

작되었다. 그리고 자동차들은 두 가지 시리즈로 만들어졌다. 롱 휠베이스 시리즈가 50대 밑으로 만들어졌고, 보디가 강철과 알루미늄으로 이루어져 더욱 가벼운 숏 휠베이스 시리즈는 1960년에 선보인 뒤 1963년까지 제작된 것이다. 총 제작 대수는 이번에도 약 50대였다.

스파이더 캘리포니아 모델보다 스포티한 버전으로 여겨진 이 숏 휠베이스 모델은 250 GT SWB 모델과 같은 섀시를 토대로 제작됐으며, 첫 번째 시리즈인 스파이더 캘리포니아 모델에 비해 휠베이스가 20cm 더 짧았다. SWB 모델은 레이스용 베를리네타 모델과 핸들링 특성이 기본적으로 같았으며, 첫 번째 시리즈 스파이더 모델들과 마찬가지로 순수한 스포츠카였다.

레이스용으로 제작된 몇 안 되는 모델들 가운데 1대는 루이지 치네티의 페라리 NART에 소속되어 1959년 르망 24시간 레이스에서 카레이서 밥 그로스만과 페르디난드 타바노Ferdinand Tavano에 의해 전 부문 5위를 기록했다. 여러 대의 캘리포니아 스파이더 모델들에도 레이스용 엔진이 장착되

Ferrari

1950년대 말에서 1960년대 초까지 루이지 치네티는 보다 공격적인 스타일의 GT 컨버터블을 팔려 했는데, 그건 웨스트코스트 지역의 페라리 수입업자였던 존 폰 노이만도 마찬가지였다. 250 GT 카브리올레 모델은 자기 고객들이 원하는 종류의 페라리 자동차가 아니라는 데 의견을 같이했다. 1958년 엔초 페라리는 두 사람의 조언을 받아들여 특별 시리즈인 250 GT 스파이더 캘리포니아 모델 제작을 승인했다. 첫 번째 시리즈는 1958년 5월에 한정 제작에 들어갔으며, 1960년에는 롱 휠베이스 GT 베를리네타 섀시를 토대로 한 250 GT 스파이더 캘리포니아 모델이 제작되었다. 사진 속 자동차는 1960년형 250 GT SWB 모델이다.

스파이더 캘리포니아 모델의 두 번째 시리즈는 숏 GT 베를리네타 섀시를 토대로 제작되었으며, 기계 및 디자인 측면에서 많은 개선이 이루어졌다. 사진 속 모델의 경우 탈착 가능한 하드톱이 옵션이었다.

었으며, 특별 주문이 있을 경우 100퍼센트 알루미늄 보디 형태로 제작되기도 했다. 보통의 경우에는 도어와 트렁크 덮개만 알루미늄으로 제작되고 그 나머지는 강철로 제작되었다.

250 GT 스파이더 캘리포니아 모델은 레이스에 참가해 주목할 만한 성공을 거두기도 했는데, 세브링 12시간 레이스에서 카레이서 리치 진터와 하워드 히벨리Howard Hibely가 핸들을 잡고 전 부문 9위, GT 부문 우승을 차지한 게 그 좋은 예이다. 1960년 세브링 12시간 레이스에서는 카레이서 조르조 스카를라티Giorgio Scarlatti와 카를로 아바테Carlo Abate가 핸들을 잡은 또 다른 250 GT 스파이더 캘리포니아 모델이 GT 부문 우승을 차지하기도 했다.

LWB 스파이더 캘리포니아 모델은 세 가지 시리즈로 제작되었다. 약 7대는 새로운 LWB 250 GT 베를리네타 엔진과 섀시가 사용되기 전에 제작되었다. 두 번째 시리즈 27대는 1958년 말부터 1959년 말 사이에 제작된 것으로 추정된다. 레이스용 버전들 대부분은 이 시기에

통기 구멍들은 스파이더 캘리포니아 모델들의 스타일 특징이었다(일부는 없이 제작됐지만).

반대쪽 SWB 모델의 경우 윤거가 넓어졌으며, 레버 형태의 쇼크 업소버가 처음으로 조절 가능한 텔레스코픽 쇼크 업소버로 바뀌었다.

레이스 트랙에서의(그리고 도로 위에서의) 패권을 놓고 경쟁 중인 포르쉐와 페라리는 익숙한 주제이다. 여기서는 지금 페라리 SWB 250 스파이더 캘리포니아 모델이 포르쉐 스파이더 모델과 경쟁을 벌이고 있다(운전자와 장소에 대해선 알려진 바가 없다). 숏 휠베이스에 합금 보디 형태를 띤 이 도로 주행용 페라리는 가공할 성능을 가진 자동차로, 주로 레이스를 위해 제작된 가벼운 포르쉐 자동차를 상대로도 대등한 성능을 과시했다.
© George Phillips Photograph Collection/Revs Institute

반대쪽 자동차 성능을 업데이트하기 위해 피닌파리나에서 시도한 사소한 스타일 변화로는 리어 펜더를 변경해 폭을 좁힌 것, 새로운 리어-덱과 새로운 일체형 테일 라이트를 장착한 것 등을 꼽을 수 있다.

나왔다. 세 번째 시리즈의 자동차들에는 250 테스타 로사 모델에서 발전된 아웃사이드 플러그 12기통 엔진이 장착됐고, 또 처음으로 디스크 브레이크가 사용되었다. 자동차 성능을 업데이트하기 위해 피닌파리나에서 시도한 사소한 스타일 변화로는 리어 펜더를 변경해 폭을 좁힌 것, 새로운 리어-덱과 일체형 테일 라이트를 장착한 것 등을 꼽을 수 있다.

SWB 250 스파이더 캘리포니아 모델은 1960년 3월 제네바 모터쇼에서 첫선을 보였다. 이 모델에는 새로운 실린더 헤드들과 보다 큰 밸브들이 쓰였고, 최대 출력은 20마력이 늘어 7000rpm에서 280마력이 되었다. (레이스용 엔진들은 훨씬 큰 밸브들과 고양력 캠샤프트들 그리고 보다 가벼운 커넥팅 로드들과 피스톤들을 사용해 최대 출력이 더 늘어 300마력이 되었다.) SWB 모델은 윤거 또한 더 넓어졌으며 레버형 쇼크 업소버에서 늘였다 줄였다 조절 가능한 텔레스코픽 쇼크 업소버로 바뀐 최초의 모델이기도 했다.

19 MICHIGAN 59
PV·8432

VEGLIA
31754
Ferrari
M.P.H.
LIGHTS
VEGLIA
REVS x100
Ferrari
WATER
FUEL

휠베이스가 어떻든 스파이더 캘리포니아 모델은 최초의 페라리 '드라이버 카' 중 하나로, 속도가 아주 빨랐으며 매일 쓰기에 좋을 만큼 조작이 편하고 고급스러웠다. 섀시 4167 GT를 쓴 마지막 모델은 1963년 2월에 미국에서 판매되었다.

스카글리에티가 스파이더 캘리포니아 모델들을 제작하고 있는 상황에서, 페라리는 1959년에 시리즈 II를 선보이는 등 카브리올레 모델을 한층 더 차별화하는 조치들을 취했다. 그 모델은 1962년에 스파이더 캘리포니아 모델들과 동시에 제작되었다. 아직 롱 휠베이스가 적용된 시리즈 II 카브리올레 모델은 시리즈 I 모델보다 더 크고 세련된 자동차로, 그 스타일이 지붕 없는 피닌파리나 쿠페 비슷했다. 그리고 이후 그 시대의 가장 럭셔리한 페라리 오픈카들 중 하나로 자리 잡았다.

"이탈리아의 페라리 공장 사람들은 컨버터블 자동차를 정말 빠른 자동차로 보지는 않았습니다." 루이지 치네티 주니어의 설명이다. "그들이 볼 때 빠른 속도란 경량의 유선형 보디로 만들어진 베를리네타 모델 같은 밀폐된 레이스카만 낼 수 있는 것이었거든요." 아마 모든 걸 순전히 이탈리아인의 관점에서 봤기 때문이겠지만, 엔초 페라리의 생각은 달랐다. "스포츠맨은 대개 그란 투리스모 쿠페를 좋아한다. 그리고 대부분 스포츠맨은 수입이 꽤 괜찮고 운전도 잘하는 신사이며, 자신이 '거의 카레이서만큼이나' 자동차 다루는 법을 잘 안다고 확신한다. 그런 고객들 중 일부는 실제 자기 자동차를 몰고 레이스에도 참가하며, 한두 번 참가한 뒤 포기하지만 않는다면 상당히 오랜 기간 계속 자동차 레이스에 관심을 보이기도 한다. 그 관심이 중단되지 않는 사람의 경우 결국 페라리의 '하비투에habitué'(단골)가 된다."

위쪽 스파이더 캘리포니아 모델들은 지구력이 필요한 장거리 레이스 GT 부문에서 특히 위력을 발휘했다. 사진 속 자동차는 세브링 12시간 레이스에서 위력을 발휘한 스파이더 캘리포니아 모델. 1959년 하워드 히벨리와 리치 진터가 핸들을 잡은 이 자동차는 트랙 171바퀴를 완주한 뒤 전 부문 9위로 결승선을 통과했다. © Tom Burnside Photograph Collection/Revs Institute)

반대쪽 스파이더 캘리포니아의 대시보드 배열 및 마감 처리는 사실상 이전에 나온 피닌파리나 카브리올레 시리즈 I 자동차들과 동일했다. 스파이더 캘리포니아 모델은 시트 등이 카브리올레 모델만큼 럭셔리하진 않았으나 인테리어 트림에서 보다 목적의식이 뚜렷했다.

1960년대 말 페라리 마라넬로 공장의 조립 라인은 페라리의 기준에선 '대량 생산'이라고 표현해도 좋을 만큼 빠른 속도로 돌아갔다.

SWB 스파이더 캘리포니아 모델은 1960년 3월 제네바 모터쇼에서 첫선을 보였다. 이 모델에는 새로운 실린더 헤드들과 보다 큰 밸브들이 쓰였고, 최대 출력은 20마력이 늘어 7000rpm에서 280마력이 되었다. (레이스용 엔진들은 훨씬 큰 밸브들과 고양력 캠샤프트들 그리고 보다 가벼운 커넥팅 로드들과 피스톤들을 사용해 최대 출력이 더 늘어 300마력이 되었다.)

그러고 나서 엔초 페라리는 나이 든 소유주들, 그러니까 그가 '50대 남자들'로 분류한 사람들의 역할에 대해 이렇게 설명했다. "많은 고객이 이 부류에 속한다. 한 시장 조사에 따르면, 페라리 소유주의 80퍼센트는 50년 넘게 산 남자들이다. 이들은 오랜 꿈을 실현함으로써 한편으론 애써 부를 쌓아온 자신에게 일종의 상을 주고 다른 한편으론 자신의 젊음을 조금이라도 되돌리길 바라는 남자들이다." 엔초 페라리는 이렇게 짐작했다. "이 부류의 남성들은 평일에 매일매일 열심히 일한 뒤 즉각 반응하는 자신의 강력한 자동차들 중 하나에 올라, 자동차를 지배하는 육체적 즐거움을 느끼고 휴식을 취하면서 오랜 시간 어깨에 지고 온 정신적인 짐을 내려놓는 것이다." 그러면서 그는 이렇게 적었다. "게다가 이 자동차들은 순간 가속도가 아주 빨라 특히 추월할 때 운전자가 아주 안전하다는 느낌을 받게 된다. 모두 알다시피 사실 오늘날의 혼잡한 도로 상황에선 안전하게 추월할 수만 있다면 그렇게 해야 하는데, 페라리는 순간 가속도가 로켓처럼 빨라 순식간에, 그래서 위험 없이 추월할 수 있는 몇 안 되는 자동차들 중 하나이다."

마지막으로 엔초 페라리는 자기 자동차로 레이싱을 한다거나 페

최초로 제작된 250 GT SWB 스파이더 캘리포니아 모델의 섀시 번호는 1803이었다. 이 모델에 쓰인 섀시의 사양은 SWB 모델에 쓰인 섀시의 사양과 거의 같다. 휠베이스는 2400mm밖에 안 됐고 전체 무게는 LWB 스파이더 캘리포니아 모델에 비해 가벼웠으며, 1960-1963년형 모델들은 시리즈 중 핸들링이 가장 좋았고 스타일도 가장 매력적이었다.

라리의 역사에 전혀 관심 없는 부류의 고객들에 대해 이런 말을 했다. “어떤 고객들은 자동차의 작동 방식 같은 건 전혀 모른 채 그저 슈퍼아메리카 모델 같은 경우 많은 자동차 중에서도 특히 밍크나 친칠라 모피처럼 귀하다는 이유로 페라리 자동차를 산다. 그런데 이런 부류의 고객은 그리 많지 않으며, 실제 우리가 일반적으로 생각하는 것보다 훨씬 적다. 그런 고객은 이곳 페라리 마라넬로 공장에서 보기 드물고, 그런 고객은 또 거의 늘 공장 안에 있는 모든 기술자를 홀릴 만큼 아름다운 여성을 대동하고 온다. 또한 그런 고객의 주요 관심사는 보디의 색깔, 시트나 대시보드 덮개 등의 소재 그리고 이런저런 인테리어이기 때문에, 그들과 구입 희망 자동차에 대한 얘기를 나누려면 많은 인내가 필요하다.” 그러면서 엔초 페라리는 그처럼 부수적인 것들에 신경을 쓰는 고객들은 종종 아주 큰 당혹감을 안겨준다고 했다. 심지어 자신의 자동차가 주 소득원인 전문 카레이서들에게서도 느껴보기 힘든 당혹감을 말이다.

그런데 미국에서는 상황이 거의 정반대로, 앞서 말한 페라리 소유주 세 부류 중 마지막 두 부류가 다수였고, 스포츠맨들은 루이지 치네티와 존 폰 노이만 고객층의 토대이긴 했으나 다수는 아니었다. 뉴욕에서 루이지 치네티의 고객들은 공격적인 스타일의 컨버터블 모델을 원했는데, 그건 웨스트코스트에서도 마찬가지였다.

“페라리 씨는 미국 시장에서 그런 자동차들을 판매하는 걸 그야말로 마지못해 묵인했습니다.” 루이지 치네티 주니어의 말이다. 그는 웃음을 애써 감추려 하지 않은 채 이렇게 덧붙였다. “그런데 역설적이게도 250 GT 스파이더 캘리포니아 모델은 결국 그간 미국에서 팔린 페라리 자동차들 가운데 가장 큰 성공을 거둔 자동차가 됐습니다.”

7장

북미 시장의 개척

페라리에게는 미국에서 판매된 다른 모든 수입 자동차들과 다른 게 하나 있었는데
…… 바로 루이지 치네티가 있었다는 것이다.

NART 이야기는 페라리가 미국 해안 지역에 든든한 교두보를 마련한 1956년까지 거슬러 올라간다. 1960년대 초에 이르러 NART는 미국의 동부 해안에서 서부 해안에 이르는 도로에서 그 진가를 발휘하게 된다. 그러나 그 레이싱 팀이 한 가장 중요한 역할은 엔초 페라리에게 영향력을 행사한 것이었다.

그 무렵에는 410 슈퍼아메리카 모델 이후 페라리와 카로체리아 피닌파리나가 만들어낸 가장 대담하고 새로운 디자인의 자동차는 250 GT 베를리네타 루소였다. 250 GTO의 투어링 버전을 연상케 하는 스타일을 가진 250 GT 베를리네타 루소 모델은 현재 많은 사람들에 의해 페라리가 제작한 가장 아름다운 자동차로 여겨지고 있다. 그러나 사실 그런 찬사는 그간 250 GTO 모델을 비롯해 1950년대와 1960년대에 디자인된 많은 페라리 모델들에 대해서도 주어졌다.

피닌파리나와 그의 직원들은 루소 모델을 통해 새로운 10년 최초의 현대적인 페라리 로드카를 선보였다. 루소의 보디는 프런트 펜더에서부터 위쪽으로 향한 리어 스포일러에 이르기까지 우아한 곡선들로 이루어졌으며, 스타일을 돋보이게 하기 위해 불필요한 그 어떤 크롬 장식도 사용하지 않았다. 앙투안 프루네는 피닌파리나가 그 새로운 디자인을 통해 250 GT와 410 SA 모델들로 한 시대를 풍미했던 '입체파' 시기에서 벗어났다고 말했다. 그러나 사실 루소 모델에서는 그 이전 디자인이 상당 부분 이용되었다. 예를 들어 앞으로 돌출된 헤드라이트들이 펜더들과 통합된 스타일은 시리즈 I 피닌파리나 카브리올레 모델에서 따온 것이었다. 심지어 범퍼 디자인 역시 초기 카브리올레 모델의 작은 보조 범퍼에서 따온 것이었다. 루소 모델에서 이전 모델들의 디자인과 달라진 것은 리어 펜더의 처리 방식이었다. 앞 유리 필러들에서 시작된 라인이 도어 위를 지나 줄어든 뒤 트렁크 덮개의 가장자리까지 이어진 것이다. 전체 디자인 중 유일하게 표면이 편평한 부분이기도 했다. 앙투안 프루네는 이런 말을

275 GTS/4 NART 스파이더 모델은 루이지 치네티와 세르지오 스카글리에티의 작품이었다. 275 GTB/4 모델을 토대로 만들어진 이 모델들의 보디는 스카글리에티에서 제작되었으며 미국에서 독점 판매되었다.

250 GT 베를리네타 루소 모델의 엔진과 섀시는 대개 표준적인 페라리 엔진과 섀시였지만, 보디는 피닌파리나에서 1960년대에 만들어낸 가장 위대한 디자인 작품들 중 하나로, 지금까지도 페라리 역사상 가장 우아한 모델일 거라는 찬사를 듣고 있다. 영화배우 스티브 맥퀸(Steve McQueen)도 이 모델을 하나 소유했는데, 오묘하면서도 따뜻한 메탈릭 브라운색 모델로 '모로네 콜로라도(Morrone Colorado)'라 불렸다. 1963년에 제작된 섀시 4891 GT 모델은 맥퀸의 아내 닐 애덤스(Neile Adams)가 34번째 생일에 선물한 것이다.

했다. "루소의 스타일은 슈투트가르트공과대학교의 부니발트 캄Wunibald Kamm 교수의 공기역학 이론과 완전히 일치했으며, 피닌파리나와 페라리에 의해 250 GTO 모델에서 입증됐습니다."

세르지오 피닌파리나의 회상에 따르면, 그는 피닌파리나에서 공기역학 테스트용 풍동을 확보하기 전까지만 해도 자동차에 양털 리본들을 붙인 다음 아우토스트라다*를 고속으로 달리며 그 효과를 살펴봤다고 한다. 원시적인 방법이었지만, 새로운 자동차 디자인의 공기역학적 효율성을 확인하는 데는 효과적이었다. 말하자면 가난한 '풍동 테스트'였던 것이다. 세르지오 피닌파리나는 이런 말을 했다. "재미있는 이야기 같이 들릴 수도 있는데요. 사람들은 모두 빠르게 달리는 걸 좋아하지만, 막상 그런 자동차를 만들어야 한다면 그건 또 다른 얘기입니다. 우리는 풍동을 1972년에 가동하기 시작했는데, 그 풍동을 설계하고 만들고 테스트하고 가동하기 시작하는 데까지 무려 7년이 걸렸습니다." 그러나 루소 모델의 시대에는 양털을 잔뜩 달고 아우토스트라다를 고속

루소 모델의 스타일은 특히 뒷모습에서 이후에 나온 많은 모델에 영향을 주었으며, 새로운 275 GTB 모델에서 다시 그 스타일을 드러냈다. 또한 가장 흥미로운 특징들 중 하나는 좁다란 리어 필러로, 그 필러 덕에 통유리로 제작하는 랩어라운드 방식의 뒤 유리창 효과가 생겨났을 뿐 아니라 사실상 사각지대도 사라졌다.

으로 달리는 게 풍동 테스트였다.

루소 모델의 매끈하고 굴곡진 겉모습은 1960년대의 자동차 공기역학 유행을 이끌었으며, 인테리어도 페라리치고는 더없이 럭셔리했다. 실내는 널찍했으며, 운전석과 조수석은 제대로 된 버킷형 시트들로, 직접 손으로 짠 부드러운 이탈리아산 가죽이 씌워져 있었다. 속도계와 회전속도계*는 특이하게 대시보드 중앙에 위치한 커다란 포드 2개 안에 들어 있었으며, 보다 작은 보조 게이지들이 핸들 뒤쪽의 대시보드 안에 들어 있었다. 이 특이한 인스트루먼트 패널 디자인은 루소 모델 특유의 디자인이었다. 일반적인 트렁크는 물론 시트들 뒤쪽에 제대로 된 짐칸까지 있어, 이 루소 모델은 충분한 짐을 싣고 도로를 달릴 수 있는 최초의 페라리 로드카가 되었다. 이처럼 루소 모델은 루이지 치네티가 페라리의 250 GT 레이스카들을 토대로 만들어진 대부분의 모델이 보여준 편안함을 손상시키지 않으면서 페라리의 명성을 그대로 유지한 자동차를 소유하고 싶어 하는 미국 고객들에게 팔 수 있는 그런 자동차였다. 250 GT 베를리네타 루소 모델은 스타일과 실내 디자인도 타의 추종을 불허했지만, 최고 속도도 7400rpm에서 시속 약

위쪽 루소 모델의 옆모습을 보면, 헤드라이트에서부터 끝이 뭉툭한 트렁크 덮개까지 물 흐르듯 이어지는 매혹적인 펜더 라인이 보인다. 루소 모델의 스타일은 1960년대의 자동차 공기역학 트렌드를 선도했으며, 가뜩이나 오래 지속된 250 GT 모델의 섀시에 새로운 활기를 불어넣었다. 루소 모델은 2년간 대략 350대가 제작되었다.

루소 모델의 실내는 독특했다. 유별난 것까진 아니더라도 어쨌든 특이하게 중요한 게이지들이 대시보드 중앙에 놓여 있었으며, 그 결과 조수석에 앉은 사람도 차가 얼마나 빨리 달리는지 바로 알 수 있었다. 당시 루소 모델의 실내는 가죽 장식과 카펫에 많은 신경을 쓰는 등 페라리 자동차치고는 과할 정도로 고급스러웠다. 대시보드에도 반사되지 않는 검은색 가죽이 덮여 있어, 인스트루먼트 패널에 럭셔리한 느낌은 물론 실용적인 터치감까지 주었다.

제작된 275 GTB와 275 GTB/4 중에는 전면부가 짧은 숏-노즈 버전과 전면부가 긴 롱-노즈 버전들은 물론 조금 더 큰 리어 윈도와 노출된 트렁크 힌지도 있었다. 사진 속 자동차는 피닌파리나에서 제작해 페라리가 1966년 파리 모터쇼에서 공개한 GTB/4 모델의 1966년 시제품이다. 이 시제품에서는 노출된 트렁크 힌지 등 앞서 언급한 여러 특징을 볼 수 있었다. 휠베이스가 2400mm밖에 되지 않는 275 GTB 섀시의 디자인은 이미 입증된 용접된 사다리형 튜브 디자인이었으며, 서로 다른 길이의 A-암들과 코일 스프링들 그리고 조절 가능한 텔레스코픽 쇼크 업소버로 이루어진 4륜 독립 서스펜션이 사용되었다.

도어는 운전자가 시트에 자리 잡고 앉아 핸들을 잡는 자세를 취할 수 있을 만큼만 열렸다. 그것은 비냘레 212 인테르 모델과 엑스포트 모델의 시대 이후 페라리 마라넬로 공장에서 나온 투어링 럭셔리 카의 가장 좋은 예였다. 그리고 대시보드와 도어에서부터 조절 가능한 스포트 시트, 센터 콘솔, 트랜스미션 터널에 이르는 사실상 거의 모든 곳에 가죽이 사용되었다. 그 바람에 미학적인 측면에서 보기는 아주 좋았지만 가죽 냄새에 거의 취할 정도였다. 이런 류의 스포츠카가 이렇게까지 럭셔리한 적은 없었다.

241km로 그 당시의 스포츠카들 가운데 가장 빨랐다.

1964년 말에 마지막 루소 모델이 페라리 마라넬로 공장에서 출하됐는데, 그게 페라리의 새로운 시대가 열리는 시발점이 된다. 250 GT 모델이 사라지면서 그 자리를 새로운 GT 엔진을 장착한 새로운 모델 275 GT가 메우게 된 것이다. 그리고 엔초 페라리와 루이지 치네티는 이 275 GTB 모델을 둘러싸고 서로 이견을 좁히지 못한 채 대립했다.

1964년에 나온 투-캠 방식의 275 GTB 모델은 고객들에게 투어링용 또는 레이싱용으로 제공되어 지금은 페라리의 전설이 된 1960년대 베를리네타 모델의 첫 작품이었다.

고객들은 3개의 웨버 카뷰레터(페라리는 이 버전으로 국제자동차연맹으로부터 GTB 모델을 레이스용으로 허가받았다) 또는 엔진에 300 가까운 브레이크 마력*을 주는 6개의 웨버 40 DCN/3 카뷰레터를 옵션으로 선택할 수 있었다. 또한 강철과 알루미늄을 섞은 보디 또는 100퍼센트 합금 보디 중 하나를 선택할 수도 있었다. 그리고 1963년형 티포 156 포뮬러 원 자동차들에 사용된 디자인을 재현한 멋진 캄파놀라 14인치 주물 합금 휠들이 기본으로 주어졌고, 전통적인 보라니 와이어 휠들이 옵션이었다.

자동차 역사 전문가 딘 배철러Dean Batchelor는 『사진으로 보

60도 각도의 콜롬보 디자인 투-캠 275 GTB 12기통 엔진은 배기량이 3285.7cm³(실린더 당 273.8cc)였으며 최대 출력은 7600rpm에서 280마력이었다.

는 페라리 구매자 가이드Illustrated Ferrari Buyer's Guide』에서 이렇게 적었다. "275 시리즈를 기점으로 페라리 디자인 철학의 중심은 속이 빤히 들여다보이는 레이스카에서 편안하고 럭셔리한 이동용 차량으로 점진적으로 변해가게 된다. 주로 4륜 독립 서스펜션으로 인한 섀시의 변화들 덕에 275 모델들은 이전 모델들보다 더 빨라졌고 또 더 편안해졌다."

배기량이 3286cm³(보어×스트로크 77×58.8mm)이고 트리플 웨버 카뷰레터들로 최대 출력이 7600rpm에서 280마력인 60도 각도의 콜롬보 디자인 12기통 엔진이 장착된 275 GTB 모델은 레이스카의 특성을 거의 손상치 않으면서 레이스에 적합한 로드카를 만든다는 페라리 철학의 궁극적 표현이었다. 또한 그런 철학을 바탕으로 페라리는 드라이 섬프 식 엔진과 더욱 가벼워진 판금 보디가 사용된 완벽한 레이스용 275 GTB/C 모델들을 한정 수량(약 10대) 제작하기도 했다.

275 GTB 모델이 나오고 정확히 2년 후에 훨씬 더 강력한 포-캠 버전이 파리 모터쇼에서 처음 그 모습을 드러냈다.

물론 기술적 혁신을 처음 시작한 게 페라리는 아니었다. 1940년대 말에 영국의 재규어가 이미 자신들의 양산 자동차와 레이스용 자동차들에 더블 오버헤드 캠샤프트 엔진을 사용했기 때문이다. 페라리의

CALIFORNIA
GTB C

GTB/C 모델의 제작에는 아주 가벼운 합금들이 사용되었다. 보디에 쓰인 알루미늄은 보통보다 얇았으며, 앞 유리를 제외한 모든 창이 유리처럼 투명한 합성수지인 플렉시글라스였다. 겉모습에서 GTB 모델과 GTB/C 모델의 눈에 띄는 차이는 단 하나, 더 커진 휠들이었다. 대개 보라니 와이어 휠들이었으며 휠 웰은 아래쪽이 살짝 더 넓은 형태였다. 페라리는 1966년 5월부터 8월 사이에 275 GTB 레이스용 자동차 12대를 제작했다.

경우 1960년대 초까지만 해도 싱글 오버헤드 캠샤프트 엔진(12기통이지만)을 사용하는 데 만족했다. 그러나 1960년대 초가 되면서 유럽에서는 재규어 외에 애스턴마틴까지 그리고 이탈리아에서는 알파 로메오와 마세라티 그리고 새로운 브랜드 람보르기니가 점점 더 많은 로드카들에 포-캠 엔진을 장착했다. 이제 엔초 페라리 역시 더블 오버헤드 캠 엔진 개발 경쟁에 뛰어들 수밖에 없는 상황에 몰려 있었다. 그러나 그가 그 경쟁에 합류한다면, 그것은 그 자신의 결정에 따른 것이었으리라.

275 GTB 모델의 포-캠은 1965년 레이싱 시즌에 참가한 275 모델과 330 P2 모델 시제품들에 장착됐던 배기량 3.3리터 및 4.0리터짜리 엔진에서 온 것이었고, 엔진은 무려 1957년형 콜롬보 디자인 엔진에서 온 것이었다. 그건 변화였지만, 변화 그 자체를 위한 변화는 아니었다. 최초로 12기통 엔진을 장착한 1947년형 125 모델과 1964년형 275 GTB 모델의 차이를 살펴보면 흥미롭다. 17년간 60도 각도의 페라리 12기통 엔진의 비출력이 무려 140퍼센트 이상 늘어난 것이다. 더블 오버헤드 캠들과 드라이 섬프 윤활 시스템, 6개의 트윈-스로트 웨버 카뷰레터들 그리고 8000rpm에서 300마력인 최대 출력 등 페라리가 그 이전에 이보다 더 레이스 지향적인 로드카를 대중에게 선보인 적은 없었다.

새로운 포-캠 엔진은 1966년 10월 파리 모터쇼에서 개선된 275 GTB 보디에 장착된 상태로 공개되었다. 섀시 번호 8769 GT에 엔진 번호 또한 8769 GT였던 시제품 GTB/4 모델은 피닌파리나가 디자인했고 세르지오 스카글리에티가 제작했다(거의 모든 275 GT 보디들의 경우처럼).

먼 왼쪽 페라리는 레이스에 관심이 많은 고객들의 갈증을 1966년 봄에 처음 선보인 275 GTB/C* 모델로 해소시켜주었다. GTB/C 모델은 GTB 모델과 겉모습은 대체로 비슷하지만, 기계적인 측면에선 상당한 차이가 있었다. 투-캠 GTB 모델의 후드에는 얼핏 봐도 GTB/4 모델과 구분되는 위로 볼록 솟아오른 파워 벌지(power bulge)가 없었다.

세르지오 피닌파리나가 디자인한 275 GTB 모델과 GTB4 모델의 이국적인 스타일은 레이스용으로 제작된 250 GTO는 물론 GTB 루소 모델의 스타일보다 더 나은 면들을 아주 성공적으로 채용했다. 275 GTB 보디의 경우 앞쪽으로 뚝 떨어지는 긴 후드, 작은 타원형 그릴, 커버가 씌워진 유선형 헤드라이트, 눈에 띄는 후드 벌지, 끝이 잘린 뒷부분, 패스트백 스타일의 루프 라인 등 사람들이 꿈꾸는 로드카의 모든 걸 갖추고 있었다. 그리고 그 모든 것이 가파르게 기울고 급격하게 휘어진 앞 유리와 완벽한 조화를 이루었다.

GTB/4 모델은 레이스카와 로드카로 두루 쓸 수 있는 최고의 자동차로, 더없이 숙련된 운전자들마저 도전 욕구를 느낄 만한 스포츠카였다. 작가 스탠리 노웍Stanley Nowak은 책『페라리 - 길 위에서의 40년Ferrari - Forty Years on the Road』에서 이런 말을 했다. "가장 뛰어난 모든 페라리 자동차와 마찬가지로, GTB/4를 몰다 보면 자동차에서 최대한의 것들을 끄집어내는 데 집중하게 된다. 그리고 더 많은 걸 쏟아부을수록 더 많은 걸 끄집어내게 된다. 대부분의 페라리 자동차와 마찬가지로 자동차에 진심인 운전자들을 위해 제작된 자동차인 것이다." 베테랑 카레이서이자 전 세계 드라이빙 챔피언인 필 힐은 GTB/4 모델을 "가로수 길에서 타는 페라리 GTO 모델" 같다고 했다.

GTB/C 모델들에는 신속한 주유가 가능한 외부 주유구가 달려 있었다.

250 GTO 모델과 250 GTO 베를리네타 루소 모델에 대한 서로 다른 의견들에도 불구하고, 아마 대부분의 자동차 애호가는 275 GTB 모델과 275 GTB/4 모델이 페라리가 제작한 가장 멋진 베를리네타 보디 스타일을 가진 자동차였다는 데 동의할 것이다. 포-캠 모델들 중에선 겨우 280대 정도만 제작되었다. 그러나 모든 275 GTB/4 모델들 가운데 가장 희귀한 것은 베를리네타 모델들이 아니었으며, 그 모델들은 완전히 페라리가 제작한 것도 아니었다. 가장 희귀한 모델들은 페라리가 제작한 자동차들 가운데 가장 논란이 많았던 NART 스파이더 모델들이었다.

회고록《내 엄청난 기쁨들》에서 엔초 페라리는 루이지 치네티라는 이름을 거의 언급하지 않았지만, 사실 루이지 치네티 이야기가 아니라면 쓸 이야기도 별로 없었을 것이다. 역사는 루이지 치네티를 기억할 것이다. 페라리 전설을 만들어낸 장본인인 그는 1994년, 93번째 생일 직후에 심장 질환으로 세상을 떠났다. 자동차 딜러이자 수입업자였던 그는 미국 시장에 대한 이해도가 엔초 페라리보다 훨씬 더 깊었다. 치네티는 자기 고객들의 마음을 사기 위해 '사령관'의 결정에 이의를 제기했을 뿐 아니라, 때론 자신이 직접 비용을 대 특별한 페라리 모델들을 제작하기도 했다.

루이지 치네티가 이끌던 NART는 스쿠데리아 페라리 레이싱 팀으로부터 독립해, 엔초 페라리가 어떤 이벤트에 자신의 이름으로 참가하지 않기로 결정한 경우 페라리를 대표하기도 했다. 세월이 흐르면서

NART는 미국 모터 스포츠계에서 가장 잘 알려진 머리글자 중 하나가 되었으며, 마리오 안드레티Mario Andretti, 댄 거니Dan Gurney, 마스텐 그레고리Masten Gregory, 페드로 로드리게즈Pedro Rodriguez와 리카르도 로드리게즈Ricardo Rodriguez, 폴 오셰아Paul O'Shea, 리치 진터, 필 힐, 스털링 모스, 밥 본듀랜트Bob Bondurant, 샘 포지Sam Posey, 짐 킴벌리Jim Kimberly, 브라이언 레드먼Brian Redman, 데니스 매클루게이지Denise McCluggage 등 전설적인 카레이서들의 이름이 총망라된 사실상의 인명록처럼 되었다. 1956년부터 1982년까지 26년 동안 NART는 루이지 치네티 주니어를 비롯해 무려 150명이 넘는 카레이서를 이끌고 200회 이상 자동차 레이스에 참가했다.

두 사람의 우정 때문에 엔초 페라리는 루이지 치네티에게 '도약하는 말' 엠블럼을 NART의 휘장으로 사용할 권한을 주었다. 그러나 레이싱 팀에 관한 모든 결정은 루이지 치네티가 내렸으며, 그는 종종 엔초 페라리와 대립하기도 했다. 두 사람은 아주 완고한 사람들로, 어떤 때는 같은 방향을 향해 나아갔고, 또 어떤 때는 완전히 반대되는 길로 나아갔다.

1967년 NART 스파이더 모델을 개발할 때 두 사람은 가장 극심한 의견 대립을 보였다. 루이지가 볼 때 스파이더 모델과 컨버터블 모델의 디자인은 교환 가능한 디자인이 아니었다. 두 모델의 목적은 뚜렷하게 달랐다. 루이지가 카레이서 일을 하던 시절에, 스파이더 모델의 경우 르망 24시간 레이스에서 그가 몰고 우승했던 166 MM 모델처럼 공공연한 레이스카들로 창이나 지붕이 없었지만, 컨버터블 모델의 경우 접었다 폈다 하는 지붕과 돌려서 여닫는 창들이 있었다. 그런데 1960년대 말에 이르러 두 모델 간의 차이는 점점 희미해져갔고, 그 때문에 루이지가 엔초를 압박해 1958년에는 250 GT 스파이더 캘리포니아 모델을, 그 뒤 1960년에는 SWB 버전을 제작하게 된 것이다. 두 모델 모두 미국에선 아주 잘 팔렸다.

275 GTB/C 엔진에는 고양력 캠샤프트들과 250 LM 밸브들, 강화된 피스톤들, 특수 크랭크샤프트 그리고 새로운 웨버 40 DFI3 카뷰레터들이 사용되었다. 또한 레이스 전용으로 제작된 GTB/C 모델에는 드라이 섬프 엔진 윤활 시스템과 별도의 오일 리저버가 장착되었다.

1964년에 이르러 페라리 양산 자동차 라인은 네 가지 모델로 갈라지게 된다. 먼저 럭셔리한 500 슈퍼패스트 모델이 나오고, 1960년대에 페라리가 구축한 럭셔리한 이미지는 410 슈퍼아메리카와 400 슈퍼아메리카 모델로 이어지게 되며, 그런 다음 매끈한 330 GT 2+2 모델이 나오고, 다시 275 GTB 모델과 GTB/C 베를리네타 모델이 나오게 된다. 그러나 마지막에는 열정이 보이지 않는, 이름만 스파이더인 275 GTS 모델이 나왔다. 이는 GTB 모델의 섀시를 토대로 제작된 것이지만, 보디 스타일은 전혀 달랐다. 세르지오 피닌파리나가 275 GTB 모델들에서 만들어낸 멋진 라인은 전혀 유지되지 않은 훨씬 더 보수적인 스타일의 자동차였던 것이다. 루이지 치네티가 볼 때 그 275 GTS를 스파이더 모델이라 부르는 것은 스파이더란 이름에 대한 모욕이나 다름없었다. 그러니까 자동차에 담긴 정신이나 목적 측면에서 볼 때 미국 시장에서 자신에게 아주 큰 성공을 안겨준 스파이더 캘리포니아

모델을 대체할 만한 자격은 없었던 것이다.

엔초 페라리의 경우 루이지 치네티의 미국 시장을 위해 또 다른 특별 모델을 제작할 생각이 없었다. 275 GTS 모델이면 충분하다고 믿었던 것이다. 275 GTS 모델을 카브리올레 모델로 여긴다면 그렇게 여겨도 괜찮으리라. 그러나 루이지 치네티의 고객들이 원하는 것은 275 GTB/4 모델의 공식 레이스용 버전이었다. 그래서 그는 페라리의 도움 없이 자신이 직접 제작하기로 했다. 루이지 치네티 주니어는 자기 아버지에게 페라리가 275 GTS 모델 대신 제작했어야 한다는 얘기까지 듣고 있던 새로운 275 GTB/4 베를리네타 모델을 토대로 스파이더 모델을 제작하자는 아이디어를 내놨다. 그 아이디어를 실현하기 위해, 치네티 부자는 엔초 페라리의 주요 보디 제작업체인 세르지오 스카글리에티에 연락해 베를리네타 모델들을 토대로 치네티 모터스와 NART 전용의 레이스용 스파이더 모델들의 제작을 의뢰했다. 베를리네타 모델들을 토대로 스파이더 모델들을 제작하는 일에 관한 한 스카글리에티는 위대한 화가였고, 결국 그의 모데나 공장 팔레트를 거쳐 손으로 빚은 걸작이 탄생했다.

그렇게 해서 나온 새로운 275 GTS/4 모델은 6개의 웨버 40 DCN 17 카뷰레터들을 통해 숨을 쉬는 포-캠 12기통 엔진이 장착되어 최대 출력이 8000rpm에서 330마력에 달했다. 또한 독립적인 서스펜션이 장착된 개선된 티포 596 섀시를 토대로 제작됐으며, 새로운 페라리 330 GTC 모델에서와 마찬가지로 엔진과 프롭-샤프트 튜브prop-shaft tube, 트랜스액슬이 전부 프레임을 따라 탑재되었다.

이 포-캠 모델은 후드 중앙에 솟아오른 파워 벌지로 인해 외양부터 표준적인 275 GTB 투-캠 모델과 쉽게 구분되었다. 또한 운전자가 스로틀 페달에 상당한 힘을 가할 경우 그 차이는 분명해졌다. GTB/4 모델과 GTS/4 모델은 정지 상태에서 시속 100km에 도달하는 데 6.7초가 걸리며 최고 속도는 시속 약 241km가 넘었다.

새로 디자인된 275 GT 모델들은 스카글리에티에게서 치네티 모터스로 인도되어 북미 지역에서 독점 판매되었다. 페라리 측에서는 275 GTS/4 NART 스파이더 모델의 존재를 거의 인정하지 않았지만, 그 모델은 가장 많은 사람들이 갈망하는 페라리 모델들 중 하나가 되었으며, 오늘날에도 많은 자동차들이 이를 모방한다. 베를리네타 모델로 탄생했지만 결국 스파이더 모델로 변경된 자동차들 말이다.

첫 번째 275 GTS/4 NART 스파이더 모델은 1967년 2월에 미국에 도착했다. 09437이란 섀시 번호가 붙은 그 모델은 '지알로 솔라레', 즉 '태양빛 노란색'으로 도색됐으며, 실내는 풍부한 검은색 가죽으로 장식되어 대조를 이뤘다. 이 새로운 자동차를 제대로 소개하기 위해, 루이지 치네티는 그 첫 번째 275 GTS/4 NART 스파이더 모델을 세브링 12시간 레이스에 출전시켰다. 그리고 카레이서로는 두 여성 핑키

275 GTB 모델은 4륜 독립 서스펜션이 제공된 최초의 페라리 로드카였다. 그에 반해 GTB/4 모델은 더블-오버헤드-캠샤프트 엔진이 장착된 최초의 페라리 로드카였다. 외견상으로는 그리 큰 변화가 있었다고 하지 못하겠지만, 막상 운전을 해보면 싱글-오버헤드-캠샤프트가 장착된 전작과 확연히 구분되는 특징이 있었다. 또한 후드의 파워 벌지 외에는 전작과 거의 똑같아 보였지만, GTB/4 모델의 경우 최대 출력 300마력의 더블-오버헤드-캠샤프트 12기통 엔진의 위력을 느끼게 해주었다.

오른쪽 275 GTB와 275 GTB/4 모델의 스타일은 250 GTO와 250 GT 베를리네타 루소 모델에서 진화된 것으로, 250 GTO와 250 GT 베를리네타 루소의 영향은 이 자동차의 뒤 4분의 3 부분에서 확인할 수 있다.

위쪽 275 GTB/4 모델의 엔진 디자인은 60도 각도의 콜롬보 12기통 엔진의 디자인을 가져온 것이다. 연료는 6개의 웨버 트윈-초크 다운드래프트 카뷰레터들로 전달됐으며 압축비는 9.2:1이었다. 포-캠의 최대 출력은 300마력이었다.

반대쪽 275 GTB 모델은 대부분의 페라리 자동차들과 마찬가지로 주로 도로 주행용 GT로 개발됐지만, 오래지 않아 그 소유주들은(그리고 공장 레이싱 팀은) 이 모델들을 몰고 레이스에 참가했다. 소수의 레이스용 275 GTC 모델들이 있었는데, 그 모델들에는 보다 강력한 12기통 엔진이 장착됐고 또 무게도 적당히 줄었다. 오늘날까지도 275 GTC 모델은 르망 24시간 레이스의 라샤르트(La Sarthe) 코스에서 프런트-엔진 자동차들 가운데 가장 최근 GT 부문 우승을 차지한 자동차라는 기록을 갖고 있다.

롤로Pinkie Rollo와 데니스 매클루게이지를 선택했다. 두 사람은 1950년대 말에 이미 세브링 12시간 레이스의 OSCA 부문에서 자신들의 능력을 입증해 보였고, 매클루게이지는 1961년 페라리 베를리네타를 몰고 세브링 12시간 레이스에서 GT 부문 우승, 전 부문 10위를 차지했다. 그러나 세브링 12시간 레이스에서 275 GTS/4 NART 스파이더 모델을 몰면서, 매클루게이지는 카레이서가 직면할 수 있는 최악의 시나리오에 직면하게 된다. 체계적이지 못한 자동차 정비소를 이용하게 된 것이다. 어차피 손발이 제대로 맞지 않았는지도 모른다. 그 레이스에서는 루이지 치네티가 동참해 감독을 해주지 않았던 것이다.

"루이지는 상대가 얼마나 돈 많고 재능 많은 카레이서인지에 따라 악당이 되기도 하고 대변자가 되기도 했습니다." 카레이서 데니스 매클루게이지의 말이다. "사실을 말하자면, 루이지에겐 부유한 고객들의 마음을 움직여 돈은 없지만 보다 열정적인 손과 눈과 적절한 발을 가진 사람들에게 금전적인 지원을 하게 만드

TOTAL
TOTAL
38
38

루이지 치네티는 엔초 페라리를 제외하곤 페라리 역사에서 가장 중요한 인물로, 미국에 페라리 대리점을 설립했다. 카레이서이기도 했던 그는 또 1949년 르망 24시간 레이스에 우승함으로써 페라리에 가장 위대한 첫 승리를 가져다주기도 했다.

오른쪽 루이지 치네티(왼쪽에서 두 번째)는 NART를 만들었다. 26년이란 세월 동안 NART는 루이지 치네티 주니어를 비롯해 150명이 넘는 카레이서들을 이끌고 200회 이상 자동차 레이스에 참가했다. 또한 NART는 미국 모터 스포츠계에서 가장 잘 알려진 머리글자 중 하나가 되었으며, 마리오 안드레티, 댄 거니, 페드로 로드리게즈와 리카르도 로드리게즈, 리치 진터, 필 힐, 스털링 모스, 밥 본듀랜트, 짐 킴벌리, 브라이언 레드먼, 데니스 매클루게이지 등 전설적인 카레이서들의 이름이 총망라된 사실상의 인명록처럼 되었다.

는 재주가 있었습니다. 또한 루이지의 몇몇 부유한 페라리 고객은 그의 레이싱 프로그램을 잘 이해해 지지와 협력을 아끼지 않았습니다. 물론 유지비가 너무 많이 든다는 사실에 분개하는 고객들도 있었고, 험담을 하는 고객들도 있었죠. 그런 고객들에 대해 루이지는 그저 어깨만 으쓱해 보였지만요. 그리고 일부 고객들은 그저 계속 회비만 냈습니다. 그들은 르망 24시간 레이스나 세브링 12시간 레이스 참가 준비를 위해 아주 많은 돈을 내고서도 막상 레이스에선 몇 바퀴 도는 걸로 만족하기도 했습니다. 하지만 그들에겐 소속감이 있었죠. 자신들의 헬멧이 필 힐, 포르타고, 페드로 로드리게즈 같이 유명한 카레이서들의 헬멧과 함께 피트 레인 옆 벽에 걸리게 되거든요. NART의 일원이란 뜻이죠." 데니스 매클루게이지의 설명이었는데, 그녀의 목소리에선 자부심이 느껴졌다.

루이지 치네티는 종종 페라리 수입업자 겸 딜러로, 또 페라리를 미국 시장에 들여온 사람 정도로 설명되기도 하지만, 그는 사실 그보다 훨씬 더 많은 일을 한 사람이다. 데니스 매클루게이지는 이렇게 주장했다. "루이지가 없었다면, 낙담한 엔초 페라리는 제2차 세계대전이 끝난 뒤 아마 다시는 레이스카 제작을 하지 않았을 겁니다." 역사는 알고 있다. 엔초 페라리는 다시 레이스카 제작을 했지만, 그 제작비를 뒷받침해준 건 로드카들이었다는 것을. "루이지는 페라리 자동차들을 프랑스와 미국에 소개했으며, 또 그 자동차들을 부유한 사람들이 구입하고, 재능 있는 사람들이 레이스에 참가한다는 걸 알게 됐습니다." 데니

루이지 치네티 주니어는 NART 스파이더라 불린 오픈카 GTB/4 모델을 만들자는 아이디어를 냈다. 카로체리아 스카글리에티가 그 모델을 10대 제작했으며 모두 미국에서 팔렸다. 사진 속 자동차는 1967년에 제작된 첫 모델이다.

스 매클루게이지의 말이다. "그리고 그는 미국에서 그 두 부류의 사람들을 능숙하게 다뤄 페라리를 시대의 아이콘처럼 여기게 만들었습니다. 그는 레이스에서 페라리를 몰고 우승한 첫 미국인 카레이서 필 힐도 발굴했습니다."

데니스 매클루게이지는 이렇게 말을 이었다. "그래서 일부 고객들은 자신들이 이용당하고 있다며 분개했습니다. 그렇습니다. 루이지는 그 춥고 침침했던 1946년 크리스마스이브에 엔초 페라리를 만나 함께 멋진 자동차들을 제작해보자고 했고, 그 자동차들을 몰고 레이스에 참가할 전도유망한 드라이버들을 찾으려 애썼는데, 그의 그런 비전을 보지 못하는 고객들은 자신이 이용당하고 있다고 생각한 겁니다. 루이지의 경우 뛰어난 드라이버가 뛰어난 자동차를 몰고 레이스에서 우승할 때 비로소 세상 모든 게 균형이 잡혔던 겁니다. 그런 일이 일어나게 하는 게 그의 인생 목표였으며, 그 일을 해낼 수 있는 유일한 인물이 바로 그였습니다."

여러 상을 받은 저널리스트이자 작가이자 카레이서인 데니스 맥클루게이지는 1957년 재규어 XK140 모델을 몰고 참가한 자신의 첫 레이스 때 뉴욕 몽고메리 공항에서 루이지 치네티를 확실히 알게 되었다. 그녀는 당시의 일을 이렇게 회상했다. "그는 활짝 웃으며 내게 말했어

당대에 가장 뛰어난 페라리 플랫폼을 토대로 제작된 NART 스파이더 모델의 섀시는 275 GTB/4 베를리네타 모델의 섀시였다. 275 GTB/4 베를리네타 모델을 스파이더 모델로 재디자인하는 건 흔한 일이 아니었지만, 세르지오 스카글리에티는 피닌파리나 패스트백 디자인을 가져와 지붕은 깨끗이 날리고 유연한 리어 펜더 라인은 건드리지 않은 채 완벽한 트렁크 덮개 디자인을 만들어냈다.

요. '아마도 당신한테 페라리를 한 대 주어야 할 거 같구요.' 나는 그게 무슨 말인지 이해하질 못했어요. 당시 나는 레이싱 분야에서 쌓은 그의 경력에 대해 어렴풋이만 알고 있었거든요. 알파 로메오에서 엔초 페라리와 같은 팀 카레이서였다는 것, 프랑스 몽틀레이에서 각종 기록을 세웠다는 것, 멕시코에서도 많은 로드 레이스 경험을 쌓았다는 것 그리고 르망 24시간 레이스에서 세 차례 우승을 했다는 것 등등 앞으로도 오랫동안 그 누구도 쌓기 힘든 경력이죠. 당시 나는 그가 레이싱에 재능 있는 사람들을 발굴하고 육성하는 걸로 유명하다는 것도 몰랐습니다. 나는 워낙 많은 칭찬을 받아왔었고, 그래서 그의 말은 그냥 건성으로 들었습니다."

데니스 매클루게이지는 말을 이었다. "그런데 몇 년 후 나는 정말 페라리를 갖게 됐어요. 숏-휠베이스에 250 GT 스카글리에티 보디를 토대로 제작된 베를리네타 모델이었죠. 1960년에 르망 24시간 레이스에 참가한 짙은 청색 모델이었습니다. 내가 어찌 페라리 생각이나 했겠어요? 당시 나는 엘리베이터도 없는 뉴욕 그리니치 빌리지의 한 작은 건물에 살던 가난한 프리랜서 저널리스트였습니다. 집이 너무 좁아 주방 한가운데 서면 네 벽이 모두 손에 닿을 정도였죠. 책장은 긁어모은 벽돌과 판자로 만들어진 것이었고요. 그러나 루이지와 브릭스 커닝엄 덕에 상상도 할 수 없는 일이 현실이 되어 페라리를 갖게 됐습니다. 그건 내 유일한 차였을 뿐 아니라, 유일한 재산이었어요. 당시 중고

루이지 치네티가 1956년에 NART를 결성했을 때, 엔초 페라리는 그에게 '도약하는 말' 엠블럼을 사용할 수 있는 권한을 주었으며, 치네티는 그 엠블럼을 양식화된 미국 국기 및 NART라는 머리글자 사이에 넣어 사용했다.

페라리 값이 9000달러였거든요. 유지비요? 누군가가 대신 돈을 내주는지 난 계산서도 받은 적이 없어요."

그녀의 말은 계속 이어진다. "1961년 3월에 세브링 12시간 레이스가 열렸는데, 페라리 베를리네타 모델이 때맞춰 내 손에 들어왔습니다. 나도 참가할 계획이었거든요. 내 동료 카레이서는 오로지 상상 속에서만 레이스에 참가해왔던 재즈 뮤지션이자 색소폰 연주자인 앨런 이거Allen Eager였어요. 나는 사람들이 상상해온 일을 맘껏 할 수 있게 해주는 걸 좋아했고, 그래서 그에게 나와 함께 세브링 12시간 레이스에 참가하고 싶지 않냐고 물었습니다. 물론 그는 좋다고 했습니다. 그리고 바로 레이스 참가 절차를 밟았습니다. 나는 앨런이 인적 드문 라임록* 지역과 뉴저지 바인랜드의 한 작은 레이스 트랙에서 레이싱 연습을 할 수 있게 해주었습니다. 그는 운전에 재능이 있었으며, 모든 레이스 코스는 아니더라도 실제 코스에도 아주 잘 적응했습니다."

데니스 매클루게이지의 말을 더 들어보자. "세브링 12시간 레이스에서 우리는 전 부문 10위를 차지했고, GT 부문과 그랜드 투어링 부문에서 우승했습니다. GT 부문 우승을 차지한 우리는 필 힐과 올리비에 젠데비앙이 공장 테스타 로사 모델을 몰고 처음 전 부문 우승을 했을 때 받은 것과 같은 상금(2000달러)을 받았습니다. 우리는 그 돈이 다 없어지기 전에 항공편을 이용해 페라리 자동차를 유럽으로 보내 독일 뉘르부르크링에서 열리는 1000km 레이스에 참가했습니다. 세상만사가 다 그렇듯 그 이후에는 레이싱이 더 쉬워졌습니다."

"나는 세브링 12시간 레이스 기록이 있는 참가자였습니다. 그것만으로도 NART 회원 자격이 충분했습니다. NART는 오늘날 우리가 알고 있는 레이싱 팀과는 전혀 달랐거든요. 동네 놀이터에서 즉석 농구 자동차 전문지 《로드 앤 트랙》의 테스트에 따르면, 첫 NART 스파이더 모델의 최고 속도는 시속 약 241km였다. 그리고 실내는 페라리의 전통에 충실해, 불필요한 장식은 없이 꼭 필요한 장치들과 손으로 짠 가죽 대시보드뿐이었다. 시트들에는 검은색 가죽이 씌워져 있었다. 전체적인 배색이 첫 자동차의 부드러운 노란색 외양과 뚜렷한 대조를 보였다. 275 시리즈에 사용된 커다란 메탈-게이티드 쉬프터에 주목하라.

시합에 나가는 팀에 더 가까웠죠. 하지만 뭐랄까 아주 진지하게 참가하는 팀이었죠. 모든 레이스를 앞두고 루이지는 누가 참가 가능한지, 자신이 누구에게 참가 기회를 주고 싶어 하는지, 그리고 누가 돈이 많은지 등에 따라 즉흥적으로 참가자들을 결정했습니다. 또한 전도유망하거나 실력이 입증된 카레이서에게 레이싱을 제대로 할 수 있거나 할 수 없을 부유한 고객을 짝지어주었습니다. 그러곤 신중한 계획을 짰죠. 그러니까 좋은 성적을 내기 위해 가장 뛰어난 카레이서가 더 오래 운전석에 앉게 한 겁니다. 그러나 앞으로 열릴 레이스에서 많은 후원금을 내줄 고객이 뭔가 밑지는 장사를 한다는 느낌을 받지 않아야 했죠. 루이지는 그런 곡예에 아주 능했어요." 데니스 매클루게이지의 회상은 계속 이어진다.

"따라서 NART는 그 어떤 드라이버든 루이지가 지명한 드라이버들로 이루어진 팀이었습니다. 그는 그 어떤 레이스든 7명에서 8명 정도의 드라이버를 참가시켰습니다. 나뿐 아니라 다른 드라이버들 역시 깊이 생각해볼 필요도 없이 전부 다 NART 드라이버들이었습니다." 데니스 매클루게이지의 말이다. "그러니까 우리는 그저 루이지가 내준 자동차를 몰았던 겁니다. 지나고 나서 보니 NART는 진정한 레이싱 팀 구조를 띠고 있었던 것 같습니다. 그렇게 세월이 흘러, 지난 레이스들에 질서를 부여하고 그걸 역사라 부르게 만든 사람들은 NART의 일원으로 활동한 모든 카레이서들의 명단에 들어 있습니다. 내 이름 역시 그 명단에 들어 있었고, 나는 그걸 보면서 내가 NART의 카레이서라는 걸 실감했습니다. 그 명단은 정말 인상적인 명단입니다. 거기에는 필 힐, 댄 거니, 스털링 모스, 리치 진터, 존 수르티스John Surtees, 로드리게즈 형제, 짐 홀Jim Hall, 마리오 안드레티, A. J. 포이트A. J. Foyt 같이 유명한 카레이서들의 이름이 들어 있습니다."

데니스 매클루게이지가 몰았던 가장 잘 알려진 NART 자동차는 최초의 275 GTS/4 모델이

NART 모델에 사용된 티포 226 12기통 엔진은 1965년 페라리 공장 팀이 사용했던 레이싱용 P2 시제품 엔진들을 토대로 제작되었다. 이전의 배기량 3.3리터짜리 GTB 모델과 디자인에서 가장 눈에 띄게 달라진 건 듀얼 오버헤드 캠샤프트들이었다. 개선된 12기통 엔진은 최대 출력이 8000rpm에서 330마력에 달했으며, 사진에서와 같이 6개의 웨버 40 DCN17 카뷰레터들이 장착되어 있었다. 이처럼 카뷰레터들이 드러난 엔진 사진은 보기 힘들다.

었다(엄밀히 말해 그 모델은 NART 자동차가 아니었지만). 그전 해에 열린 세브링 12시간 레이스에서는 NART 소속 카레이서 마리오 안드레티가 웹스터즈Webster's로 알려진 커브에서 사고에 연루됐고, 그 사고로 관중 두 사람이 숨졌다. 그 사고로 각종 소송 위협에 직면하게 되면서 루이지 치네티는 이듬해에 레이스에 참가할 수 없었다. 사실 소송 위협 때문에 그는 플로리다에 계속 머물지도 못했다. "그는 스파이더 모델을 내게 넘겼고(그때 그에게 1달러라도 줘야 했던 게 아닌지), 나는 그 자동차를 몰고 세브링 12시간 레이스에 나갔습니다." 데니스 매클루게이지의 말이다. "당시 나는 버몬트 북부의 슈거부시 스키 리조트 지역에 살고 있었고, 그래서 'NART'의 A에서 가로 막대를 날리고 그걸 뒤집어 NVRT, 즉 '북 버몬트 레이싱 팀North Vermont Racing Team'으로 만들었습니다. 그 시절엔 모든 게 단순했던 걸까요?"

데니스 매클루게이지는 계속 말을 이었다. "그 당시엔 드문 일이었지만, 우리에겐 스폰서가 있었습니다. 미국 석유 기업 CITGO가 주유소에서 휘발유를 가득 채운 고객들에게 사은품으로 주기 위해 내가 쓴 책 『당신은 여성 운전자입니까?Are You a Woman Driver?』를 구입했습니다. 그 당시는 주유소에서 경험할 수 있는 일들도 지금과는 달랐죠. 그런 CITGO가 나와의 관계를 확대해 세브링 12시간 레이스에 참가하는 페라리 275 GTS/4를 후원하고 나섰던 것입니다. 당시 그들이 루이지에게 6000달러를 지급했던 걸로 기억합니다."

"루이지가 레이스 코스에 모습을 드러내지 못한 상황에서, 엎친 데 덮친 격으로 카레이서 배치까지 무계획적으로 이루어졌습니다. 적어도 처음엔 그랬습니다." 레이스가 진행되며 페라리 NART의 다른 5명이 순위권에서 멀어지고, 트랙 위에 남은 도약하는 말은 매클루게이지의 연노란색 컨버

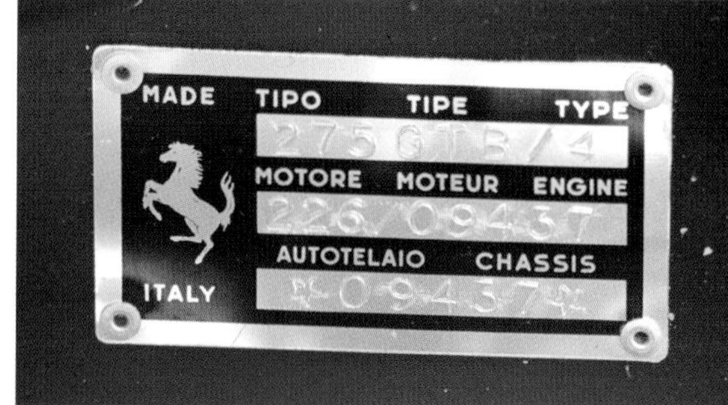

최초의 NART 스파이더 모델에 붙어 있던 등록번호판은 지금도 해당 자동차가 275 GTB/4, 즉 베를리네타 모델이라는 걸 확인시켜주고 있다.

데니스 매클루게이지는 미국 최초의 프로 여성 카레이서들 중 하나로, 275 GTS/4 NART 스파이더 모델을 몰고 레이스에 참가했다. 그녀가 새로운 포-캠이 장착된 스파이더 모델을 처음 몰게 된 건 1967년 세브링 12시간 레이스에서였다. © Dave Friedman

터블뿐이었다. 그리고 5대의 페라리 자동차들이 탈락한 가운데, 한가해진 페라리 정비공들은 모두 페라리 팀이 전멸하는 걸 막는 데 힘을 보태겠다는 바람으로 매클루게이지의 피트로 몰려들었다. "그들이 거기에 문제의 피트 스톱을 위해 모여 있던 것인지 잘 모르겠는데요. 어쨌든 타이어를 4개 다 제거했는데 갈아 끼울 것이 3개밖에 없었습니다! 그래서 자동차 한쪽엔 닳아빠진 타이어, 다른 한쪽엔 새 타이어를 낀 상태로 트랙을 돌았고, 결국 다시 피트 스톱을 해야 했습니다. 그 바람에 또다시 시간을 뺏겨 다 잡았던 GT 부문 우승을 놓치게 됐죠. 당시 우승을 한 셸비 아메리칸Shelby American* 레이싱 팀은 특별 보너스도 받았다더군요. 나중에 그들의 수석 정비사가 제게 그러더군요. '우린 여자한테 지고 싶진 않았어요!'"

"제가 몰았던 노란색 스파이더는 루이지가 스카글리에티에게 미국 시장용으로 제작해달라고 의뢰했던 25대의 피닌파리나 컨버터블 모델들 중 첫 번째 모델이었습니다. 실제로는 10대만 제작됐지만요." 매클루게이지의 말이다. "우리의 레이스카는 보디가 알루미늄인 2대 중 1대였고, 레이스에 참가한 유일한 자동차였습니다."

매클루게이지는 이렇게 말을 이었다. "엔초는 오픈카를 좋아하지 않았지만 루이지는 좋아했습니다. 엔초는 노란색 자동차도 좋아하지 않았지만 루이지는 좋아했습니다. 루이지가 제게 웃으며 말하더군요. 엔초가 '이건 뭐 아예 택시를 만들었군!'이라고 했다고요. 하지만 루이지는 자신의 차가 심사위원들 눈에 좀 더 잘 띄었다면 르망 24시간 레이스에서 세 번이 아니라 네 번 우승했을 거라 믿었습니다. 자신의 짙은 색 차가 빗속에서 잘 보이지

않아 트랙 한 바퀴를 돈 게 누락됐는데, 그 한 바퀴만 제대로 계산됐어도 우승할 수 있었을 거라 생각한 겁니다. 노란색 차는 잘 보여 그런 일이 없을 거라 믿은 거죠."

세브링 12시간 레이스 이후에 NART 스파이더 모델은 스티브 맥퀸(그는 여섯 번째 NART 스파이더 모델을 구입했음)과 함께 그리고 영화 〈토마스 크라운 어페어〉 1968년 버전에서 페이 더너웨이와 함께 잠시 영화에 출연하기도 했다. 당시 그 모델은 카메라에 더 잘 잡히

는 진홍색으로 칠해졌다. 그런 다음 여러 해 후인 1987년에 플로리다에서 복구 작업을 거쳐 다시 원래의 노란색으로 돌아갔다. 그리고 NART 스파이더 모델은 페라리 클럽에서 열린 미국 판매 25주년 기념 자동차 전시회에서 '베스트인쇼' 상을 받았다. 공교롭게도 당시 매클루게이지가 그 행사의 시상자로 트로피를 건넸다. 그때 그녀는 "일부 사람들에게는 향수에 젖게 만드는 행사"라는 말을 했다. 매클루게이지는 그 당시에 있었던 일을 하나 더 밝혔다. 스티브 맥퀸이 뉴욕을 떠나 스타가 되기 전에, "우리 두 사람은 그리니치 빌리지에서 연인 사이였으며 둘 다 영국 스포츠카 제조사 MG의 MG-TC 미드겟 모델을 갖고 있었습니다"라고 밝힌 것이다.

매클루게이지는 말했다. "저도 들은 얘기인데, 어쨌든 훗날 이 유명한 NART 스파이더 모델을 판매한 돈은 미국 잭슨빌에서 브루모스 포르쉐Brumos Porsche 모델이 탄생하는 데 필요한 자금으로 쓰였다고 하더군요. 그 차는 2005년 페블 비치 자동차 전시회에서 그 주에 경매에 나온 그 어떤 차보다 비싼 가격인 360만 달러에 팔렸습니다. 당시 나는 루이지 치네티 주니어를 조수석에 태운 채 그 차를 전시회 플랫폼으로 몰고 갔습니다."

"아마도 루이지 치네티가 살아 있었다면 웃으면서 어깨를 으쓱해 보였을 겁니다."

세브링 12시간 레이스 직후 루이지 치네티는 NART 스파이더 모델을 자동차 전문지 《로드 앤 트랙》에 보내 성능 테스트를 받았다. 그 잡지의 1967년 9월 호에 실린 기사에 따르면, NART 스파이더 모델은 시속 약 249km라는 인상적인 최고 속도를 기록했고, 정지 상태에서 4분의 1마일(약 0.4km)에 도달하는 데는 14.7초가 걸렸다. 《로드 앤 트랙》은 NART 스파이더 모델을 "세상에서 가장 만족스러운 스포츠카"라고 선언했다.

이 NART 스파이더 모델은 10대밖에 제작되지 않았지만, 페라리 자동차들 중에서도 꽤 높이 평가받는 모델로, 특히 페라리 공장 측에선 전혀 제작할 의도가 없던 모델이어서 더 그렇다. 어쨌든 적절한 스파이더 모델에 대한 루이지 치네티의 비전 덕에 오늘날 우리는 275 GTS/4라는 모델을 갖게 되었다.

카레이서에서 페라리 수입업자로 그리고 다시 레이싱 팀 책임자가 된 루이지 치네티는 자신의 카레이서들과 자동차들로부터 최대한의 역량을 이끌어내는 데 일가견이 있었다. 아래 사진에는 데이토나에서 카레이서 페드로 로드리게즈와 함께 있는 치네티의 모습이 보인다.

치네티 부자와 NART

R. L. 윌슨

나는 25세가 되도록 운전면허증도 없었지만, 1950년대 이후 자동차 레이싱과 페라리 자동차들에 푹 빠져 지냈고, 이런저런 상황들로 NART와 치네티 가족, 그러니까 루이지 치네티 시니어와 코코Coco라는 애칭으로 알려진 그의 아들 루이지 치네티 주니어와 가깝게 지냈다.

페라리 소유주(내 첫 번째 페라리는 246 GTR 디노였다)였던 나는 그 차를 수리하기 위해 해들라임(뉴헤이븐 동쪽)에 있는 내 집에서 치네티 모터스까지 끌고 갔다. 한 번은 여러 해 동안 루이지의 아내였던 사랑스러운 여성 매리언이 내게 혹시 빗속에서 디노를 몰아본 적 있느냐고 물었다(그녀는 그것에 찬성하진 않았다). 또 한번은 미국 재즈 트럼펫의 전설 마일스 데이비스Miles Davis의 로드 매니저가 데이비스의 흰색 246 GT 모델을 수리하기 위해 치네티 모터스를 찾았다. 페라리를 비롯한 고성능 자동차 애호가였던 마일스 데이비스는 루이지의 고객이었으며, 그것은 1946년 엔초 페라리가 루이지와 사업 얘기를 나누게 된 이유들 중 하나이기도 했다. 루이지는 내게 자신들은 그가 19세쯤 됐을 때부터 친구 사이였다고 했다.

한번은 루이지가 내게 포뮬러 투 페라리를 팔았는데, 그건 그가 1960년대 말에 수입한 5대의 자동차들 중 하나였다. 그 아름다운 자동차는 2년여 동안 내 해들라임 사무실에서 가장 소중한 작품이었다. 지금도 기억하는데, 그 차가 자신의 그리니치 자동차 전시실을 빠져나올 때 루이지는 고개를 돌려 자기 사무실로 들어갔다. 그 아름다운 자동차는 수년간 붙박이 가구처럼 늘 전시실에 있었고, 그래서 감정적 애착 같은 걸 갖고 있었던 것이다. 루이지는 최고의 고성능 자동차, 즉 레이스카에는 영혼이 있다고 생각했다. 루이지 치네티가 세상을 떠나기 전까지 오랜 세월 동안, 나는 치네티 부자와 관련해 많은 이야기를 들을 수 있었다. 레이싱 분야에서 많은 모험을 하고 있다는 이야기도 들었고, 최고의 스포츠카들을 제작하고 있을 뿐 아니라 최고의 고객들을 상대하고 있다는 이야기도 들었다.

1981년부터 1983년까지 나는 르망 24시간 레이스에 참가하는 루이지의 카레이서들을 후원했다. 후원자들은 레이스 관련 일들과 비용에 일조하면서 레이싱 팀 전용으로 임대한 시골 저택에 머물 수 있었다. 그리고 말없이 조용히 후원하는 사람들은 르망 24시간 레이스의 일부나 다름없었다. 그들은 레이싱 팀원들과 함께 식사를 했고 치네티 수행단과 함께 트랙도 방문했으며 각종 자격증도 갖고 있었다.

매년 치네티 부자는 공장에서 특별히 개선한 페라리 512 BB 모델에 올랐다. 당시 후원자들 중에는 프랑스 명품 시계 제조사 카르티에Cartier도 있었다. 나는 사진 출입증을 갖고 있어 마음대로 피트에 들어갈 수 있었고, 트랙 주변을 걸어 다닐 수도 있었다. (자동차들이 시속 320km를 넘는 속도로 쌩쌩 내달리는 상황에서 말이다. 요즘엔 보험사에서 그런 일을 허용하지 않을 것이다.) 안전 요원이 수신호를 해줄 수 있는 경우에는 뮬산느 스트레이트* 끝부분에서 트랙을 가로질러 갈 수도 있었다.

르망 24시간 레이스는 치네티 부자에게 고향 같은 것이었다. 공식 사진작가였던 나는 수천 장의 사진을 찍곤 했다. 특히 루이지 치네티 시니어는 종종 내게 부탁해 오랜 친구들과 함께 사진을 찍었는데, 그들 중 일부는 그가 1930년대 초 파리에서 알파 로메오를 대표해 참가한 첫 레이스 때 만난 친구들이었다.

1982년 르망 24시간 레이스 때에는 르망 지역의 한 수도원에서 성대한 만찬 자리가 마련되었다. 루이지의 르망 24시간 레이스 첫 우승(알파 로메오 레이싱 팀 소속으로) 15주년을 축하하는 자리였다. 그건 아주 중요한 행사로, 모든 고위 관리까지 참석해 구 유럽인들이 더할 나위 없이 잘하는 파티를 열었다.

그 해 후반에는 NART의 여러 카레이서들이 자동차 전문지 《로드 앤 트랙》에서 후원하는 15주년 기념 만찬에 참석하기 위해 뉴욕 웨이브힐을 찾았으며, 거기서 다시 루이지의 르망 24시간 레이스 첫 우승과 그의 놀라운 자동차 관련 경력을 축하했다. 하객들 중에는 댄 거니, 필 힐, 캐럴 셸비Carroll Shelby, 짐 킴벌리, 데니스 매클루게이지, 밥 그로스만 등이 있었고, 그 외에 100명이 넘는 동료 카레이서와 고객 그리고 오랜 친구들(조라 아쿠스-둔토브, 르네 드레퓌스, 존 바이츠, 빌 루거 등)도 있었다. 마리오 안드레티, 리치 진터, 재닛 거스리Janet Guthrie, 스털링 모스 등은 안부를 전해왔다. 그 자리에서 모든 사람들이 NART 출신 카레이서들 중에 고인이 해리 쉘Harry Schell, 그레이엄 힐Graham Hill, 로드리게즈 형제 그리고 마퀴스 드 포르타고Marquis de Portago 등을 기리기도 했다. 다른 많은 사람과 마찬가지로, 마퀴스 드 포르타고의 레이싱 경력 역시 루이지 치네티 덕에 시작되었다(루이지는 파리 리츠 호텔 술집에서 포르타고를 상대로 자동차 레이스가 경마보다 더 흥미롭다고 설득했다).

하버드대학교 호튼도서관 희귀본 컬렉션의 유명한 제본업자 아르노 베르너Arno Werner는 가죽으로 멋진 스크랩북을 만들었다. 모든 하객이 그 책에 서명을 했는데, 그 책에는 많은 사진들과 신문·잡지 기사 스크랩들도 들어 있었다. 그 책은 행사 공동 주관자였던 루이지 치네티 주니어의 소개 후에 내가 증정했다.

몇 년 후 루이지 주니어가 라임으로 이사해 우리는 이웃이 되었으며, 종종 내 사무실에 있는 대화면 위성 텔레비전을 통해 그랑프리 레이스들을 시청하곤 했고, 페라리 클럽 미팅이나 레이싱 행사들에도 함께하곤 했다. 루이지의 50번째 생일 파티도 해들라임의 내 사유지 내에서 열렸으며, 당시 텔레비전 뉴스 프로그램 〈60분〉의 진행자 몰리 세이퍼Morley Safer를 비롯해 75명이 넘는 오랜 친구들이 방명록에 기록을 남겼다. 루이지 시니어의 존재로 인해 그가 아니면 반드시 생겨났을 대규모 음식 싸움(코코 때문에 전 세계적으로 유명해진)도 일어나지 않았다.

여러 해 후 『베레타의 세계The World of Beretta』를 집필할 때 나는 페라리 공장에는 클레이 사격 팀이 있는데, 그들이 가끔 발트롬피아 가르도네에 있는 총기 제조업체 베레타Beretta의 주 공장을 방문한다는 사실을 알게 되었다. 베레타의 설립자 우고 구살리 베레타Ugo Gussalli Beretta 자신도 자동차 광으로, 엔초 페라리를 만난 적이 있었다.

나는 책 집필 문제로 출판사와 접촉 중인 상황에서 처음 베레타를 방문했는데, 그때 거기에 루이지 주니어도 왔고 작가 데니스 애들러와 우리 두 사람 모두의 친구인 스티브 피에스태드(출판인 겸 작가)도 왔다. 그때 우리는 페라리 공장에서 하루를 보냈는데, 그들은 우리에게 최신 모델의 자동차들을 몰고 페라리 피오라노 테스트 트랙을 달려볼 수 있게 해주었다(나는 아주 노련하고 전문적인 카레이서인 루이지 주니어가 모는 자동차의 조수석에 앉았다).

수년간 치네티 부자와 여행을 다니다 보니 두 사람 모두 각기 자신만의 독특한 생활방식과 삶의 기쁨을 갖고 있다는 게 분명해졌다. 치네티-NART 이야기는 여전히 말할 게 많다. 치네티 부자가 갖고 있는 1000장 이상의 사진과 수많은 트로피, 그리고 각종 수집품을 보면, 1920년대부터 오늘날에 이르는 레이스용 자동차의 역사가 마치 독특하면서도 놀라운 다큐멘터리처럼 펼쳐진다. 루이지 시니어는 내게 캐나다에서 열린 포뮬러 원 레이스에서 자신의 아들 코코가 캐나다 카레이서 질 빌뇌브Gilles Villeneuve와 경쟁을 벌여(똑같은 자동차들을 몰고) 이겼던 얘기를 들려줬다. 루이지 시니어는 코코가 월드 포뮬러 원 챔피언이 될 수도 있었다고 확신했다. 그러나 코코는 외아들이었고, 그것이 위험하면서도 힘든 자동차 레이스에 전념하지 못하게 된 한 가지 요소가 되었다. 코코를 아는 사람들은 자동차에 대한 그의 지식이 아주 해박하면서도 깊이 있다는 걸 잘 안다. 비록 카메라 렌즈를 통해 지켜본 입장이긴 하지만, 나는 나 자신이 NART 이야기의 일부였다는 사실에 늘 아주 큰 자부심을 느껴왔다.

Cartier
CHAMPAGNE
Comte de Robart
ÉPERNAY
GALLERIA FERRARI
N.A.R.T.
158 F1 '64
MARANELLO
24 HEURES DU MANS
78
STAND-PISTE
WILSON
PRESSE
Performance Marine
GREENWICH, CONNECTICUT
FERRARI
Ferrari
in America
by Albert R. Bochroch
PETERSEN AUTOMOTIVE MUSEUM
North American
Racing Team
N. A. R. T.

Programme officiel
FINI HOTEL
24 HEURES DU MANS
PRESSE 82
PRESSE 83
BOB SHARP Ferrari
CONCORRENTE
1000 MIGLIA
1993
FERRARISSIMA
Dino
VILLA D'ESTE
CIPRIANI
HERMES
Beretta
TEAM
FERRARI CLUB OF AMERICA
1996 ANNUAL MEET
WATKINS GLEN, NEW YORK
Formula 2
FERRARI CLUB
N.A.R.T.
OF AMERICA
N.A.R.T.
les must de Cartier
Ferrari, 50 anni di innovazioni tecnologiche
NORTH AMERICAN RACING TEAM

'도약하는 말'의 가장 큰 후원자들 중 한 사람은 호텔 및 카지노 소유주로 유명한 억만장자 윌리엄 하라(William Harrah)였다. 1961년 5월 하라와 페라리가 이탈리아 마라넬로에 있는 페라리 공장에서 만났다. 하라가 자신의 인맥과 고객들을 통해 페라리의 홍보에 미친 영향은 지대했다.

미국과 세계의 로드카들

치네티 부자가 페라리의 판매와 명성에 미친 지대한 영향력 덕에 북미는 페라리의 지속적인 성공에 없어선 안 될 가장 중요한 시장이 되었다. 따라서 1960년대 말과 1970년대 그리고 오늘날까지 제작된 페라리 자동차들 가운데 상당수는 미국 구매자들을 염두에 두고 제작된 것들이다.

루소 모델은 그전에 나온 그 어떤 모델보다 진정한 투어링카에 가깝고 또 미국 시장에 더없이 적합한 모델이었지만, 페라리 측에서는 이미 1964년 루소 모델과 동시에 제작된 400 슈퍼아메리카를 통해 제대로 된 럭셔리 모델을 개발하고 있었다. 400 슈퍼아메리카 모델 역시 피닌파리나에서 디자인했는데, 그들은 디자인 작업을 하면서 1960년 토리나 모터쇼에서 공개되어 화제가 된 슈퍼패스트 II 모델 등 1960년대 초부터 여러 오토쇼에서 소개된 스타일링 주제들을 그 토대로 삼았다.

400 슈퍼아메리카의 스타일은 1964년에 500 슈퍼패스트 모델로 발전되기도 했으나, 페라리 소유주들과 스포츠카 애호가들 사이에서는 수십 년간 논란의 대상이 되어오고 있다. 한쪽에는 비판하는 사람들이 있는데, 그들은 400 슈퍼아메리카 모델이 균형도 맞지 않고 보기 흉하다고 했다. 한 스포츠카 전문가는 이렇게 적었다. "손으로 또는 종이 한 장을 들어 먼저 차 앞쪽을 가리고 그런 다음 뒤쪽을 가려보라. 도무지 같은 차로 보이지 않을 것이다." 다른 한쪽에는 400 슈퍼아메리카의 디자인을 그 시대의 가장 매력적인 디자인 중 하나라고 하는 사람들이 있었다. 물론 더 부드러워진 보디 라인, 독특한 트랜섬 테일, 덮개 없는 헤드라이트, 우아한 리어 필러와 백라이트 등으로 500 슈퍼패스트가 분명 더 나아 보이긴 했지만, 진실은 그 양극단 사이 어딘가에 있었다.

매끈하면서도 공기역학적인 스타일을 가진 500 슈퍼패스트 모델은 그 이름에 걸맞은 성능을 자랑했다. 보디는 부분적으로 250 GT 베를리네타 루소와 슈퍼패스트의 전신인 400 슈퍼아메리카를 토대로 디자인되었다.

500 슈퍼패스트 모델을 제작하면서 세르지오 피닌파리나는 공기역학적으로 디자인된 쿠페 모델들의 미학적인 라인은 그대로 유지했지만, 500 슈퍼패스트 모델의 라인을 다듬어 페라리와 피닌파리나에게 스타일상의 대성공을 안겨준 250 GT 베를리네타 루소 모델의 라인에 더 가깝게 만들었다.

500 슈퍼패스트 모델은 1964년 3월에 제네바 모터쇼에서 첫선을 보였다. 400 슈퍼아메리카를 대체하는 더 크고 더 럭셔리하고 더 강력한 이 모델은 후드 밑에 콜롬보 디자인과 람프레디 디자인을 토대로 제작된 60도 각도의 12기통 엔진이 장착되어 있었다. 엔진 배기량은 슈퍼아메리카의 3967cm^3에서 4962cm^3로 늘어나, 미국에서 높

피닌파리나는 새로운 모델들을 디자인할 때 이미 인정받은 페라리 스타일 요소들에 크게 의존했다. 예를 들어 슈퍼패스트 모델의 펜더 루버★는 앞서 나온 410 슈퍼아메리카 모델에서 가져온 400 슈퍼아메리카의 펜더 루버와 비슷했다. 펜더 라인은 루소 모델의 펜더 라인을 가져온 것이다. 지금은 고인이 된 디자이너 세르지오 피닌파리나는 이런 말을 했다. "새로운 디자인을 만들어내는 게 늘 쉬운 일은 아닙니다. 전통을 너무 많이 따른다면 스스로 진부해져 혁신적인 디자인을 하지 못할 가능성이 큽니다. 그러나 또 한편으로는, 디자인하는 자동차마다 모두 기발하게 만들려는 유혹에 빠지지 않는 게 중요하다고 생각합니다."

인스트루먼트 패널과 센터 콘솔에 베니어판을 사용한 게 눈에 띄는 500 슈퍼패스트 모델의 실내는 그 당시까지 제작된 그 어떤 페라리 모델보다 럭셔리했다.

이 평가된 배기량인 약 4948.9cm³를 넘어섰다. 이 모든 것은 대형 콜롬보 12기통 엔진의 전반적인 기계적 구조를 토대로 람프레디가 디자인한 60도 각도의 1950년형 롱 블록 12기통 엔진의 108mm 보어 센터들을 이용함으로써 가능했으며, 그 덕에 보어×스트로크가 88×68mm인 하이브리드 엔진이 탄생한 것이다.

410 슈퍼아메리카 시리즈에 사용된 람프레디 엔진은 1956년부터 1959년까지 제작됐으며, 새로운 500 슈퍼패스트 모델과 보어×스트로크가 같았다. 400 슈퍼아메리카 모델과 함께 첫선을 보인 대형 콜롬보 12기통 엔진은 보어×스트로크가 더 낮아져 77×71mm였으며 엔진 배기량은 3967cm³였다. 500 슈퍼패스트 모델의 경우 잠시 이전 람프레디 엔진 치수로 되돌아갔으며, 엔진 최대 출력은 이제 1950년대의 410 슈퍼아메리카 모델 경우와 같은 6500rpm에 400마력이었다. 엔진 압축비를 바꾼 것이 출력을 높인 또 다른 요인이었다. 람프레디 엔진의 압축비는 8.5:1이었으며, 최대 출력은 6000rpm에 340마력이었다. 이후에 나온 엔진들의 경우 압축비가 9:1이었고 최대 출력은 보다 강력한 400마력이었다. 500 슈퍼패스트 모델의 엔진 압축비는 콜롬보 디자인을 토대로 제작된 400 슈퍼아메리카 모델의 경우와 같은 8.8:1이었고 최대 출력은 7000rpm에 340마력밖에

오른쪽 330 GTC 모델은 세 가지 페라리 모델, 즉 400 슈퍼아메리카와 500 슈퍼패스트 그리고 275 GTS 모델의 보디 스타일 요소들이 절묘하게 조합된 작품이다. "자칫 재앙이 될 수도 있었을 조합이죠." 지금은 고인이 된 페라리 역사 전문가 딘 배철러가 언젠가 한 말이다. 그러나 330 GTC 모델은 결국 페라리의 가장 매력적인 2인승 쿠페들 중 하나가 되었다.

안 되었다. 초기의 400 슈퍼아메리카의 경우 엔진 압축비가 9.8:1에 최대 출력이 더 높은 rpm에서 500 슈퍼패스트의 경우와 같은 400마력이었다는 사실을 주목해야 한다. 람프레디 엔진과 콜롬보 엔진 모두 3개의 트윈-초크 웨버 다운드래프트 카뷰레터들이 사용되었다.

1964년 500 슈퍼패스트 모델에는 그 어떤 승용차보다 강력한 엔진이 장착되었다. 약 25대가 제작된 첫 번째 시리즈에는 400 슈퍼아메리카 모델에서와 같은 전기 작동식 오버드라이브*를 쓰는 전면 동기화 방식의 4단 변속기가 사용되었다. 1965년 말부터 1966년까지 10여 대가 제작된 두 번째 시리즈는 바뀐 게 거의 없었지만 양쪽 펜더에 사이드 루버들이 있었고 4단 기어에서 다이렉트 드라이브*가 되는 전면 동기화 방식의 5단 기어박스가 장착되었다.

슈퍼패스트 모델의 휠베이스는 2650mm로 400 슈퍼아메리카 LWB 플랫폼보다 50mm 더 길었고, 윤거는 앞쪽이 1407mm에 뒤쪽은 1397mm로, 앞뒤 모두 400 슈퍼아메리카 모델보다 조금씩 더 넓었다. 서스펜션 디자인은 비슷해서, A-암들과 코일 스프링들이 사용됐으며 프런트 쪽에 늘였다 줄였다 조절 가능한 텔레스코픽 쇼크 업소버

330 GTS 같은 페라리 스파이더 모델들의 전통적인 리어-덱 디자인은 사실상 330 스파이더 모델보다 6개월 먼저 제작에 들어갔던 330 GTC 모델의 쿠페 구조에 놀랄 만큼 잘 들어맞았다.

펜더 루버는 1956년에 나온 410 슈퍼아메리카 모델 이후 페라리의 트레이드마크가 되었다. 피닌파리나는 그 디자인을 계속 수정해, 330 GTC 모델에 이르러서는 아주 예술적인 모습을 띠게 되었다.

위 오른쪽 330 GTC 모델의 경우 실내 스타일을 500 슈퍼패스트 모델에서 가져왔으며, 대시보드에 베니어판을 쓰고 센터 콘솔을 가죽으로 마감한 것이 특징이었다. 파워 윈도(스위치는 시거잭 양옆에 있었다) 역시 여러 가지 편의 시설 가운데 하나였다. 이 모델에는 에어컨도 장착되었다.

가 장착됐고, 리어 활축에는 반타원형 스프링들과 텔레스코픽 쇼크 업소버가 쓰였다. 500 슈퍼패스트 모델의 경우 엔진 이외의 다른 기계적 특성들은 1964년에 나온 330 GT 모델의 사양들과 거의 같았다.

500 슈퍼패스트는 그때까지 나온 페라리 모델들 가운데 가장 럭셔리한 모델이었다. 1974년에 자동차 역사 전문가 한스 태너는 500 슈퍼패스트 모델을 "성능 면에서 롤스로이스 느낌을 좋아하는 사람들에게 더없이 이상적인 프런트-엔진 탑재 방식의 페라리"라고 했다. 그러나 "페라리와 피닌파리나가 그야말로 페라리 '로열'*을 만들어냈다는 데는 이론의 여지가 없다"는 페라리 역사 전문가 앙투안 프루네만

330 GTC 모델에는 이전에 나온 330 GT 2+2 모델 경우와 같은 엔진이 사용됐는데, 배기량 3967cm³에 최대 출력 300마력인 콜롬보 12기통 엔진이었다. 또한 이 모델에는 전면 동기화 방식의 5단 변속기가 장착되었다.

큼 슈퍼아메리카 모델의 특성을 잘 짚어낸 사람은 없다.

페라리 마라넬로 공장의 주력 쿠페인 500 슈퍼패스트 모델은 인스트루먼트 패널과 대시보드와 센터 콘솔에 부드럽고 럭셔리한 가죽을 씌운 뒤 손으로 문지른 목재 장식으로 강조를 했다. 파워 윈도는 물론 버튼식 AM/FM 라디오도 표준 사양이었다.

500 슈퍼패스트 모델 제작이 시리즈로 37대 제작한 뒤 끝나면서 페라리 쿠페와 베를리네타 모델들의 한정 제작 역시 끝났다. 슈퍼패스트와 그 비슷한 모델들은 영영 자취를 감췄고, 그와 함께 절대 잊히지 않을 이탈리아 스포츠카 역사 또한 다음 장으로 넘어가게 된다.

럭셔리 GT 분야에서의 페라리의 발전은 1966년에 330 GTC 모델 루이지 치네티 시니어는 오랜 경력과 또 놀라운 경력을 갖고 있었다. 이 사진은 1991년 새로 나온 페라리 테스타로사 모델 앞에 서 있는 그의 모습. 그는 1994년 93회 생일 축하 파티 직후에 세상을 떠났다.

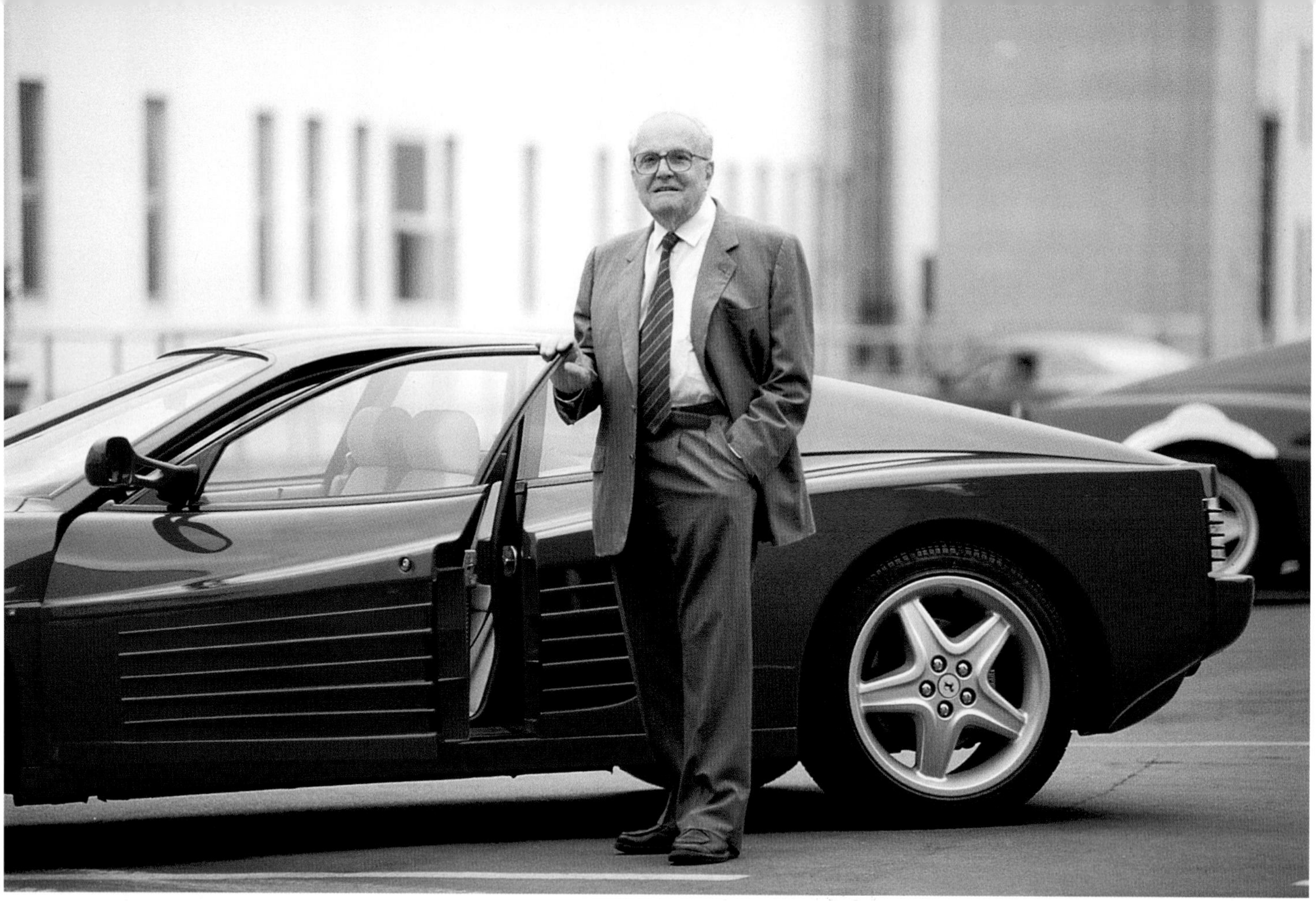

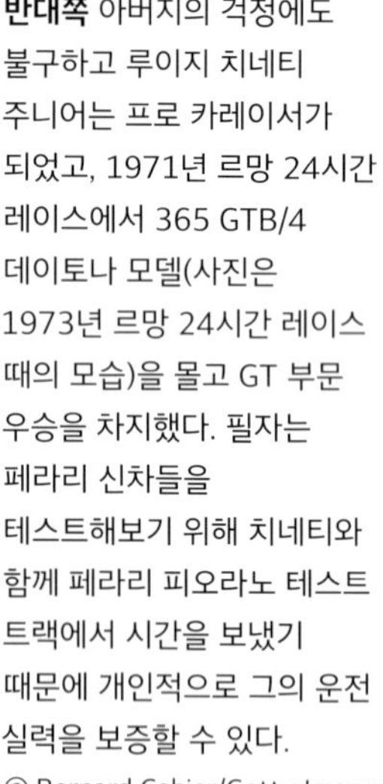

반대쪽 아버지의 걱정에도 불구하고 루이지 치네티 주니어는 프로 카레이서가 되었고, 1971년 르망 24시간 레이스에서 365 GTB/4 데이토나 모델(사진은 1973년 르망 24시간 레이스 때의 모습)을 몰고 GT 부문 우승을 차지했다. 필자는 페라리 신차들을 테스트해보기 위해 치네티와 함께 페라리 피오라노 테스트 트랙에서 시간을 보냈기 때문에 개인적으로 그의 운전 실력을 보증할 수 있다.
© Bernard Cahier/Getty Images

과 GTS 모델들을 내놓음으로써 절정에 달했다. GTC 모델은 1966년 3월 제네바 모터쇼에서 첫선을 보였다. 330 GTC 모델은 275 GTB의 섀시와 330 GT 2+2(1964년에 출시)의 엔진 그리고 400 슈퍼아메리카와 500 슈퍼패스트 모델에 275 GTS 모델의 공기역학적 스타일을 조합한 피닌파리나의 보디 디자인을 활용한, 궁극의 페라리 하이브리드 모델이어서 자동차 역사 전문가 딘 배철러는 "자칫 재앙이 될 수도 있었을 조합"이라 말하기도 했다. 그러나 피닌파리나의 노련한 손을 거치면서 두 종류의 베를리네타 모델과 한 종류의 스파이더 모델에서 디자인을 따와 조합한 330 GTC 모델은 너무도 매력적인 쿠페로 거듭났다.

제대로 된 현대적 페라리 모델이었던 330 GTC에서 특히 눈에 띄는 건 완전 독립 방식의 4륜 서스펜션에 길이가 다른 A-암, 코일 스프링, 조절 가능한 텔레스코픽 쇼크 업소버, 4륜 전체의 디스크 브레이크, 전면 동기화 방식의 5단 변속기가 사용되었다는 점이었으며, 콜롬보 12기통 엔진에서 나오는 최대 출력이 300마력이었다.

또한 330 GTC는 그 어떤 페라리 모델보다 페라리 12기통 엔진의 강력한 파워와 투어링카의 럭셔리한 면들이 잘 조합된 모델로, 빠르면서도 편안하고 조용했다. 게다가 옵션으로 에어컨까지 선택할 수 있었다.

모든 사람을 만족시키기란 늘 힘들지만, 페라리는 330 GTC 모델의 마지막을 장식하기 위해 멋진 전주곡을 만들었다. 이 모델은 1966년 중반부터 1968년 말까지 계속 제작됐으며, 그동안 엔진 배기량은 4.4리터까지 늘어났고, 모델 이름도 365 GTC로 바뀌었다. 그리고 365 GTC 모델은 1969년 말까지 계속 제작되었다.

페라리는 1970년대에 접어들면서 완전히 새로운 로드카와 레이스카들을 개발하고 있었다. 그 자동차들은 다시 한번 디자인과 성능 그리고 엔지니어링 측면에서 완전히 새로운 지평을 열었다. 275 GTB/4 모델이 파리의 페라리 매장에 모습을 드러낸 지 2년 만에 완전히 새로운 365 GTYB/4 데이토나 모델이 첫선을 보였으며, 그 순간부터 모든 게 다시 시작되었다.

1972년에는 페라리의 북미 시장 판매 방식에 일대 변화가 일었다. 미국 동부 지역에서는 치네티 부자와 앨 가스웨이트Al Garthwaite가 동업 관계를 맺었다. 그리고 컴피티션 모터스Competition Motors의 폰 노이만 형제가 페라리 판매권을 갖고 있던 미국 서부 지역에서는 유명한 자동차 수집가이자 카지노 소유주인 빌 하라가 소유한 네바다 리노의 모던 클래식 모터스Modern Classic Motors가 새로운 페라리 수입업체가 되었다.

미국 시장은 애당초 루이지 치네티가 개척한 시장이었는데, 이제 새로운 10년을 맞으면서 그 진정한 계승자들이 무대에 발을 들여놓으려 하고 있었다. 그리고 페라리는 그간 마라넬로 공장에서 나온 그 어떤 스포츠카나 레이스카와 다른 자동차들로 자동차 업계를 뒤흔들게 된다.

8장

1970년대와 새로운 스타일

빨간색만큼 페라리를 잘 나타내주는 것은 없다.
숨이 멎을 듯한 빨간 페라리에 올라타 소리를 지르며 달려보라.
그리고 그 어떤 페라리 모델도 365 GTB/4 데이토나보다 그 빨간색과 잘 어울리진 않는다.
길 가던 젊은이들에게 자신의 미래에 대해 다시 생각하게 하는 자동차였으며,
미래에 대한 야망을 가질 수 있게 해주는 자동차였다.

베를리네타와 스파이더라는 이름은 페라리에서 가장 중요한 두 단어이다. 즉 제작 연도나 모델명을 알기도 전에 자동차의 본질을 알 수 있게 해주는 단어들이다. 그리고 특히 365 GTB/4 모델은 많은 페라리 수집가 사이에서 자동차 디자인에 대한 다양한 접근 방식의 궁극으로 여겨진다.

페라리 데이토나는 1968년에는 베를리네타 모델로, 그리고 이듬해에는 스파이더 모델로 유럽에 소개되었다. 파리 모터쇼에 전시된 이 시제품 쿠페는 사실 카로체리아 피닌파리나에서 만든 세 번째 데이토나 디자인이었지만, 새로운 365 모터를 사용하고 외양이 양산 차에 가까웠던 첫 모델이기도 했다. 또한 275 GTB 섀시를 토대로 제작됐고 모든 보디 패널과 유리들은 후에 나온 365 GTB/4 양산 모델들과는 달랐으며, 1968년 시제품은 실제로 피닌파리나에 의해 제작된 유일한 데이토나 모델이었다. 양산차들의 보디는 스카글리에티에 의뢰해 제작되었다.

페라리가 1940년대 말에 로드카들을 내놓기 시작한 이래, 베를리네타 디자인은 로드카와 레이스카 양 분야에서 페라리 마라넬로 공장의 가장 인기 있는 보디 스타일들 중 하나로 발전했다. 또한 그 같은 페라리 스타일링은 여러 해 동안 대세가 되어, 모든 페라리 자동차에 역동적인 그릴 및 공격적인 전면부 디자인이 적용됐는데, 250 MM 모델과 340 멕시코 모델, 투르 드 프랑스, 250 GTO 모델이 그 좋은 예들이다. 그러나 데이토나 모델의 경우 세르지오 피닌파리나와 그의 직원들이 디자인 방향을 바꿔, 페라리의 상징이 되어버린 타원형 그릴을

처음으로 포기하는 등 그 이전의 모든 페라리 모델들과의 차별화에 나서게 된다.

세르지오 피닌파리나에게 전통을 깨는 것은 결정하기 어려운 일이었다. 그는 10년 넘게 전통을 살리는 쪽으로 페라리 보디들을 디자인해왔으며, 그래서 모델마다 아무리 다른 느낌이 든다 해도 결국 늘 영락없는 페라리 자동차였다. 또한 250 GTO와 250 GTB 루소, 275 GTB 모델 등은 페라리 자동차들 가운데 처음으로 공기역학적인 디자인을 크게 강조한 모델들이었지만, 그 모델들에도 여전히 전통적인 페라리의 스타일 요소가 담겨 있었다. 새로운 365 GT 엔진과 드라이브라인을 장착할 보디의 디자인에 착수하면서, 피닌파리나는 공기역학적 디자인이 이제 자동차의 성능만큼이나 중요하다고 확신했다. 그래서 그는 공격적인 타원형 그릴을 날카롭고 가는 프런트 라인으로 교체하고 프런트-엔드 아래쪽에 수평으로 좁고 기다란 구멍을 내 라디에이터 흡입구를 만들기로 했다. 과감한 접근방식을 통해 크게 떡 벌어진 페라리의 입을 대번에 씩 웃는 모습으로 바꿔놓은 것이다.

프런트-엔드 스타일에 대한 이 새로운 접근방식으로

왼쪽과 반대쪽 1968년에 선을 보인 페라리 365 GTB/4 베를리네타 모델과 1969년에 선을 보인 페라리 365 GTS/4 스파이더 시제품. 둘 모두 헤드라이트가 숨겨진 투명 아크릴 수지 퍼스펙스(Perspex) 소재의 전면부 띠가 특징으로, 미국에서는 허용되지 않은 놀라운 디자인이었다.

한 가지 문제가 제기되었다. 20년 넘게 펜더 디자인의 일부였던 헤드라이트들은 어디에 놓을 것인가? 그런데 365 GTB/4 모델의 경우 적어도 전통적인 의미에서 말하는 프런트 펜더 같은 게 없었다. 이 문제로 페라리 역사에서 가장 드라마틱한 두 번째 변화가 일어나게 된다. 헤드램프들을 프런트 펜더 안쪽으로 밀어넣던 방식을 없애버린 것이다.

365 GTB/4 모델에서 피닌파리나는 헤드램프들을 프런트 데크 라인과 조화를 이룬 직사각형 커버 아래쪽 뒤에 넣는 방식을 택했다. 또한 라디에이터 공기 흡입구 양옆에 조그만 수평 범퍼들을 설치했고, 그 바로 위에 작은 주차등 그리고 프런트 펜더 양옆에는 작고 둥근 차폭등을 달았다. 1968년 늦여름과 초가을에 이런 변화들을 반영한 최소 1대의 시제품이 제작되었다. 마지막 버전에서는 헤드램프들이 자동차 전면부 조금 뒤쪽에 설치됐으나, 이제 전면부 전체에는 유리 대신 쓰는 강력한 투명 아크릴 수지인 퍼스펙스 띠가 둘러쳐졌다. 그런 다음 폭이 약 20cm인 퍼스펙스 소재의 전면부 띠가 주차등과 차폭등을 통합하기 위해 프런트 양쪽 모서리 부근, 그러니까 프런트 휠 아치들에 조금 못 미치는 위치로 옮겨졌다. 또한 전면부 띠는 기본적으로 투명했으며(안쪽 표면에는 흰색 수직선들이 쳐져 있었음) 양 끝에 총 4개의 헤드라이트들이 설치되었다. 그리고 전면부 띠 중앙 부분의 경우 정중앙을 빼고 퍼스펙스 안쪽 표면을 검은색으로 칠하되(흰색 수직선들은 그대로 두고), 아래쪽 보디에 부착한 직사각형 모양의 페라리 엠블럼은 그대로 잘 보이게 했다.

그러나 365 GTB/4 모델에는 혁신적이고 새로운 헤드라

데이토나 모델의 오리지널 디자인에서는 헤드라이트를 투명한 플라스틱 커버 뒤에 감추게 되어 있었다. 그러나 다이내믹한 새 디자인의 경우 미국 연방법에서 요구하는 조건에 맞지 않았고, 그래서 수출 모델들로 바꿔야만 했다. 결국 페라리는 제2의 프런트-엔드를 디자인할 필요가 있음을 알게 됐고, 그래서 요오드 헤드라이트들을 퍼스펙스 소재의 전면부 접이식 커버 안에 집어넣어, 라이트를 끄면 헤드라이트가 그 커버 안으로 들어가고 켜면 밖으로 튀어나오는 스타일(콜벳 스타일)로 프런트-엔드 부분이 재디자인되었다. 미국에서 처음 판매된 모델들은 전부 그런 식으로 디자인되었다.

이트 외에도 많은 변화가 있었다. 후드에는 아주 복잡한 일련의 커브들이 있었는데, 이는 이 모델 전체에서 가장 만들기 힘든 부분 중 하나였다. 후드 양쪽 측면과 대략 중간쯤 뒤에는 움푹 팬 공기 배출구가 2개 있었는데, 이 공기 배출구들은 압력이 낮은 지역에 있을 때 물과 기름 혼합 라디에이터를 통해 따뜻한 공기가 빠져나가는 출구 역할을 했다. 후드에 복잡한 커브들이 있는 것에 덧붙여, 앞 유리의 밑 부분에 맞춰 트레일링 에지* 부분에도 커브들이 있었으며, 후드와 앞 유리 간의 간격은 양 측면에선 1인치(2.54cm)도 안 되고 후드의 중심선 부분에선 몇 인치나 되는 등 차이가 있었다. 그와 동시에 후드의 평평한 부분은 후드 맨 뒷부분 가장자리 일대가 위로 치켜 올라가 루버* 같은 효과를 내, 이론적으로 공기가 앞 유리 밑을 파고드는 게 아니라 앞 유리를 타고 위로 흘러가게 된다.

데이토나 시제품(아래)의 경우 트렁크 디자인이 달라, 트렁크가 양쪽 테일라이트 사이의 리어 에이프런까지 이어지진 않았다. 데이토나 시제품은 275 GTB 섀시를 토대로 제작되었으며, 모든 보디 패널과 유리들은 이후에 나온 GTB/4 양산 모델과는 달랐다. 그리고 1968년에 나온 시제품은 피닌파리나에서 제작된 유일한 데이토나 모델이었다.

365 GTB/4 베를리네타 모델들은 데이토나 레이스와 르망 24시간 레이스, 왓킨스 글렌 레이스, 투르 드 프랑스 레이스에선 뛰어난 활약을 했으나 세브링 12시간 레이스와 스파 프랑코르샹 레이스에선 좋은 성적을 내지 못했다. SEFAC 페라리 연보에 따르면, 데이토나 모델은 마지막으로 나온 프런트 엔진 방식의 위대한 12기통 엔진 모델로 군림했다. 사진에선 NART의 데이토나 모델 2대가 1972년 르망 24시간 레이스의 GT 부문에서 질주하고 있다. 참고로 SEFAC은 Societa per Azioni Esercizo Fabbriche Automobile le Corse의 줄임말로, 1960년부터 1969년까지 페라리 S.p.A의 기업명으로 쓰였다. 엔초 페라리는 1969년에 회사 지분 50퍼센트를 피아트에 넘겨, 그때부터 로드카 제작은 피아트에서 맡게 된다.
© Bernard Cahier/Getty Images

후드가 앞 유리를 에워싸고 돌아가며 생기는 큰 간격은 두 가지 역할을 했다. 엔진룸의 공기를 추가 배출하는 역할도 하고 앞 유리 와이퍼들이 들어갈 공간 역할도 한 것이다. 이론상 와이퍼는 운전자의 시야에 들어오지 않아야 하며, 그래야 성가신 반사가 일어나지도 않고, 또한 후드 뒤쪽 루버 뒤로 들어감으로써 공기역학적으로도 도움이 된다. 그리고 실제 상황에서 와이퍼들은 언제든 앞 유리를 닦을 수 있게 대기하고 있어야 했다.

페라리 공장의 보도 자료에 따르면, 이중 커브가 있는 커다란 앞 유리는 '극도로 공기역학적인 선'을 갖고 있었으며 뒤쪽으로 급경사를 이루고 있었다. 또한 앞 유리는 눈에 보이는 고무 개스킷* 없이 보디에 부착되어 있었고, 그 덕에 라인이 매끄럽게 개선됐으며, 대신 앞 유리는 얇은 줄 같은 밝은 메탈 소재로 둘러쳐졌다.

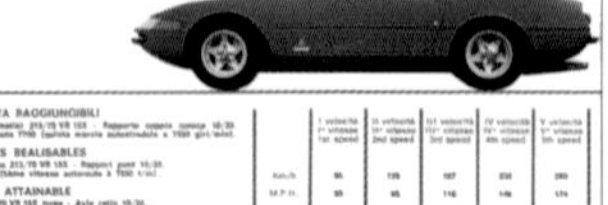

페라리와 피닌파리나는 1968년 10월에 파리 모터쇼에서 완전히 새로워진 365 GTB/4 데이토나 모델을 세상에 선보였다. 당시 이 모델은 페라리 역사상 가장 비싸고(거의 2만 달러) 가장 빠른(시속 280km라는 페라리 측 주장은 1970년에 행해진 《로드 앤 트랙》 테스트에서 시속 1.6km 이내의 오차밖에 안 난다는 게 입증되었다) 로드카였다. 사진 속 자동차는 1968년에 공개된 바로 그 시제품이다. 최초의 공장 판매 책자는 프랑스어, 이탈리아어 그리고 영어 이렇게 세 언어로 인쇄되었다.

LA FERRARI COSTRUISCE IN PICCOLA SERIE MOTORI A 12 CILINDRI DAL 1946 E LE SUE VERE GRANTURISMO COMPENDIANO LE ESPERIENZE DIRETTE DI 22 ANNI DI VITTORIOSE AFFERMAZIONI.

DEPUIS 1946 FERRARI CONSTRUIT EN PETITE SÉRIE DES MOTEURS 12 CYLINDRES ET LES VOITURES ACTUELLES DE GRAND TOURISME SONT LA PANACÉE DE 22 ANS D'EXPÉRIENCES VICTORIEUSES.

FERRARI HAVE BEEN MANUFACTURING LIMITED PRODUCTION 12 CYLINDER ENGINES OF VARIOUS CAPACITY SINCE 1946 AND THEIR RANGE OF THOROUGHBRED GRAN TURISMO CARS INCORPORATES THE DIRECT EXPERIENCES OF 22 YEARS OF UNEQUALLED RACING SUCCESSES

365 GTB 4 pininfarina

AUTOTELAIO. Cambio posteriore a 5 velocità tutte sincronizzate e silenziose, comandate con leva centrale - Sospensioni anteriori e posteriori a ruote indipendenti a quadrilateri trasversali - Differenziale autobloccante a lamelle, incorporato nel cambio - Telaio tubolare - Direzione ed articolazioni indipendenti, guida a sinistra; a destra se richiesta - Freni a dischi ventilati sulle 4 ruote, comandati da pompa idraulica con stantuffi coassiali. Due circuiti completamente separati e servofreno: freno meccanico sulle ruote posteriori mediante comando a mano - Passo mm 2400 - Carreggiata anteriore mm 1440 - Carreggiata posteriore mm 1425 - Peso a vuoto della vettura carrozzata kg 1200 - Serbatoio carburante in lega leggera lt 128 - Consumo carburante ogni 100 km lt 20/23 - Ruote fuse in lega leggera con pneumatici 215/70 VR 15X - Condizionamento d'aria, radio, ruote a raggi: a richiesta.

CHASSIS. Boite AR à 5 vitesses, synchronisées et silencieuses, commandées par levier central - Suspensions AV et AR à roues indépendantes, à traverses quadrilatères - Différentiel autobloquant à lamelles, incorporé dans la boîte de vitesses - Châssis en tubes d'acier - Direction à articulations indépendantes, conduite à gauche; à droite, à demande - Freins à disques ventilés sur les 4 roues, actionnés par pompe hydraulique avec plongeurs co-axiaux. Deux circuits séparés et servofrein; frein à main sur les roues AR, avec commande mécanique - Empattement 2400 mm - Voie avant 1440 mm - Voie arrière 1425 mm - Poids à vide: 1200 kgs - Réservoir d'essence, en alliage léger: 128 lt - Consommation de carburant par 100 kms: 20/23 lt - Roues en alliage léger coulé, avec pneus 215/70 VR 15X - Système d'air conditionné, radio, roues à rayons à demande.

CHASSIS. Rear mounted gearbox with five all synchromesh and silent speeds, operated by a central floor lever - Front and rear suspension with independent wheels and transverse members - Limited-slip differential, embodied in the gearbox - Tubular frame - Worm and peg steering, left-hand drive; right-hand drive optional - Ventilated disc brakes on the 4 wheels, operated by a hydraulic pump and coaxial plungers. Two separate circuits and brake booster; hand brake on the rear wheels operated by lever - Wheelbase 94.4 in - Front track 56.6 in - Rear track 56.1 in - Dry weight 2650 lb - Capacity of the light alloy fuel tank 28 Imp gal - Fuel consumption 13/14 miles per Imp gal - Cast light-alloy wheels - Tyres size 215/70 VR 15X - Optional: Air conditioning, radio, wire spoke wheels.

Ferrari

365 GTB 4 pininfarina

Yates, Gurney,

예이츠와 거니, 그리고 캐논볼 페라리 데이토나 모델 - 스테이시 브래들

1971년 11월 15일 자정 직후 8팀의 카레이서들이 '캐논볼 베이커 시-투-샤이닝-시 추모 트로피 대시Cannonball Baker Sea-to-Shining-Sea Memorial Trophy Dash' 레이스 출발을 위해 뉴욕 31번가에 있는 레드볼개러지로 모여들었다. 이 레이스는 유명한 대륙 횡단 카레이서 조지 어윈 '캐논 볼' 베이커George Erwin "Cannon Ball" Baker를 기리기 위해 만들어진 것으로, 38년 전인 1933년에 베이커가 세운 미 대륙 횡단 기록 53시간 30분을 깨는 게 그 목표였다.

캐논볼 레이스는 자동차 전문 잡지 《카 앤 드라이브Car & Drive》의 필자였던 브록 예이츠Brock Yates에 의해 타임 레이스★ 형태로 만들어졌는데, 예이츠 자신은 이렇게 설명했다. "모든 카레이서는 출발지부터 목적지까지 자신이 선택한 루트를 따라 자신이 선택한 자동차를 몰고 자신이 생각하는 실용적인 속도로 운전하게 됩니다." 또한 캐논볼 레이스는 미국인들의 개인주의를 받아들이면서 동시에 레이싱을 하며 당시의 정치 풍토도 비판하는 그런 레이스였다.

오늘날과 마찬가지로 1960년대와 1970년대도 인종 및 정치 불안이 심각한 시대였으며, 그 결과 시민들의 시위가 아주 흔했다. 규모가 제한적이긴 했으나, 캐논볼 레이스 역시 연방정부 차원의 자동차 관련 안전 규정 및 엄격한 보험 정책들에 반대하는 시위였으며, 랠프 나다르Ralph Nadar가 자신의 저서 『어떤 속도든 위험Unsafe of Any Speed』에서 조장한 자동차에 대한 두려움에 반대하는 시위이

당시 상황에서 생각해보면, 캐논볼 레이스는 단순한 레이스가 아니라 '유일한 규칙은 규칙이 없다는 것'을 표방한 레이스였다. 그러니까 운전자들에게 각종 규제를 가하고 미국인들의 권리를 제한하는 법들이 점점 늘어가는 것과 관련해 기득권층을 향해 거부감을 표하고 고속으로 드라이브를 즐길 수 있는 주간 고속도로를 높이 평가하는 레이스였던 것이다.

캐논볼 레이스의 신조는 자동차 개선에 대한 필요성 없이 운전자의 능력대로 "평소 달리던 대로 달리자"는 것이었다. 그런 신조는 그 어떤 캐논볼 레이스보다 1971년 캐논볼 레이스에서 잘 구현되어, 그 레이스에는 많은 고성능 레이스카들이 아니라 쉐보레 체비 밴Chevy Van 1대, 닷지 밴Van 2대, 캐딜락 세단 드 빌Sedan de Vill 1대, 1969년형 AMX 1대, 트라브코 모터 홈Travco Motor Home 1대, MGB GT 1대 그리고 1971년형 페라리 365 GTB/4 등 그야말로 온갖 자동차가 다 모여들었다.

근본적으로는 자동차도 필요치 않아, 운전자들의 명단과 그들의 다양한 재능만으로도 캐논볼 레이스의 본질을 알 수 있었다. 각 팀의 운전자들은 레이싱, 스피드, 지구력, 안전 규약 등을 제대로 알고 있었다. 또한 캐논볼 레이스는 부담 없는 레이스로 포장된 진지한 비즈니스였다. 그리고 그중 페라리 365 GTB/4 모델은 유독 돋보였으며, 결국 가장 위대한 미국 카레이서들 중 한 사람으로 여겨지는 댄 거니와 캐논볼 레이스 창시자인 브록 예이츠가 핸들을 잡은 그 자동차가 우승

1971년 제1회 '캐논볼 베이커 씨-투-샤이닝-씨 추모 트로피 대시' 레이스에서 35시간 54분 기록으로 우승을 차지한 뒤 올 아메리칸 레이서즈 주차장에서 수노코 블루 페라리 365 GTB/4(Sunoco Blue Ferrari 365 GTB/4) 모델에 기대 포즈를 취한 브록 예이츠와 댄 거니. © AAR Photo Archive

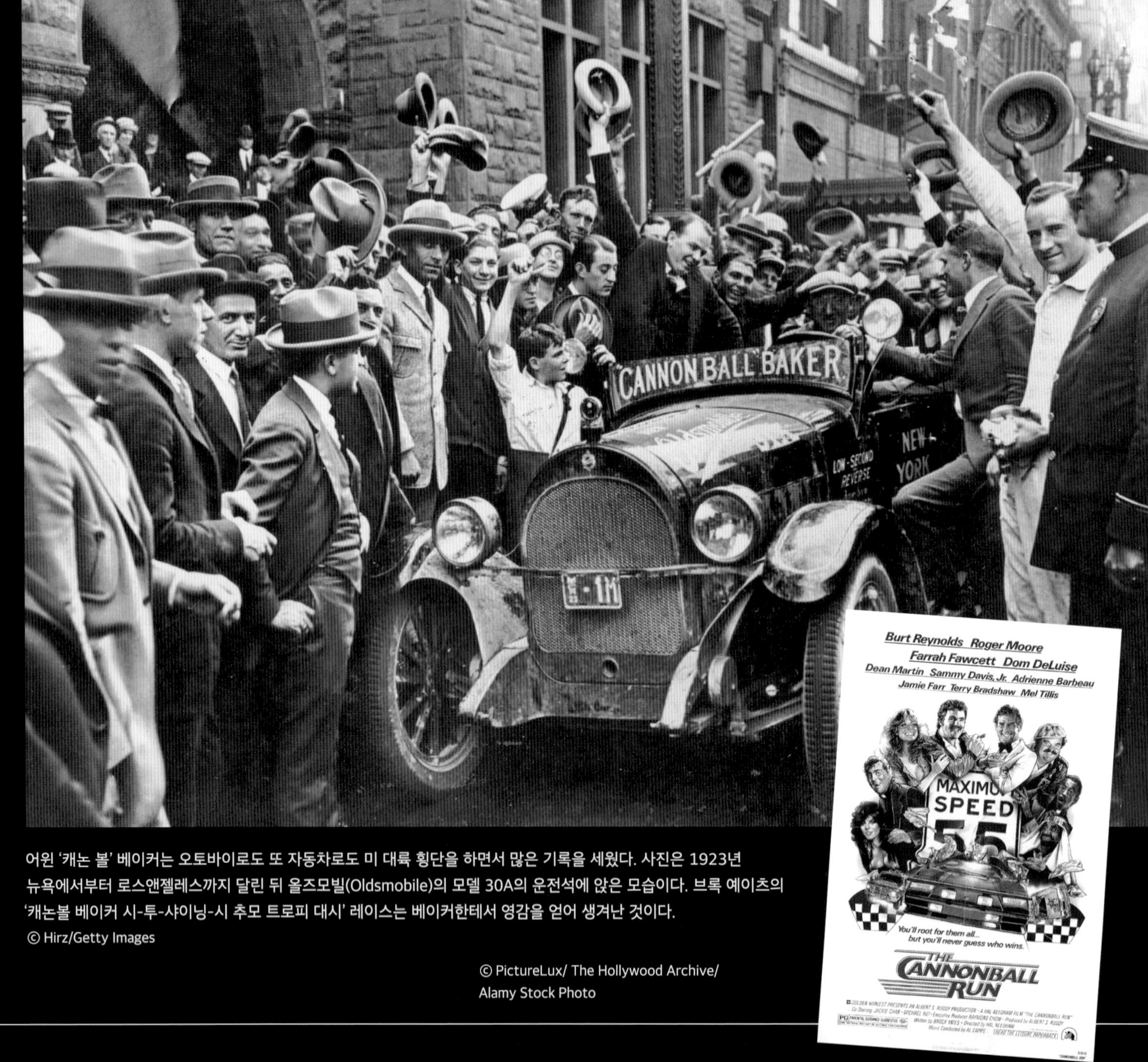

어윈 '캐논 볼' 베이커는 오토바이로도 또 자동차로도 미 대륙 횡단을 하면서 많은 기록을 세웠다. 사진은 1923년 뉴욕에서부터 로스앤젤레스까지 달린 뒤 올즈모빌(Oldsmobile)의 모델 30A의 운전석에 앉은 모습이다. 브록 예이츠의 '캐논볼 베이커 시-투-샤이닝-시 추모 트로피 대시' 레이스는 베이커한테서 영감을 얻어 생겨난 것이다.
© Hirz/Getty Images

© PictureLux/ The Hollywood Archive/ Alamy Stock Photo

페라리 365 GTB/4 모델은 총알처럼 생긴 리어-드라이브 방식의 아름다운 GT 모델로, 1968년부터 1973년까지 제작됐으며, 프런트 쪽에 탑재된 배기량 4.4리터짜리 12기통 티포 251엔진에서 357마력의 최대 출력이 나왔다. 이 모델의 비공식적인 이름은 '데이토나'인데, 그것은 이 모델들이 1967년 데이토나 24시간 내구 레이스24 Hours of Daytona endurance race*에서 1위, 2위, 3위를 휩쓸었기 때문이다. 쿼드-캠 엔진에서 뿜어내는 강력한 힘 덕에 이 모델의 최고 속도는 시속 약 280km였으며 정지 상태에서 시속 100km에 도달하는 데 5.4초가 걸렸다. 365 GTB/4 모델은 레오나르도 피오라반티Leonardo Fioravanti가 제시한 스타일을 토대로 피닌파리나에서 디자인했으며, 그 당시에 가장 빠른 로드카로 여겨졌다.

수노코 블루 캐논볼 페라리 데이토나Blue Cannonball Ferrari Daytona(섀시 번호 14271) 모델은 배기관 소리를 줄이고 팝업 방식의 헤드라이트를 적용하는 등 미국 규정들에 맞춰 변경 과정을 거쳤다. 이 자동차는 루이지 치네티와 함께 페라리를 미국으로 수입하는 일을 했던 커크 F. 화이트Kirk F. White로부터 빌린 것이었다. 이 자동차에는 바로 앞서 언급한 변경 사항들 외에 5점식 안전벨트★와 스폰서 스티커가 붙어 있었고 운전석 도어 쪽에는 브록 예이츠와 댄 거니의 이름을 집어넣은 노란색 세로줄 핀스트립pinstrip도 붙어 있었다.

댄 거니는 처음에는 참여에 동의했으나 스폰서의 반발과 그 일의 불법성 등을 언급하며 취소했다. 브록 예이츠는 곧 서둘러 대체 운전자를 찾아나섰다. 그러나 캐논볼 레이스 바로 전날 댄 거니가 레이스에 참여하겠다는 연락을 해왔다. 그렇게 해서 그는 캘리포니아에서 야간 비행기를 타고 뉴욕에 와 레이스 출발을 하게 된다.

키가 180cm가 넘고 체중이 90kg 정도 되는 거구의 댄 거니와 브록 예이츠는 비좁은 페라리 조종석에 끼어 앉아 레이스 준비를 했다. 그리고 그들은 자정 직후 레드 볼 개러지를 떠나 캘리포니아로 향했다. 레이스 동안 두 사람은 몇 덩어리의 치즈와 약간의 검, 초콜릿 바, 땅콩, 게토레이, 보온병에 담은 커피, 비타민 C 알약 등으로 버텼다. 애리조나의 한 다리 위에서는 얼음에 미끄러져 사고 직전까지 갔으며, 연료 보충을 위해 아홉 번 멈췄고, 속도위반 딱지를 한 장 끊었다. 그리고 약 4628km를 달린 끝에, 거니와 예이츠는 캘리포니아 레돈도비치의 포르토피노 인에 도착해, 35시간 54분의 기록으로 우승을 차지했다.

1971년에 열린 캐논볼 레이스는 미국 역사상 가장 유명한 불법 로드 레이스들 중 하나가 되었다. 또한 이 레이스로 인해 〈캐논볼 런The Cannonball Run〉을 비롯해 수많은 영화들이 탄생했고, 전 세계적으로 이 레이스에 열광하는 팬들이 생겨났으며, 우승 기록을 깨기 위해 도전한 여러 세대의 사람들이 위험에 빠졌다.

캐논볼 레이스를 통해 탄생한 가장 유명한 자동차는 단연 페라리 365 GTB/4 모델이다. 그 레이스를 끝맺으면서 커크 F. 화이트는 댄 거니와 브록 예이츠에게 1만 5000달러를 지급했다. 안타깝게도 당시 두 사람 모두 그 자동차를 인수할 여력이 없었다. 그 자동차는 현재 브루스 매코Bruce McCaw의 차고에 있으며 약 300만 달러의 가치가 있는 걸로 추정된다. 그 자동차는 언제든 레이스카로 쓰일 수 있는 상태이며, 여전히 독특한 수노코 블루 색이 칠해져 있고 노란색 핀스트립이 부착되어 있다. 또한 각종 자동차 경연 대회 및 행사에 모습을 드러내면서, 한때 많은 사람의 상상력에 불을 붙이고, 대륙 횡단 드라이빙에 대한 미국인들의 관점을 영영 바꿔버린 캐논볼 레이스와 많은 운전자들과 자동차들에 대한 증언을 하고 있다.

365 GTB/4 데이토나 베를리네타 모델의 우아한 라인 덕에 페라리 디자인은 새로운 장을 맞게 된다. 사진 속 노란색 자동차는 미국에서는 허용되지 않은 퍼스펙스 소재의 전면부를 사용한 유럽형 모델이다.
© Heritage Images/Getty Images

365 GTB/4 모델의 루프 라인은 트렁크 덮개 부분까지 모자를 비스듬히 쓴 것처럼 기울어져 있어 보디 뒷부분이 패스트백 스타일 느낌이 났으며, 백라이트는 아주 크고 거의 평평했다. 그러니까 앞 유리와 비슷한 방식으로, 가늘고 긴 빛나는 메탈 소재로 둘러쳐져 있었다. 그리고 패스트백 스타일의 끝부분은 리어-덱 덮개와 잘 어울렸으며, 리어-덱 덮개는 시제품 버전에서는 보디 상부의 뒤쪽 가장자리에서 끝났으나, 양산 버전에서는 둥근 테일라이트들 사이까지 확장되었다.

일부 예외(특히 1962년형 250 GT 루소 모델)는 있었으나, 페라리 베를리네타 모델들은 후방 시야가 제한적인 걸로 유명했다. 그런데 데이토나 모델의 경우는 달랐다. 그러나 365 GTB/4 모델을 디자인하면서 피닌파리나는 옆 유리창들을 높였으며, 벨트 라인*부터 위쪽의 평평한 루프 라인까지를 확대해 운전자 어깨 너머의 시야를 넓혀주었다. 문 유리의 양옆에는 프런트 통풍 창이 있었고, 문 유리 뒤쪽 리어 세일 패널에는 리어 쿼터 창이 있었으며, 그 뒤에는 검은색으로 칠한 초승달 모양의 공기 배출구가 있었다. 전체 유리창은 밝고 얇은 메탈 틀로 둘러쳐져 있었으며, 루프 라인을 강조하기 위해 유리창들 위쪽 드립 몰딩*을 따라 또 다른 빛나는 메탈 소재가 둘러쳐져 있었다. 전반적으로 유리창이 커지면서 자동차 뒤쪽 절반의 시각 효과가 밝아졌고 운전자의 시야 또한 훨씬 더 넓어졌다.

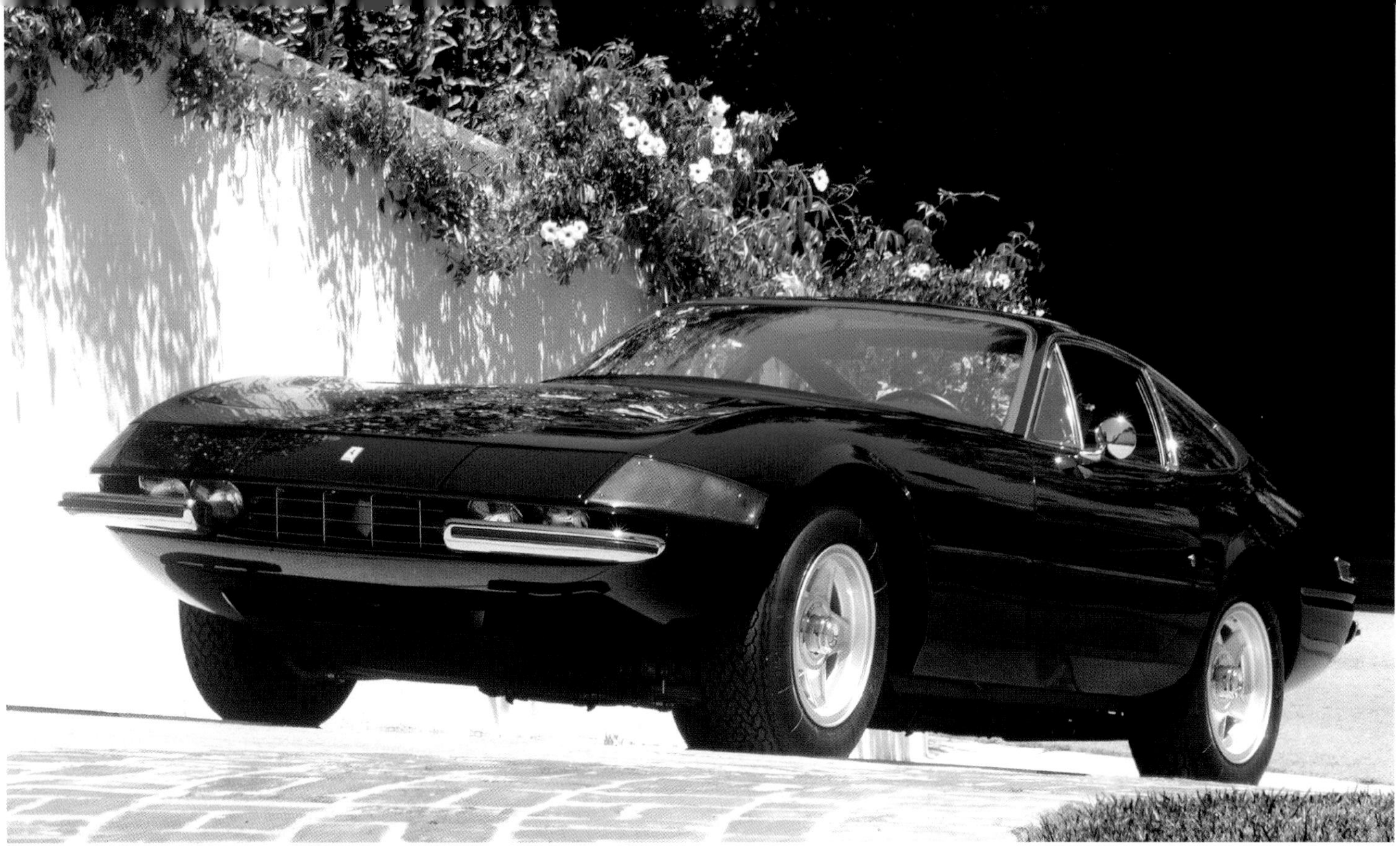

다른 모든 측면에 동일한 디자인을 적용해 수출용으로 허가 받은 모델들에는 팝업 덮개가 있는 쉐보레 콜벳 스타일의 헤드라이트 디자인이 활용되었다. 그래서 헤드라이트들이 튀어나올 경우 난기류가 형성되어 공기역학적으로 디자인된 후드 라인을 넘어가는 공기의 자연스러운 흐름이 방해를 받게 되었다.
© Heritage Images/Getty Images

불필요한 장식들을 제거하겠다는 피닌파리나의 결심을 따르는 과정에서, 유리창을 둘러싼 테두리가 그나마 살아남은 유일한 빛나는 메탈 소재 또는 메탈 장식이 되었다. 심지어 전통적인 도어 손잡이까지 제거되었다. 대신 작은 레버가 도어 유리창 아래쪽과 평행으로 돌아가게 되어 있어, 유리창 테두리의 일부에 더 가까워 보였다. 각 도어의 뒤쪽 중앙 부분에는 작은 자물쇠가 있었는데, 그게 피닌파리나가 보디 라인의 자연스러운 흐름이 끊어지는 걸 허용한 유일한 부분이었다.

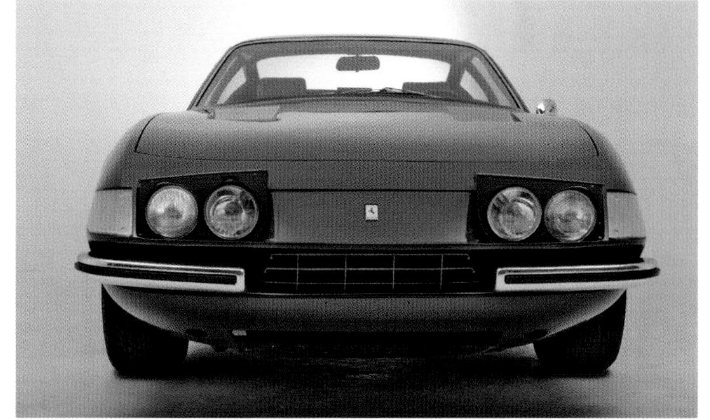

365 GTB/4 모델의 스타일에서 가장 눈에 띄는 특징 중 하나는 골짜기 선troughline, 즉 크롬 트림을 사용하지 않고 보디 패널 상부와 하부를 시각적으로 나누는 역할을 해주는 오목 들어간 몰딩이었다. 자동차의 4분의 3을 에워싼 그 골짜기 선은 보디의 길이를 프런트 휠 아치에서부터 리어 휠 아치까지 늘린 뒤 다시 범퍼들 위 보디 뒤쪽을 에워쌌다. 그 골짜기 선은 날이 긴 나이프 또는 총검의

꼭대기 3분의 1 부분의 오목한 데서 따왔다. 또한 365 GTB/4 모델의 측면들은 로커 패널의 날카로운 안쪽 면에 의해 모양이 다소 좁아졌으며, 그로 인해 자동차는 휠 아치들 사이에서 거의 배럴-사이디드 롤barrel-sided roll 현상을 보였다.

1969년 초에 275 GTB/4 베를리네타 모델의 제작이 중단되면서 생긴 공백을 메우며 나타난 완전히 새로운 365 GTB/4 모델은 파리 모터쇼에서 공개되면서 바로 세상을 떠들썩하게 했다. 그러나 바로 구입하기는 어려웠다. 1969년 후반까지는 많은 수를 제작하지 못했기 때문이다. 365 GTB/4 모델은 미국 규정들에 맞춰 대량

으로 제작된 최초의 페라리 모델이었으나, 유럽 버전이 먼저 시판되었고 미국 규정에 맞춘 자동차들은 1970년 중반까지도 구입하기가 어려웠다. 결국 365 GTB/4 모델은 미국에선 새로운 페라리 수입업체들이 본격적인 매입에 나선 1972년 초가 되어서야 비로소 대량 공급이 가능해졌다.

파리에서 공개된 365 GTB/4 모델은 분명 피닌파리나의 최종 시제품이었던 걸로 보이며, 페라리 레이스카 특유의 선홍색으로 칠해졌으며 실내는 빨간색과 검은색으로 마무리되었다. 섀시 번호 11795를 토대로 제작된 이 시제품은 계속 페라리 공장에 보관되었다가 1970년 12월에 페라리의 포뮬러 원 카레이서들 중 하나인 아르투로 메르자리오Arturo Merzario에게 팔렸으며, 현재는 개인 소장 중이다.

역설적이게도 이 자동차의 가장 큰 매력인 퍼스펙스 소재로 감싼 헤드라이트들은 페라리 측에서 365 GTB/4 모델

365 GTB/4 데이토나 베를리네타 모델의 실내는 아름답게 디자인됐으며 럭셔리했고, 1960년대 말 기준에서 보면 자동차 그 자체만큼이나 외양도 현대적이었다.

이 3개의 엔진을 보면 양산 중인 365 GTB 모델에 서로 다른 에어 클리너가 쓰였음을 알 수 있다. 왼쪽 엔진은 초기 365 GTB/4 모델의 것이고, 오른쪽 아래 엔진은 GTB/4 스파이더 모델의 것이다.

을 미국에서 팔려고 할 때 가장 큰 핸디캡이 된다. 헤드라이트들이 미국 연방법에서 요구하는 필요조건에 맞지 않았기 때문이다. 결국 페라리는 미국에 수출하기 위해선 제2의 프런트-엔드를 디자인해야 할 필요가 있다는 걸 알게 되었다. 그래서 요오드 헤드라이트들을 퍼스펙스 소재의 전면부 접이식 커버 안에 집어넣어, 라이트를 끄면 헤드라이트가 그 커버 안으로 들어가고 켜면 밖으로 튀어나오는 스타일(콜벳 스타일)로 프런트-엔드 부분을 재디자인했으며, 바로 이 대목에서 굳건히 지켜지던 자동차 프런트 표면에 대한 피닌파리나의 공기역학 이론 또한 깨지게 되었다.

혁신적인 변화가 일어난 것은 비단 보디 부분만이 아니었다. 미국에서 1968년에 발효된 연방정부의 자동차 배출 가스 규제들에 맞추기 위해 페라리의 엔지니어들은 배출 가스가 적은 효율적인 엔진을 만

들어냈다.

365 GTB/4 모델의 이름은 실린더당 배기량을 나타내는 페라리의 전통을 따랐으며, 그 뒤에 자동차의 특성을 보다 잘 보여주는 일련의 글자와 숫자들이 이어졌다. 따라서 새로운 베를리네타 모델의 경우 배기량은 실린더당 365cm³(총 배기량은 정확히 4390.35cm³)였고, GT 베를리네타였으며, 캠샤프트가 4개인 엔진이 장착되어 있었다.

60도 각도의 새로운 더블-오버헤드-캠 12기통 엔진 디자인은 이전에 나온 지오아치노 콜롬보Gioacchino Colombo 엔진과 아우렐리오 람프레디 엔진 디자인에서 따온 것이다. 배기량 4.4리터에 6개의 웨버 DCN20 트윈-배럴 40mm 다운드래트프 카뷰레터들이 장착된 이 엔진은 미국 연방 규정들에 맞춘 것으로, 최대 출력이 7500rpm에 352마력이었으며, 전면 동기화 방식의 ZF 5단 변속기가 장착되어 있었다.

275 GTB/4 모델에 뒤이어 나온 데이토나 모델에는 관형 쇼크 업소버와 코일 스프링, 프런트 및 리어 롤링 방지 바가 쓰인 여러 길이의 A-암

위쪽 1960년대 말에 미국인들과 유럽인들이 궁극의 페라리 로드카로 여긴 365 GTB/4 모델의 옆 모습.

1960년대 말에 이르러, 엔초 페라리(마라넬로 공장 정문에서)는 세계에서 가장 유명한 스포츠카 및 레이스카 제조업자로 자리를 굳히게 된다. 그리고 페라리라는 이름은 모든 대륙, 모든 언어에서 인정받는 이름이 된다.

그리고 스파이더 모델이 나타나다: 데이토나 365 GTS/4 모델은 1969년에 처음 공개됐으나, 1971년까지는 제대로 구입할 수 없었다. 사진 속 시제품(일련번호 12851. 프랑크푸르트 국제오토쇼)은 퍼스펙스 소재의 전면부에 헤드라이트를 넣은 유일한 유럽형 모델이었으며, 모든 양산 차들에는 매립식 쿼드 라이트가 사용되었다. 그런 모습을 한 다른 스파이더 모델들은 1980년대의 일반적인 관행에 따라 소유주에 의해 개조됐거나 유럽형 베를리네타 모델에서 스파이더 모델로 변경되었다.
© Picture alliance/Getty Images

들로 이루어진 4륜 독립 서스펜션이 장착되었다. 또한 데이토나 모델에선 4개의 바퀴 모두에 던롭 벤틸레이티드 브레이크 디스크가 장착되었다.

자동차 하부의 경우, 용접된 관형 강철 레더 프레임ladder frame이 2400mm의 휠베이스를 지지하고 있었고, 앞뒤 바퀴 사이의 거리가 일반적인 1438mm보다 더 길었다. 베를리네타 모델의 넓은 구조는 4425mm인 전장 때문에 더 두드러져 보였다.

세상에 처음 공개됐을 때 365 GTB/4 베를리네타 모델은 페라리의 21년 역사상 가장 비싸고 가장 빠른 로드카였다. 2만 달러에 육박했던 데이토나 모델은 페라리 공장에 따르자면 최고 속도가 시속 약 280km였다. 또한 《로드 앤 트랙》의 테스트 결과 정지 상태에서 시속 100km에 도달하는 데 5.9초가 걸렸으며 최고 속도는 시속 약 278km였다.

데이토나 베를리네타 모델의 성공에 힘입어 스파이더 버전이 제작되기 시작했으며 그 버전은 1969년에 첫선을 보였다. 접이식 하드톱이 설치된 스파이더 버전을 제작하는 것은 페라리 입장에선 일종의 전통 같은 것이었지만, 365 GTB/4 데이토나 모델을 버리는 것은 이성에 반하는 일이었다. 데이토나 모델은 고속으로 달릴 수 있는 유럽의 고속도로를 염두에 두고 디자인되어, 페라리 자동차 역사상 가장 공기역학 원칙에 충실한 모델이었다. 피닌파리나의 주장에 따르면, 데이토나 모델의 보디 윤곽은 토리노 폴리테크닉대학교의 풍동에서 실시한 많은 연구 결과에 맞춰 전반적인 라인과 보다 작은 세부 사항들을 고려해 개발되었다. 후드 밑에 감춰진 개선된 12기통 엔진만큼이나 자동차의 성능에 지대한 역할을 한 것이 공기역학적 구조였다. 말하자면, 지붕을 제거할 경우 공기역학적 이점들은 바람과 함께 사라지게 될 판이었다. 그래서 데이토나 스파이더 버전을 제작한다는 것은 논리적으로 맞지 않는 일이었다. 물론 혹자는 말할 것이다. 논리가 자동차와 무슨 관계가 있냐고?

이와 관련해 세르지오 피닌파리나는 이렇게 설명했다. "유럽에선 스포츠카라고 하면 으레 베를리네타* 버전을 떠올립니다. 반면에 미국에선 으레 스파이더* 버전을 떠올리죠." 데이토나 모델은 총 1383대가 제작됐고, 그중 스파이더 버전은 122대였으며, 그중 96대는 놀랄 일도 아니지만 미국 고객들에게 팔렸다.

물론 머리 위의 지붕과 쿼터 유리창은 예외였지만, 스파이더 모델의 실내는 365 GTB/4 모델의 실내와 같았다.

반대쪽 기계적인 측면에선 365 GTB/4 베를리네타 버전과 스파이더 버전은 똑같았으나, 베를리네타 버전은 일관되게 뛰어난 성능을 보여주었고 스파이더 버전은 공기역학적 구조 면에서 불리해 최고 속도가 떨어졌다. 그 결과 컨버터블 보디를 강화하기 위해 많은 구조적 변화가 가해져, 365 GTS/4 모델이 GTB/4 모델보다 더 무거워졌다. 게다가 가격도 더 높아져 1973년에 무려 2만 6000달러에 달했다.

CALIFORNIA
FAST V12

The Other 365 GT

또 다른 365 GT 캘리포니아 스파이더

365 GT 캘리포니아 스파이더 모델의 경우 실내에 전체적으로 세련된 베니어판을 대고 손으로 짠 가죽을 씌워 1960년대에 나온 가장 럭셔리한 페라리 모델들 중 하나가 되었다.

페라리는 1951년 340 아메리카 모델을 출시하면서 미국 시장에 내놓는 자동차들의 이름을 붙이는 데 재미를 붙였다. 그렇게 해서 1956년에는 410 슈퍼아메리카가 나왔고, 그런 다음 1957년 12월에는 최초의 캘리포니아 스파이더 모델이 나왔다.

365 캘리포니아 스파이더는 캘리포니아라는 이름이 붙은 몇 안 되는 자동차들 중 하나로, 1964년에 나와 극찬을 받았던 500 슈퍼패스트를 계승한 모델이었다. 페라리 자동차로서는 드물게 수작업으로 제작된 고성능 럭셔리 모델이기도 했다. 또한 365 캘리포니아 스파이더 모델은 슈퍼패스트 모델보다 제작 대수도 훨씬 제한적이어서, 1956년 10월부터 1967년 7월까지 단 10개월만 제작되어, 총 제작 대수가 1966년 7월에 제네바 모터쇼에서 공개된 시제품을 빼고 13대였다.

365 캘리포니아 스파이더의 경우 이름은 전설적인 2인승 250 GT 스파이더 캘리포니아와 관련이 있었으나, 디자인은 쿠페라기보다는 컨버터블이었지만 4인승이라는 점에서 슈퍼패스트 모델에 더 가까웠다.

365 캘리포니아 스파이더 모델을 디자인할 당시, 디자이너 세르지오 피닌파리나는 완전히 새로운 365 GTB/4 데이토나 모델로 전통적인 페라리 스타일링으로부터 탈피할 계획을 하고 있었다. 365 캘리포니아 스파이더 모델은 피닌파리나 고유의 디자인 철학과 공기역학과 관련된 새로운 트렌드의 산물로, 과거와 미래 사이에 위치해 있었다.

365 캘리포니아 스파이더 모델은 화려한 500 슈퍼패스트 모델의 2+2 컨버터블 관련 요소들, 럭셔리한 330 GTC 모델의 디자인, 매끈한 206 디노 모델의 디자인 등 여러 페라리 모델 디자인의 놀라운 조합으로, 그 모든 것이 페라리가 새로 선보인 배기량 4.4리터에 최대 출력 320마력인 12기통 엔진과 아주 자연스럽게 결합되었다. 또한 다른 럭셔리 모델들과 마찬가지로, 365 캘리포니아 스파이더 모델의 경우에도 파워 스티어링, 파워 윈도, 에어컨 등이 제공되었다.

365 캘리포니아 스파이더 모델의 하부는 기본적으로 330 GT 2+2 모델과 거의 다를 바 없었지만, 그 당시 4인승으로 디자인된 페라리의 유일한 컨버터블 모델이었다. 피닌파리나의 놀라운 보디 디자인 외에 팝업 방식의 헤드라이트, 디노 스타일의 도어 부근 펜더 공기 흡입구, 페라리답지 않게 크고 비스듬한 테일라이트 등이 다른 페라리 모델들에선 보기 드문 365 캘리포니아 스파이더 모델의 특징들이었다.

사진 속 자동차(일련번호 10077)는 시리즈로 제작된 마지막 4대 중 하나로, 1981년 이후 캘리포니아 실마의 그 유명한 네더컷 자동차 박물관에 보관되어 있다. 아무튼 이 자동차는 소장할 가치가 있는 미국 및 유럽의 위대한 자동차로 손꼽히는 몇 안 되는 현대적인 자동차들 중 하나이다.

365 캘리포니아 스파이더 모델은 화려한 500 슈퍼패스트 모델의 2+2 컨버터블 관련 요소들, 럭셔리한 330 GTC 모델의 디자인, 매끈한 206 디노 모델의 디자인 등 여러 페라리 모델 디자인의 놀라운 조합이었다. 피닌파리나의 놀라운 보디 디자인 외에 팝업 방식의 헤드라이트, 디노 스타일의 도어 부근 펜더 공기 흡입구, 페라리답지 않게 크고 비스듬한 테일라이트 등이 다른 페라리 모델들에선 보기 드문 특징들이었다. 또한 365 캘리포니아 스파이더 모델은 4인승으로 디자인된 1960년대의 유일한 페라리 컨버터블 모델이기도 했다.

9장

페라리 로드카들 - 1980년대와 1990년대

페라리 F40 모델은 그럴 용기가 있다면 와서 핸들을 잡고 나를 맘껏 제어해보라며 손짓하는,
아니 강요하는 자동차들 중 하나였다.
마치 사나운 야생 종마가 노련한 조련사를 만났을 때처럼 말이다.

페라리가 그간 로드카 디자인 측면에서 거둔 거의 모든 성과의 토대는 자동차 레이싱이었다. 그리고 그 가장 중요한 성과 중 하나는 1964년에 있었던 박서 엔진 개발이었다. 페라리 최초의 반 수평형(180도) 박서 엔진은 배기량 1.5리터짜리 12기통 포뮬러 원 엔진으로 11:1의 압축비에 루카스 연료 분사 방식이었으며 최대 출력은 1만 1000rpm에 210마력이었다.

박서라는 이름은 마치 두 권투 선수가 스파링을 하듯 피스톤들이 서로 반복해서 앞뒤로 왔다 갔다 한다는 데서 온 것이다. 사실 박서 엔진이란 용어는 독일에서 유래한 것으로, 역시 반 수평형이었던 초기 포르쉐와 폭스바겐 4기통 엔진의 배열을 묘사한 것이었다.

365 GT4 베를리네타 박서(BB) 모델은 페라리 최초로 미드-엔진이 쓰인 양산 스포츠카로, 1974년에 배기량 4.4리터짜리 레이스용 엔진의 양산 버전이 장착되었다. 운전자 뒤쪽 그리고 리어 액슬 앞쪽에 장착된 그 엔진의 최대 출력은 7200rpm에서 380마력이었다.

또한 365 GT4 BB는 새로운 12기통 리어-엔진이 장착된 모델의 첫 세대로, 20년 넘게 계속 제작된 스테디셀러이다. 이 모델의 주요 보디 구조는 강철이었으며, 후드와 도어들 그리고 리어-덱 덮개는 알루미늄이었고, 하부 보디 패널들은 유리섬유로 되어 있었다. 늘 그렇듯, 디자인은 피닌파리나가 담당했으며 실제 보디 제작은 모데나에서 카로체리아 스카글리에티가 담당했다.

512 BB 모델의 스타일링은 이미 365 GT4 BB 모델에서 정해졌으나, 카로체리아 피닌파리나가 그릴 밑에 스포일러를 붙여 프런트 엔드 모습에 변화를 주고 휠 오프닝 앞쪽 하부 보디 측면에 NASA 덕트들을 추가하는 등의 업데이트 작업을 했다.

"페라리 모델들은 늘 엔진을 잘 보여줄 수 있게 디자인해야 했는데, 엔진이야말로 자동차의 심장이기 때문입니다." 세르지오 피닌파리나의 말이다. 512 BB 모델의 엔진 커버야말로 그의 그런 말이 더없이 잘 반영된 예로, 과거의 그 어떤 페라리 모델보다 엔진에 더 많은 관심을 쏟은 멋진 예술 작품이었다. 트렁크 덮개 밑에는 똑같이 매력적인 엔진이 들어 있었는데, 전속력으로 내달릴 때의 느낌만큼이나 인상적인 마우로 포르기에리 디자인의 반 수평형 12기통 엔진이었다.

페라리 60년 역사를 통틀어 가장 유명한 테일라이트인 512 BB 모델의 커다랗고 둥근 트윈 렌즈. 이 테일라이트 디자인은 이후 많은 페라리 모델들에 반복해서 적용된다.

365 GT BB 모델과 512 BB 모델은 아주 큰 자동차들로, 휠베이스가 2500mm로 앞서 나온 275 GTB/4 모델과 365 GTB/4 모델보다 거의 101.6mm 더 길다. 이 자동차의 전장은 긴 프런트 오버행★과 리어 덱의 높이로 인해 더 두드러져 보였다.

365 GT4 BB 모델에는 길이가 다른 A-암, 코일 스프링, 관형 쇼크 업소버, 프런트 및 리어 롤링 방지 바 등 페라리의 최신 서스펜션 기술이 적용되었다. 페라리 역사 전문가 딘 배철러는 이 모델에 대한 리뷰에서 이런 말을 했다. "열광적인 스포츠카 운전자 입장에서 핸들링은 아주 좋다. 스티어링은 저속에선 무겁지만 속도가 올라갈수록 가벼워지며, 뒤쪽이 무거운 중량 배분(43/57퍼센트)으로 인해 평소에는 오버스티어* 현상이 생기지만 그건 속도를 낼 때 서스펜션에 의한 언더스티어* 현상으로 상쇄되어 기민한 조종이 가능해진다."

512 BB 모델의 경우, 성능과 조작 면에서 로드카보다는 레이스카에 더 가까웠는데도 인테리어와 장식이 운전자와 탑승자에게 아주 높은 수준의 편안함을 안겨주었다.

365 GT4 BB 모델은 여러 해 동안 운전자들에게 실제 레이스카를 모는 기분을 맛보게 해준 최초의 페라리 로드카였다. 페라리는 이 자동차를 1976년 말까지 제작했으며, 그 이후 512 BB 모델로 대체했다. 512 BB 모델의 보디 스타일링은 전작의 보디 스타일링과 거의 같았다. 다만 피닌파리나의 스타일링 변화를 통해 좁다란 칸막이로 나뉜 프런트 그릴 밑에 친 스포일러(에어 댐퍼)가, 그리고 뒷바퀴 앞쪽의 하부 보디 측면에 에어 덕트들이 추가되었다. 그 외에 1995년형 페라리 F512M 모델에서는 지금은 유명해진 512 BB 모델의 테일라이트 디자인(양쪽에 커다랗고 둥근 트윈 렌즈를 다는)이 적용되었다.

512 BB 모델에 쓰인 주요 소재들은 365 GT4 BB 모델의 경우와 같아, 보디의 대부분은 강철이었고 후드와 도어들 그리고 엔진 덮개는 알루미늄이었으며 하부 보디 패널들은 유리섬유였다. 특히 유리섬유를 사용한 건 365 BB 모델과 512 BB 모델에서 가장 독특하고 기억에 남을 만한 스타일링 특징이었으며, 그 결과 보디 패널들의 위쪽과 아래쪽이 명확히 구분되었다. 365 BB 모델의 경우 아래쪽이 늘 무광 블랙으로 칠해졌다. 그리고 512 BB 모델의 경우 옵션으로 투톤 컬러 선택도 가능했다.

512 BB 모델에 장착된 포르기에리 디자인의 180도 12기통 엔진의 배기량은 보어가 1mm 늘어난 87mm가 되고 스트로크는 7mm 늘

반대쪽 유리섬유를 사용한 건 365 BB 모델과 512 BB 모델에서 가장 독특하고 기억에 남을 만한 스타일링 특징이었으며, 그 결과 보디 패널들의 위쪽과 아래쪽이 명확히 구분되었다. 365 BB 모델의 경우 아래쪽이 늘 무광 검은색으로 칠해졌다. 그리고 512 BB 모델의 경우 옵션으로 투톤 컬러 선택도 가능했다.

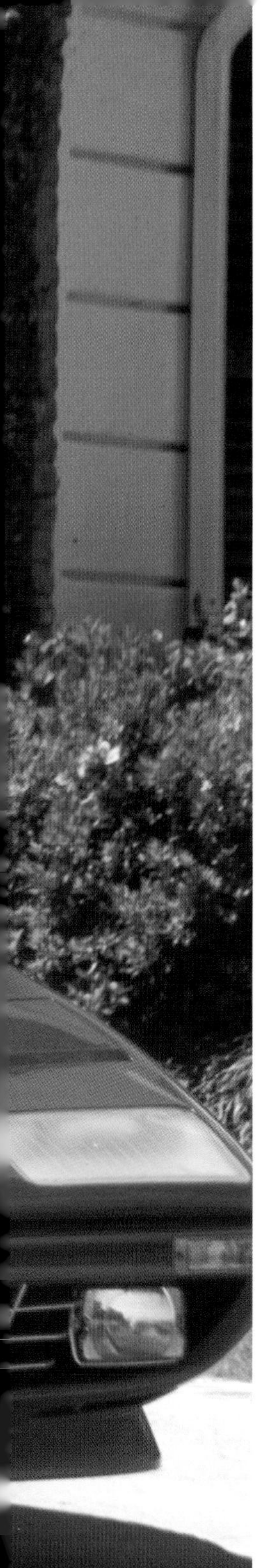

512 BBi(1981-1984년) 모델이 나오면서 한동안 운전자들이 몰아본 로드카 가운데 가장 강력한 로드카였던 512 BB 모델의 시대는 막을 내리게 된다. 512 BBi 모델에서는 보쉬 K-제트로닉(Jetronic) 연료 분사 방식이 사용되어 512 BB 모델에 쓰인 4개의 40IF3C 카뷰레터들을 대체했다. 최대 출력은 그대로였지만, 이제는 6800rpm이 아닌 6000rpm에서 340마력이 나왔다.

어난 78mm가 되면서 4942cm³(365 BB 모델의 4390cm³에서)로 확대되었다. 또한 흥미로운 절충이지만, 변경된 박서 엔진의 출력은 5.2퍼센트 줄어들어(380마력에서 360마력으로) 7200rpm이 아닌 6200rpm에서 최대 출력이 나왔다.

364 BB 모델과 512 BB 모델의 소유주들은 개인 자격으로 그 모델을 몰고 레이스에 참여했으나, 그런 시기는 짧았고 사람들의 주목을 받은 시기 또한 짧았다. 그러나 어쨌든 당시 페라리가 내놓은 로드카 가운데 최고의 로드카였다. 딘 배철러는 512 BB 모델에 대해 이렇게 적었다. “박서 모델들은 몰고 다니기에 더없이 환상적인 자동차들로, 궁극의 고성능 스포츠카를 몬다는 순수한 즐거움 외에 다른 감정은 느낄 겨를도 없다.” 출시되고 거의 30년이 지났음에도 불구하고 512 BB 모델은 특유의 첨단 스타일과 비교 불가한 미드-엔진 구조 덕에

페라리 역사상 가장 오랜 기간 살아남은 308 모델은 1974년부터 시작해 1980년대 내내 제작됐으며, 꾸준한 개선을 통해 308 GTBi 모델과 308 GTB Qv 모델에서 정점에 달했다.

페라리 노스 아메리카가 치네티-가스웨이트 임포츠와 모던 클래식스 대신 미국 내 유일한 페라리 수입업체가 된 지 2년 만인 1982년부터, 미국 내 페라리 대리점들로 하여금 유럽 사양의 400i 모델을 고객들에게 판매할 수 있게 허용하고 제품 인도는 페라리 마라넬로 공장에서 책임진다는 결정이 내려졌다. 그 무렵 페라리와 람보르기니, 메르세데스-벤츠 등에서 제작한 유럽 사양의 모델들이 회색시장 제품으로 미국에 들어오고 있었다. 그 결정으로 미국 내 페라리 대리점들은 비로소 독립적인 수입업체들과 대등한 경쟁을 할 수 있게 되었다.

지금까지도 가장 매력적인 페라리 모델 중 하나로, 그리고 가만히 서 있어도 시속 320km로 달리는 것처럼 보이는 자동차로 남아 있다.

디자인 측면에서의 진화를 통해 가장 뛰어나고 가장 사랑받은 많은 페라리 로드카가 탄생했지만 308 GTB 모델 및 308 GTS 모델보다 더 많이 눈에 띈 모델은 없는데, 그건 아마 이 모델이 톰 셀렉이 주연을 맡은 텔레비전 시리즈 〈매그넘 P.I.〉에 등장하면서 널리 알려진 게 한몫한 걸로 보인다. 게다가 수년 내 가장 낮은 가격의 페라리 모델을 사기 위해 대리점에 모여든 페라리 광팬들은 이 모델이 페라리 역사상 가장 실용적인 로드카라는 걸 알게 되었다.

피닌파리나의 디자이너들은 308 모델을 디자인하면서 246 디노 모델과 365 GT 베를리네타 박서 모델에서 최대 장점들을 끌어왔다. 서스펜션은 그 당시의 전통적인 페라리 구조 내에서 완전 독립형이었으며, 리어 액슬 바로 앞에 90도 각도의 포-캠 8기통 엔진이 가로로 장착되어 있었다. 308 모델은 최대 출력이 7700rpm에서 255마력이었고, 5단 변속기가 장착되어 있었다. 그리고 1977년에는 308 모델군에 246 디노와 포르쉐 911 타르가 모델처럼 탈착식 루프가 달린 308 오픈카 버전이 추가되었다.

페라리 역사상 가장 오랜 기간 살아남은 308 모델은 308 GTBi, 308 GTB Qv, 328 베를리네타, 328 스파이더 버전 등 개선된 버전으로 그 명맥을 1980년대까지 이어갔다.

먼 왼쪽 가장 오랜 기간 살아남은 페라리 로드카들 중 하나인 400 GT 모델은 1976년에 출시되었으며 1979년에는 400i GT 모델로 그리고 1985년에는 412 모델로 그 명맥을 이어갔다. 이 두 모델은 최초의 풀-사이즈 2+2 럭셔리 투어링카로, 자동 변속기가 장착되었다.

400i 모델은 그 당시의 가장 럭셔리한 페라리 모델이었으며, 럭셔리 투어링카 시장에서 메르세데스-벤츠, BMW, 마세라티 등을 상대로 경쟁을 벌인 최초의 페라리 모델이기도 했다. 또한 이 모델에는 GM 자동 기어박스나 5단 기어박스 중 하나를 장착할 수 있었다. 그리고 400i 모델의 실내는 1976-1979년형 400 2+2 모델의 실내를 완전히 재디자인한 것이었다. 또한 옵션으로 듀얼 에어컨(프런트 에어컨과 리어 에어컨)을 선택할 수 있었다.

400 GT 모델은 가장 오랜 기간 살아남은 페라리의 또 다른 로드카로 1976년에 출시되었으며, 1979년에는 400i GT 모델로 그리고 1985년에는 412 모델로 그 명맥을 이어갔다. 이 두 모델은 최초의 풀-사이즈 2+2 럭셔리 투어링카로 자동 변속기가 장착되었다. 안타깝게도 초기 모델들은 구체적인 안전 기준과 EPA 배출가스 인증 문제로 인해 미국에는 수입되지 못했다.

페라리 노스 아메리카Ferrari North America가 치네티-가스웨이트 임포츠Chinetti-Garthwaite Imports와 모던 클래식스Modern Classics 대신 미국 내 유일한 페라리 수입업체가 된 지 2년 만인 1982년부터, 미국 내 페라리 대리점들로 하여금 유럽 사양의 400i 모델을 고객들에게 판매할 수 있게 허용하고 제품 인도는 페라리 마라넬로 공장에서 책임진다는 결정이 내려졌다. 한때 이탈리아에서 소유주가 운전한 적이 있는 자동차들이 개인이 유럽 등지로부터 '중고' 자동차 수입을 허용한다는 규정에 따라 미국으로 들어올 수 있게 된 것이다.

그 무렵 페라리와 람보르기니, 메르세데스-벤츠 등에서 제작된 유럽 사양의 모델들은 회색시장* 제품 형태로 미국에 들어오고 있었고, 그 모델들을 독립적인 업체들이 약간의 사양 변경 및 배출가스 인증 절차를 거친 뒤 판매하고 있었다. 그러나 그런 모델들은 미국 대리점들로부터 품질 보증을 받지 못했다. 고객들에 대한 제품 인도를 공장에서 직접 하기로 한 결정 덕에 이제 미국 내 페라리 대리점들은 비로소 독립적인 수입업체들과 대등한 경쟁을 할 수 있게 됐고, 또 시장에서 적어도 유럽용 모델 하나를 거둬들일 수 있었다. 게다가 자동차 오너들은 이제 페라리 공장으로부터 완전한 품질 보증을 받게 되어 미국 내 어떤 페라리 대리점에서도 서비스를 받을 수 있게 되었다.

전체적으로 봤을 때, 미국 자동차 업계 입장에서 1980년대의 회색시장 수입 시대는 그리 좋은 시대는 아니어서, 유럽 모델들 중 일부는 미국 도로 사정에 맞게 변경되지 않았거나 배출 가스 문제가 EPA 기준에 맞지 않았다. 그 결과 많은 수입 자동차들에 벌금이 부과됐고, 어떤 수입 자동차들은 운행 정지 처분을 받았으며, 어떤 경우에는 자동차가 압수되기도 했다.

400i 모델은 그 당시의 가장 럭셔리한 페라리 모델이었으며, 럭셔리 투어링카 시장에서 메르세데스-벤츠, BMW, 4-포트 등을 상대로 경쟁을 벌인 최초의 페라리 모델이기도 했다. 또한 이 모델에는 GM 자

400i 모델은 럭셔리하면서도 페라리 자동차답게 배기량이 4823cm^{3}인 60도 각도의 12기통 엔진이 장착되어 최대 출력이 6400rpm에 310마력이었으며, 1982년 9월 이후에는 6400rpm에서 315마력으로 늘어났다.

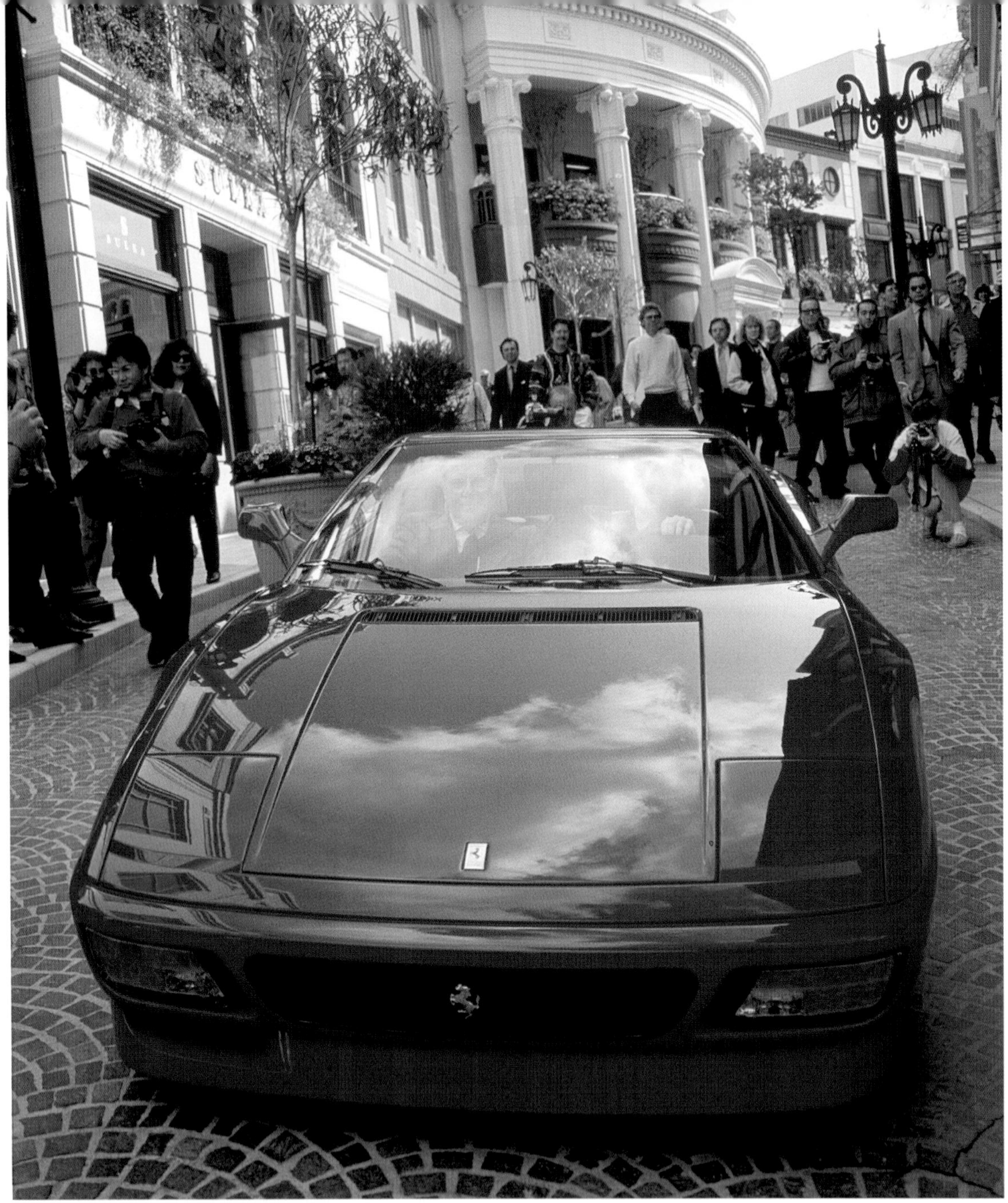

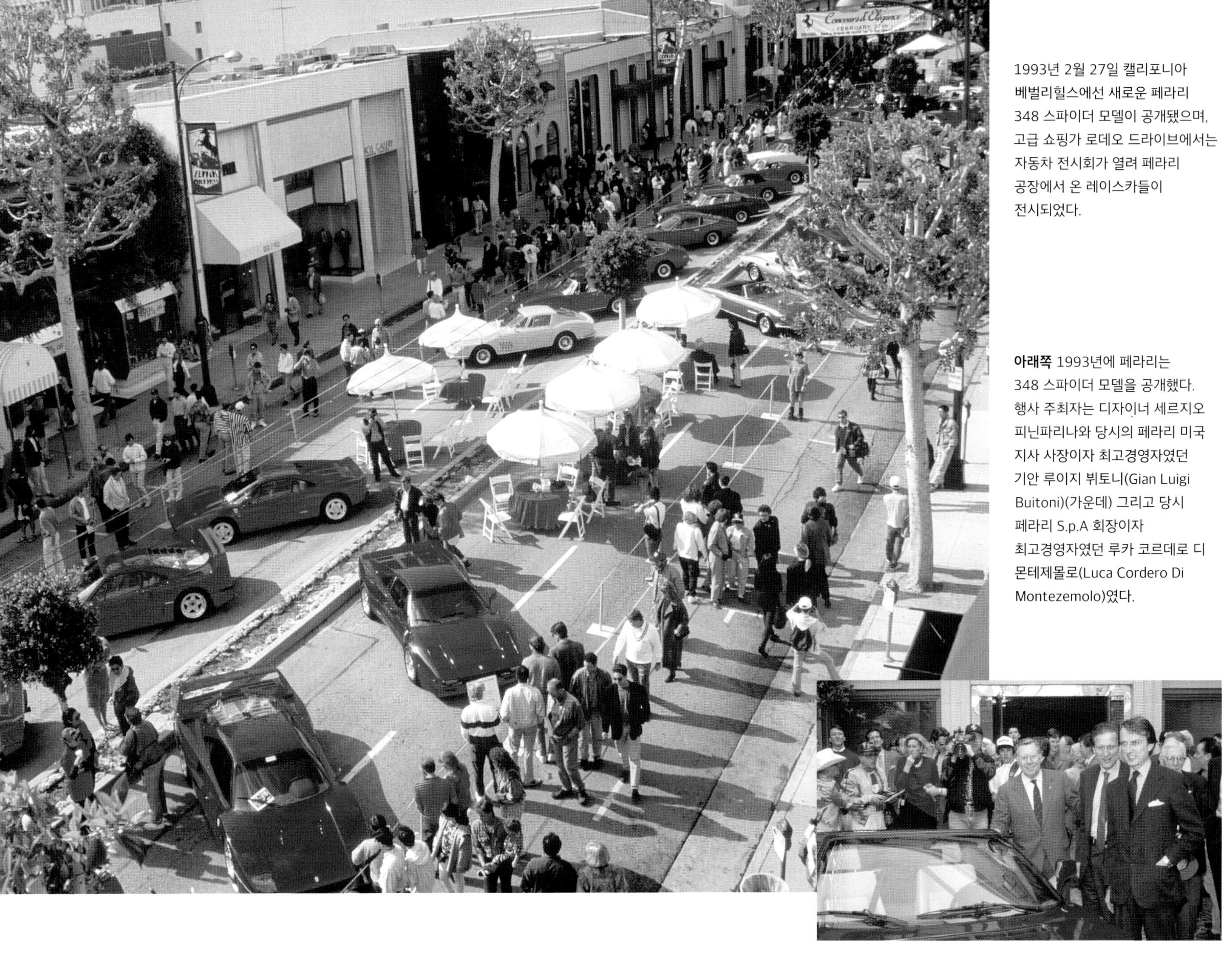

1993년 2월 27일 캘리포니아 베벌리힐스에선 새로운 페라리 348 스파이더 모델이 공개됐으며, 고급 쇼핑가 로데오 드라이브에서는 자동차 전시회가 열려 페라리 공장에서 온 레이스카들이 전시되었다.

아래쪽 1993년에 페라리는 348 스파이더 모델을 공개했다. 행사 주최자는 디자이너 세르지오 피닌파리나와 당시의 페라리 미국 지사 사장이자 최고경영자였던 기안 루이지 뷔토니(Gian Luigi Buitoni)(가운데) 그리고 당시 페라리 S.p.A 회장이자 최고경영자였던 루카 코르데로 디 몬테제몰로(Luca Cordero Di Montezemolo)였다.

348 모델은 365 GTB/4 데이토나 스파이더 모델 이후 첫 2인승 컨버터블이었으며, 1974년에 마지막으로 판매됐고, 미드-엔진 탑재 방식의 첫 2인승 페라리 스파이더 모델이기도 했다(페라리 측에서는 데이토나 모델을 언급할 땐 Spyder 식으로 y를 쓰고 그 이후 모델들을 언급할 땐 Spider 식으로 i를 쓰는 등 철자를 바꿨다). Spider 모델은 1989년에 공개된 348 tb/ts 시리즈에서 진화된 것이었다. 그리고 미드-엔진 탑재 방식의 348 컨버터블에는 성능이 입증된 90도 각도의 페라리 경합금 8기통 엔진이 장착되었다.

페라리가 주관하는 페라리 챌린지(Ferrari Challenge) 시리즈를 통해 348 모델(사진 속 자동차는 베를리네타 스페셜 에디션)과 F355 모델들은 미국 스포츠카 클럽 기준에 적합할 경우 자동차 레이스에 참가할 수 있었다. 그리고 그 페라리 챌린지 시리즈 덕에 페라리의 자랑스러운 레이싱 전통에 대한 자동차 소유자들의 지지와 고마움이 더 커지게 되었다. 또한 페라리 챌린지 시리즈 덕에 페라리 소유자들은 페라리 자동차가 실제 레이스 상황에서 어떤 성능을 발휘하는지를 확인할 기회도 갖게 되었다.

동 기어박스나 5단 기어박스 중 하나를 장착할 수 있었다. 그리고 400i 모델의 실내는 1976-1979년형 400 2+2 모델의 실내를 완전히 재디자인한 것이었다. 또한 옵션으로 듀얼 에어컨(프런트 에어컨과 리어 에어컨)을 선택할 수 있었다. 400i 모델은 럭셔리하면서도 페라리 자동차답게 배기량이 4823cm^3인 60도 각도의 12기통 엔진이 장착되어 최대 출력이 6400rpm에 310마력이었으며, 1982년 9월 이후에는 6400rpm에서 315마력으로 늘어났다.

페라리는 1995년형 456 GT 2+2 모델을 통해 10년 전 400i 모델과 412 모델이 남긴 공백을 메웠으며 소유주들에게 페라리 전통에 따라 제작된 럭셔리한 4인승 투어링카를 제공했다. 이 모델에는 최대 출력 442마력의 12기통 엔진, 6단 변속기, 전자작동식 독립형 서스펜션, 최신식 견인력 제어 및 안티록antilock(잠금 방지 장치) 방식 브레이크 등이 장착되었다.

288 GTO

또 다른 그란 투리스모 오몰로가토

1985년에 페라리는 그란 투리스모 오몰로가토*의 머리글자인 GTO를 부활시켜 308 모델에서 파생된 새로운 스포츠 레이싱 모델 이름에 붙였다. 그렇게 탄생한 288 GTO 모델의 경우 더욱 눈에 띄는 프런트 엔드와 뒤쪽에 덕트들이 추가된 게 특징이었으며, 자동차 중간 부분에 트윈-터보차저 방식의 8기통 엔진이 장착되어 있었다.

이 자동차는 1년 전 3월에 매년 열리는 제네바 모터쇼에서 첫선을 보였으며, 로드카로 소개됐지만 사실 레이싱용으로 승인받은 B그룹 GT 레이스카였다. 어떤 모델을 레이싱용으로 승인받으려면, 페라리는 200대를 제작해야 했으나, GTO란 이름이 붙은 첫 번째 모델의 GTO 마라넬로의 경우와는 달리 페라리 마라넬로 공장은 288 GTO를 200대 제작했을 뿐 아니라 입 선전만으로 곧 그 자동차들을 전부 팔아치웠다. 사실 수요가 너무 많아, 미국에서 308 모델들을 288 GTO 모델들로 바꾸는 작업이 이루어졌을 정도이다.

공장 제작 자동차들의 판매는 국가별로 할당됐는데, 미국에는 60대가 할당되었다. 그 나머지 140대 중에서 이탈리아에는 45대가 할당됐으며, 독일에는 21대, 프랑스에는 15대, 스위스에는 14대, 영국에는 13대, 벨기에에는 7대 그리고 그 나머지 25대는 그 외의 다른 국가들에 할당되었다.

레이스용으로 승인 받은 A그룹 GT 레이스카. 페라리는 레이스용으로 승인받기 위해 200대를 제작해야 했으나, GTO란 이름이 붙은 첫 번째 모델인 GTO 마라넬로의 경우와는 달리 288 GTO를 200대 제작했을 뿐 아니라 소문만으로 곧 그 자동차들을 전부 팔아치웠다. 엔진은 트윈 IHI 터보차저 방식이었으며, 308 및 328 모델의 경우처럼 가로가 아닌 세로로 장착되었다.

288 GTO 모델의 경우 트윈 IHI 터보차저 방식의 페라리 8기통 엔진이 308 및 328 모델의 경우처럼 가로가 아닌 세로로 장착되어, 뒷바퀴들이 110mm 뒤로 밀려나고 뒤의 짐칸 역시 줄어들어야 했다.

288 GTO 모델의 엔진은 380 GTB Qv 엔진을 토대로 만들어졌지만, 보어는 엔진 배기량을 2855cm³로 낮추기 위해 80mm로 줄어들었다. 일본에서 제작된 IHI 터보차저와 레이싱용 승인 요건에 맞추려면 슈퍼차저 방식과 터보차저 방식 그리고 일반적인 흡기 방식 엔진에서의 당량비★가 1.4배를 넘지 않아야 했기 때문이다. 터보차저 방식의 엔진을 레이싱용으로 승인받기 위한 최대 허용 배기량은 288 GTO 모델 엔진의 배기량보다 겨우 2cm³ 더 큰 2857cm³였다. 최대 출력은 트윈-터보차저 방식의 엔진을 썼을 때 400마력이었고, 최고 속도는 시속 약 306km였다.

거의 모든 페라리 스포츠 레이싱 모델이 성공작이었지만, 288 GTO 모델은 성공작 그 이상이었다. 레이싱용으로 승인받는 데 필요한 제작 대수 200대가 다 채워지고 난 뒤에도 여전히 수요가 높아 1985년에 추가로 71대가 더 제작된 것이다.

512 BB 모델(1976-1981년)과 512 BBi(1981-1984년) 모델 제작이 중단된 뒤 반수평 12기통 엔진은 페라리의 과거에서 테스타 로사라는 역사적인 이름을 부활시킨 놀랍도록 혁신적이고 완전히 새로운 모델에 장착된다.

1984년 가을에 페라리는 모데나 시내 한복판에 있는 원래의 스쿠데리아 페라리 시설에서 테스타로사Testarosa(이번에는 한 단어로)를 공개했다. '빨간 머리'를 뜻하는 테스타로사라는 이름은 1950년대 말에 유럽 전역을 휩쓸었던 페라리의 가장 전설적인 레이스카들 중 하나인 250 테스타 로사에서 따온 것이었다. 그리고 테스타 로사라는 이름 그대로 1985년형 테스타로사의 디자인은 전통적인 페라리 디자인과는 판이하게 달랐다. 피닌파리나는 근본적으로 엔진(배기량 4942cm³의 수평형 12기통 엔진으로, 최대 출력이 유럽형에서는 6300rpm에 390마력, 미국형에서는 380마력)을 중심으로 보디를 디자인함으로써 자동차의 형태와 기능을 새로운 차원으로 끌어올리는 등 많은 노력을 기울였다.

페라리는 1995년형 456 GT 2+2 모델을 통해 10년 전 400i 모델과 412 모델이 남긴 공백을 메웠으며, 소유자들에게 페라리 전통에 따라 제작된 럭셔리한 4인승 투어링카를 제공했다. 이 모델에는 최대 출력 442마력의 12기통 엔진, 6단 변속기, 전자작동식 독립형 서스펜션, 최신식 견인력 제어 및 안티록 식 브레이크 등이 장착되었다. 또한 456 GT 2+2 모델의 실내는 뒤쪽에 좌석 2개가 추가되어 2인승 스포츠카에 더 가깝다. 인스트루먼트 패널은 이전에 나온 페라리 로드카들의 인스트루먼트 패널을 연상케 하며, 물론 사람들이 페라리 자동차에서 기대하는 게이티드 시프터, 즉 수동 변속기도 있다.

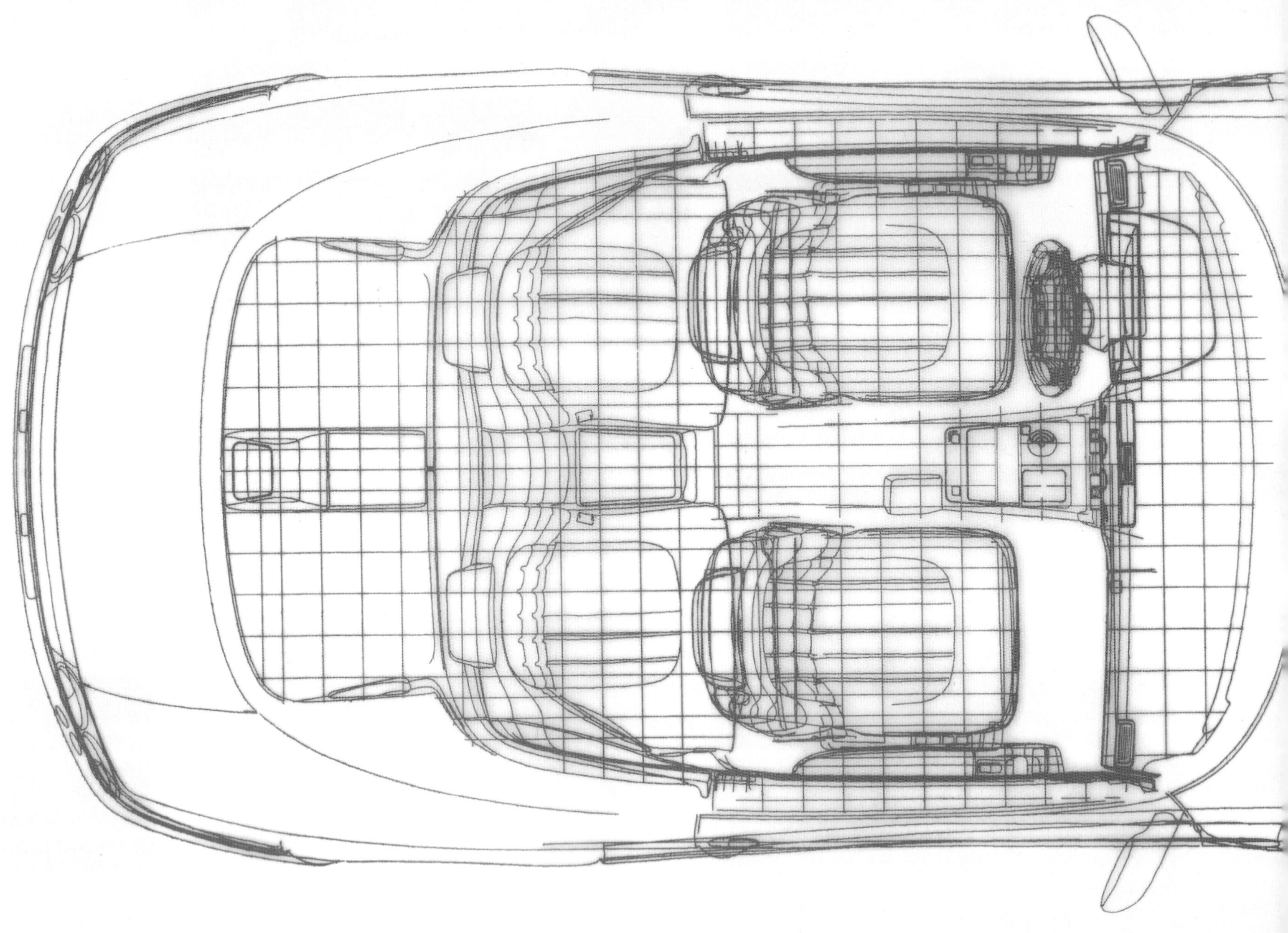

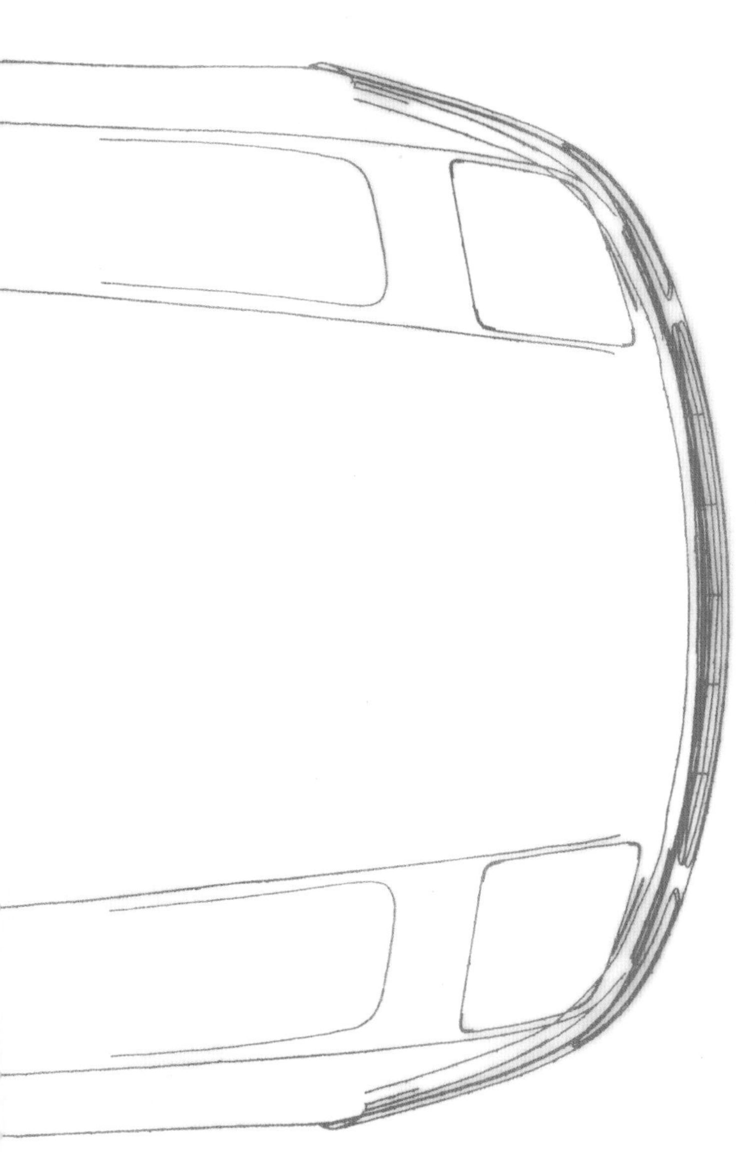

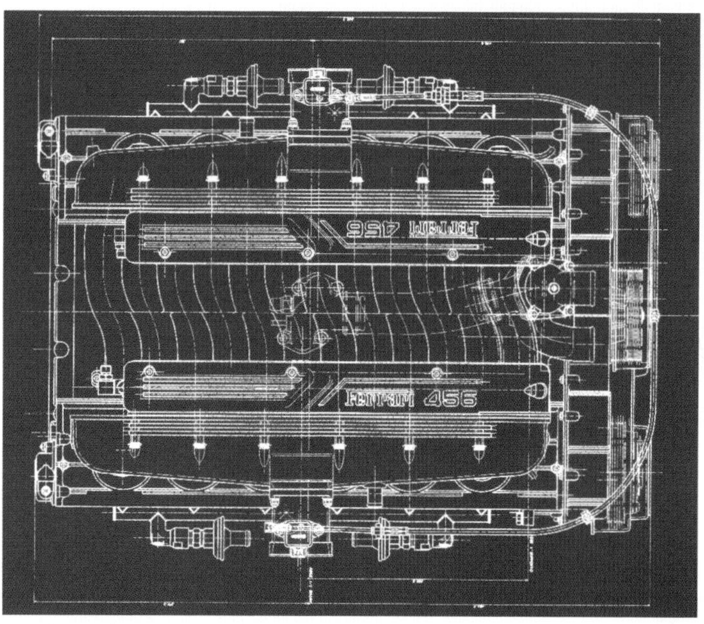

페라리 공장의 청사진에 456 GT의 실내와 새로운 페라리 456 12기통 엔진의 평면도가 보인다.

디자인에서 가장 눈에 띄는 것은 수평 상태로 도어를 지나 리어 펜더까지 이어지는 공기 흡입구였다. 이는 이 모델의 가장 눈에 띄는 특징이 되었으며, 그 특징은 테스타로사의 두 후속 모델인 512 TR과 F512 M 이외의 모델들에선 성공적으로 재연된 적이 없다.

창사 40주년을 맞은 1987년에 페라리 모데나 공장은 F40 모델을 공개했다. F40은 1947년부터 1987년까지 40년간 페라리 자동차를 제작해온 것을 기념하기 위해 고른 이름이지만, 단순히 40주년을 기념하기 위한 모델만은 아니어서 512 BB 모델 이후 로드카보다는 레이스카에 더 가까웠던 첫 페라리 모델이기도 했다.

또한 F40 모델은 페라리에서 제작된 가장 실용적이지 못한 자동차였으나, 40년 전 모데나 공장에서 제작된 초창기 페라리 스포츠카

들의 정신이 깃들어 있어 페라리 창사 40주년을 기리는 자동차로는 아주 이상적이었다. 그야말로 스포츠카다운 스포츠카였다.

F40 모델의 보디는 관형 강철과 케블라*와 탄소 합성 뼈대를 케블라와 탄소 합성 셸로 감싼 구조로, 그런 뼈대에 478마력의 트윈-터보차저 방식의 듀얼-오버헤드-캠샤프트 포-밸브 8기통 엔진과 연결형 4륜 독립 서스펜션이 장착되었다. F40 모델의 경우 안전장치를 조금 추가하고 도어에 차량 번호만 붙이면 바로 레이스에 참가할 수 있을 정도였다.

스타일이나 체구에 따라 다르지만 운전자는 안쪽으로 들어간 래치 식 손잡이로 경량 소재의 도어를 열고 움푹 파인 레이싱 시트에 오르거나 내릴 수 있었다. 메르세데스-벤츠의 300 SL 걸윙처럼 F40에 오르거나 내리는 일은 어느 정도 학습과 경험이 필요했다. 그래서 아직 차에 오르내리는 법에 익숙해지지 않은 운전자들의 경우 잘못된 방식으로 조종석에 들어가다 엉덩이나 어깨 등을 부딪쳐 멍이 드는 경우가 많았다.

두 번째로 나온 테스타로사는 1985년부터 1996년까지 제작되면서 가장 큰 성공을 거둔 페라리 로드카들 중 하나가 되었다. 첫 번째 테스타로사 모델(사진)들부터 512 TR 모델과 F512 M 모델에 이르기까지, 이 보디 스타일은 계속 타의 추종을 불허하는 1980년대의 표준 디자인이었다.

페라리 공장 측에서 원래 제시한 자동차 가격은 25만 달러(1980년대 말에는 투기꾼들이 구입해 되팔면서 100만 달러까지 올라감)였으며, 사람들은 F40에 대해 감각적인 면에선 만족도가 높았으나 다른 면에선 그렇지 못했다. 실내는 각종 게이지들로 그득했고 운전자가 알고 있어야 할 것들은 다 있었지만, 그 외에는 아무것도 없었다. 운전자 메모리 기능이 있는 조절 가능한 파워 12웨이 좌석들도 없었다. 파워 윈도나 파워 액세서리도 없었다. 사실상 인테리어 장식도 없었고, 심지어 도어 패널이나 도어 핸들도 없어 도어 안쪽 공간에 매달린 케이블을 잡아당기면 열리게 되어 있었다. 게다가 라디오도 없었다. 설사 라디오가 있었다 해도, F40 모델은 실내

F40으로 더 잘 알려진 창사 40주년 기념 페라리 자동차는 페라리 역사상 가장 심한 투기 붐을 일으킨 모델들 중 하나였다. 권장 소비자 가격이 25만 달러였던 이 한정판 자동차들은 1990년대 초에 스포츠카 시장이 무너지기 전까지 투기꾼과 투자자들이 사고 팔면서 가격이 거의 100만 달러까지 치솟았다. 대담하게 미드-엔진 방식을 채택한 F40 모델은 강력한 순수 스트리트 카로, 롤 케이지*와 소화기만 추가하면 당장이라도 레이스에 참가할 수 있을 정도였다.

대부분의 운전자들이 봤던 F40 모델의 모습. 하나는 백미러를 통해 본 모습이고, 다른 하나는 앞 유리를 통해 본 모습이다. 이 자동차들의 경우 시속 약 298km로 달리는 건 일도 아니었다.

방음이 되어 있지 않아 라디오 볼륨을 엔진 소리보다 높이려면 300와트짜리 시스템이 필요했을 것이다. 설사 라디오가 있었다 한들, 누가 음악을 듣겠는가? 액셀러레이터를 밟을 때 발밑에서 올라오는 육중한 저음의 배기음, 8개의 실린더에서 뿜어대는 고음의 엔진 소리, 피렐리 P 제로 타이어들에서 들려오는 리듬 등 그야말로 오감을 울리는 교향곡을 들을 수 있는데 말이다.

F40 모델은 모든 게 아주 단순했다. 액셀러레이터를 밟으면 빨리, 아주 빨리 달렸다. 브레이크를 밟으면 바로 멈췄다. 핸들을 돌리면 정확히 돌리는 쪽으로 향했다. 그야말로 엔초 페라리가 원하는 그대로였다.

F512 M은 1991년형 512 TR의 영광스러운 라이벌로, 말 그대로 첫 번째 페라리 테스타로사를 한 세대 뛰어넘은 모델이기도 했다. F512 M은 역사적으로도 또 그 이름 자체도 512 BB를 계승한 모델이

페라리와 피닌파리나는 F40 모델의 실내에는 별 관심을 두지 않았으며 기능적인 면에 초점을 맞췄다. 방음 장치는 최소한으로 했고 대시보드에는 융단을 깔았으며 그 어떤 액세서리도 추가하지 않았다. 심지어 도어 패널조차 비어 있었다. 그 공간에 들어 있는 케이블을 사용해 안에서 도어를 열 수 있었고, 도어 유리는 구식 손잡이를 돌려서 올리고 내릴 수 있었다.

F40 모델은 페라리 자동차들 가운데 도로를 달리는 순수한 레이스카에 가장 가까웠다.

었다. 이 자동차는 역사적으로 또 다른 중요성도 갖고 있다. 수십 년 만의 첫 '임시' 페라리 모델이었던 것이다.

테스타로사 모델의 개선된 버전인 F512 M 모델은 새로운 F355 베를리네타와 1955년형 456 GT 2+2 모델을 피닌파리나가 재디자인한 것으로, 처음부터 곧 제작 중단될 예정이었으며 모든 사람이 사실을 알고 있었다. 애초부터 소수의 사람만 구입할 수 있는 자동차였던 것이다. 종종 그 의견이 너무 진지하게 받아들여지는 언론에 의해서가 아니라, 운명이 이미 결정된 자동차를 갖기 위해 애써 번 돈을 선뜻 내놓을 소유주들 자신에 의해서 말이다. 또한 F512 M 모델은 박서 엔진이 쓰인 마지막 자동차 모델군으로, 박서 엔진은 11년간 사용된 뒤 1996년에 제작이 중단되었다. 그 이후 F512 M 모델은 1997년형 550 마라넬로 모델로 공식 교체됐는데, 이는 365 GTB/4 데이토나 이후 처음으로 프런트-엔진 방식이 적용된 베를리네타 모델이었다.

페라리 엔진을 드러내 보여주는 피닌파리나의 디자인 경향은 F40 모델의 투명한 플라스틱 엔진 덮개로 그 정점에 도달했으며, 그 덕에 모든 사람이 이 놀라운 스포츠카의 내부 작동 모습을 그대로 볼 수 있었다.

기술적 분석을 과하게 하지 않는 한, 남아 있는 오리지널 테스타로사(TR) 모델에 대해서는 할 수 있는 말이 거의 없다. 기계적인 측면에서 보자면, F512 M은 한 세대 뛰어넘은 모델이었다. 포뮬러 원의 영향을 받아 생겨난 박서 엔진의 6750rpm에서 가슴을 울리는 440마력을 뿜어대, 최대 출력이 이전 테스타로사 모델보다는 50마력이 그리고 512TR 모델보다는 12마력이 더 높았다. 또한 새로운 F512 M 모델은 엔진의 최대 토크가 5500rpm에서 51kg/m로 이전 두 모델들을 어렵지 않게 넘어섰다. 정지 상태에서 시속 100km에 도달하는 데 4.6초가 걸렸으며 최고 속도는 시속 약 315km였다.

외관상 피닌파리나의 스타일링에서 가장 눈에 띄는 변화는 F40 모델을 연상케 하는 공격적인 프런트 부분으로, 그릴과 그 일대에 새로운 456 GT 모델의 우아한 분위기가 가미되어 공격적인 모습이 완화되었다.

F512 M 모델은 테스타로사 모델에 비해 더 가볍고 더 강력하고 더 기민하고 더 잘 만들어진 버전으로, 외형이 오리지널 버전만큼이나 인상적이었고, 외부는 넉넉하게 넓었으나 내부는 이해할 수 없을 만큼 좁았고, 12기통 엔진이 불을 뿜어 전속력으로 내달릴 경우 숨이 멎을 만큼 짜릿해지면서 자동차 레이스에 나가고픈 마음이 생길 정도였다. 실제로 F512 M은 흥미로운 방식으로 테스타로사 모델과 경이로운 박

테스타로사의 마지막 버전은 1994년형 512 M 모델로, 모델 이름의 스타일링 그대로 대담한 측면 보디 스트레이크와 높이 솟아오른 리어 펜더가 눈에 띄었다. 또한 512 M 모델의 경우 테스타로사 모델의 덮개 달린 헤드라이트들이 그대로 쓰였고 테일라이트들은 512 BB 모델에 처음 적용된 둥근 모양의 고전적인 트윈 렌즈들로 바뀌었다.

서 엔진에 이별을 고하게 만든 모델이었다.

전통적으로, 페라리의 새로운 모델들은 미국 시장에 그 모습을 드러내기 전에 먼저 이탈리아와 유럽 전역에서 첫선을 보였다. 그러나 페라리 자동차는 물론이고 그 어떤 자동차도 '도시의 거리'에서 첫선을 보인 적은 없다. 물론 페라리는 보통 자동차가 아니고, 미국 캘리포니아 베벌리힐스의 고급 쇼핑가 로데오 드라이브 역시 보통 거리는 아니다.

1993년 2월 27일 토요일, 윌스트리트 서부 지역의 가장 유명한 포장도로에 교통이 통제된 채 1948년부터 1993년까지 제작된 125대 이상의 페라리 자동차들이 한 줄로 길게 늘어섰다(약 3개 블록을 차지했다). 그건 의문의 여지 없이 페라리 역사상 가장 인상 깊은 자동차 전시회들 중 하나로, 그

1994년에 첫선을 보인 F355 모델은 반세기 넘게 제작된 모든 페라리 자동차의 장점들을 개선한 자동차였다. 또한 뉴 가드*에 속한 첫 자동차였고, 대담하고 완전한 자동차였으며, 또 놀랍도록 공격적이던 과거의 모델들과 별 공통점이 없는 '도약하는 말'에 열광하는 팬들을 위한 자동차였다.

모든 게 가장 최신 모델인 348 스파이더를 소개하기 위함이었다.

새로운 페라리 모델을 대중에게 소개한 건 디자이너 세르지오 피닌파리나와 당시 페라리 S.p.A 회장이자 최고경영자였던 루카 코르데로 디 몬테제몰로였는데, 그는 사람들을 향해 말했다. 페라리는 베벌리힐스와 로데오 드라이브를 세계에 자동차를 소개하는 장소로 선택했는데, 그건 캘리포니아가 페라리에게 그만큼 중요하기 때문이라고.

또한 피닌파리나는 새로운 디자인을 만들어내는 것은 쉬운 일이 아니라면서 이런 말을 했다. "어떤 디자인이든 새로운 디자인과 관련해 존재하는 근본적인 문제는 늘 같습니다. 우리 자동차들은 지난 50년간 세계 최고였거나 세계 최고 중 하나로 그야말로 더없이 큰 명성을 떨쳤습니다. 또한 새로운 자동차는 늘 도전인데, 우리가 매번 자동차 소유자에게 더없이 큰 만족을 안겨줄 자동차를 디자인

베를리네타 버전이든 스파이더 버전(사진 속 자동차)이든, F355 모델은 그 당시 자연흡기식 8기통 엔진이 장착된 가장 강력한 페라리 자동차였다. 90도 각도의 배기량 3.5리터짜리 포티-밸브식, 듀얼-오버헤드-캠 8기통 엔진에서 나오는 최대 출력은 8250rpm에서 375마력으로 평가되었다. 그렇게 강력한 출력은 컴퓨터로 조절되는 완전 독립 방식의 서스펜션, 안티록 방식의 디스크 브레이크, 변동비 파워 스티어링으로 제어되었다.

할 수 있음을 확인해주어야 하기 때문입니다.”

348 모델은 1974년에 마지막으로 판매된 365 GTB/4 데이토나 스파이더Spyder 모델 이후 처음 나온 2인승 컨버터블로, 페라리 역사상 최초의 미드-엔진 탑재 방식의 2인승 스파이더Spider 모델이기도 했다. (데이토나 모델 얘기를 할 때는 y가 들어간 Spyder였던 것이 새로운 모델 얘기를 할 땐 i가 들어간 Spider로 철자가 바뀐 것에 주목하라.)

스파이더Spider 모델은 1989년에 공개된 348 tb/ts 모델이 진화된 것이었다. 미드-엔진 탑재 방식의 348 컨버터블 엔진은 이미 그 성능이 입증된 90도 각도의 경합금 소재의 페라리 8기통 엔진이었다. 그 엔진은 보어×스트로크가 85×75mm에 배기량이 3404.70cm³이었고 실린더당 밸브가 4개였으며 최대 출력은 7200rpm에서 320마력이었고 최대 토크는 5000rpm에서 33kg/m였다. 그리고 변속기는 가로로 놓인 5단 기어박스였다.

348 스파이더Spider가 공개된 이후 페라리는 거의 매년 새로운 모델을 선보여, 페라리 S.p.A 회장이자 최고경영자였던 루카 코르데로 디 몬테제몰로가 1993년에 한 약속을 지켰다. 당시 그는 다소 격정적인 어조로 페라리가 더 공격적이고 새로운 디자인 및 마케팅 접근법을 쓸 거라며 이렇게 말했다. “우리 페라리의 가장

1996년에 공개된 F355 스파이더(Spider) 모델은 역사상 가장 우아한 페라리 오픈카였으며, 미드-엔진 방식을 채택한 두 번째 페라리 모델(첫 번째 모델은 348 모델)이기도 했다. 페라리 측의 주장에 따르면 F355 모델은 “믿을 수 있다고 입증됐으면서도 아주 혁신적인” 모델이었다. 그 같은 주장은 아마 엔초 페라리가 내놓은 최초의 로드카들, 그러니까 비냘레와 투어링과 피닌 파리나에서 만든 보디를 토대로 만들어진 자동차들 그리고 또 처음으로 페라리에 럭셔리 카의 이미지를 안겨준 자동차들에도 적용될 수 있을 것이다.

강력한 자산은 기술입니다. 우리는 계속 새로운 디자인을 만들어내고 우리 기술을 향상시키는 능력을 보여주어야 합니다. 해야 할 일을 멈추면 패할 겁니다." 그간 페라리는 패한 적이 없다.

1994년에 첫선을 보인 F355 모델은 반세기 넘게 제작된 모든 페라리 자동차들의 장점을 개선한 자동차였다. 또한 새로운 시대의 첫 자동차였고, 대담하고 완전한 자동차였으며, 또 놀랍도록 공격적이던 과거의 모델들과 별 공통점이 없는 '도약하는 말'에 열광하는 팬들을 위한 자동차였다.

그리고 베를리네타 버전이든 스파이더 버전(1996년형)이든, F355와 F355 F1(1997년형) 모델은 자연흡기식 8기통 엔진이 장착된 가장 강력한 페라리 자동차였다. 90도 각도의 배기량 3.5리터짜리 포티-밸브식, 듀얼-오버헤드-캠 8기통 엔진에서 나오는 최대출력은 8250rpm에서 375마력으로 평가되었다. 그렇게 강력한 출력은 컴퓨터로 조절되는 완전 독립 방식의 서스펜션, 안티록 방식의 디스크 브레이크, 변동비 파워 스티어링으로 제어되었다.

F355 모델은 '도약하는 말'의 기백을 좋아하는 사람들에게는 좋은 스포츠카가 되었지만, 페라리를 일상적인 자동차로 생각하는 사람들에게는 걱정을 안겨주었다. 그러나 걱정 그만! F355 모델은 포르쉐 카레라Carrera 운전자들이 수년간 누려온 것과 같은 편안함을 페라리 소유자들에게 안겨주었다. F355는 전기로 작동되는 컨버터블 지붕을 가진 최초의 페라리 모델이기도 했다.

페라리 측의 주장에 따르자면 F355 모델은 '믿을 수 있다고 입증됐으면서도 아주 혁신적인' 모델이었다. 그 같은 주장은 아마 반

1997년형 550 마라넬로 모델은 F512 M 대신 페라리의 새로운 고성능 플래그십으로 자리 잡게 된다. 그리고 이 새로운 모델에는 456 GT 모델에서 쓰인 65도 각도의 12기통 엔진이 장착되었다. 또한 456 모델의 드라이브 샤프트와 경합금 오일 섬프가 사용됐으며, 엔진 배기량은 5473.91cm^{3}였다. 48-밸브에 듀얼-오버헤드-캠샤프트 방식의 12기통 엔진은 6단 수동 변속기를 통해 7000rpm에서 485마력의 출력을 냈다. 또한 550 마라넬로 모델은 휠베이스가 약 2500mm였으며, 1997년형 F50 모델에 쓰인 것과 같은 독립형 프런트 서스펜션과 리어 서스펜션에 컴퓨터로 조절되는 댐핑* 시스템이 사용되었다.

세기 전에 엔초 페라리가 내놓은 최초의 로드카들, 그러니까 비냘레와 투어링과 피닌 파리나에서 만든 보디를 토대로 만들어진 자동차들 그리고 또 처음으로 페라리에 럭셔리 카의 이미지를 안겨준 자동차들에도 적용될 수 있을 것이다. 아무튼 F355 스파이더Spider 모델은 그 당시의 한계를 뛰어넘은 자동차였다.

20세기 말에 이르러, 페라리 자동차들은 마라넬로 공장에서 나온 그 어떤 자동차보다 경이로운 형태를 띠게 된다. 550 마라넬로, 550 바르체타550 Barchetta, 엔초Enzo, 575M 마라넬로 모델이 그 좋은 예들이다. 그리고 21세기에 이르면 '사령관'도 상상하지 못했을 획기적인 모델들이 나오게 된다.

The Amazing F50

놀라운 F50, 친퀀탄니

F50은 페라리가 45년간 쏟아부은 페라리 레이싱 모델들과 끝없는 그란 투리스모 및 스포츠 모델들의 모든 것이 집약된 모델이었다. 이론상, 피닌파리나가 디자인한 이국적인 보디를 토대로 제작된 이 모델은 1990년에 나온 페라리 641/2 포뮬러 원 자동차의 도로 주행용 버전이었다.

F50 모델은 센트럴 모노코크★ 보디를 토대로 제작된 데다 전체가 사이텍 에어로스페이스Cytec Aerospace의 탄소섬유로 이루어져 있어, 총 섀시 중량이 약 102kg밖에 되지 않았다. 자동차의 중앙 부분이 그렇게 되어 있고, 바로 거기에 운전자가 앉게 되어 있다. 엔진-기어박스-디퍼렌셜★의 조합은 포뮬러 원 자동차의 디자인을 따라 섀시에 부착되어 있으며 엔진은 서스펜션과 뒤 범퍼, 차체 요소들과 연결되어 있다. 이는 엔진을 구조적인 한 요소로 그리고 또 추진력의 한 수단

으로 활용하는 시스템이 도로 주행용 자동차에 적용된 첫 사례였다.

디자인상 F50 모델은 자동차 무게의 43퍼센트는 앞 차축에, 그리고 57퍼센트는 뒤 차축에 가게 되어 있었다. 또한 코너를 돌 때 회전 반경이 핸들을 돌린 각도보다 커지는 언더스티어 현상을 보정하기 위해 앞바퀴의 좌우 거리를 뒷바퀴의 좌우 거리보다 18mm 더 넓게 해, 앞뒤 바퀴의 좌우 거리는 1620mm 대 1602mm였다.

그리고 또 F50 모델은 4500rpm 이하에서는 엔진 소음이 나지 않았으나 4500rpm이 넘으면 존 윌리엄스의 영화 음악처럼 웅장한 소리를 냈다. 실제로 엔진은 4500rpm을 기점으로 전혀 다른 모습을 띠었고, 2단계 흡기 시스템이 완전히 열리면서 전달되는 공기의 양이 배가되었다. 동시에 배기관의 배압★은 모트로닉Motronic★ 제어 장치를 통해 줄어들었다. 또한 정지 상태에서 시속 100km에 도달하는 페라리 창사 50주년 기념 모델인 F50의 스타일은 2002년형 엔초 모델이 나오기 전까지만 해도 페라리 역사상 가장 미래 지향적인 스타일이었다. 피닌파리나가 디자인한 보디는 페라리 포뮬러 원 레이스카의 로드카 버전이었다. 보디는 전부 탄소섬유, 사이텍 에어로스페이스의 케블라, 노멕스(Nomex)의 허니콤★ 등의 복합 소재로 제작됐으며, 공기역학적인 커브가 통합형 프런트 범퍼에서부터 리어 윙의 옆면까지 눈에 띌 정도로 위로 솟구치는 형태를 취하고 있었다.

데 3.7초가 걸렸다. 말하는 데 걸리는 시간보다 덜 걸린 것이다.

도어들을 다 닫으면 속이 꽉 찬 듯한 소리가 들렸는데, F40 모델에서 듣던 속이 텅 빈 듯한 소리와는 달랐다. 도어들은 충전재로 채워져 있었고 마감도 아주 세심했다. 비교해서 말하자면, F50 모델의 실내는 롤스로이스의 실내와 비슷했으며 실내 공간은 F40 모델보다 훨씬 넓었다. 그러나 완전히 기능 중심적인 자동차여서, 하부 대시 패널과 노출된 실내 표면의 대부분은 탄소섬유로 되어 있었다. 바닥 매트는 고무였다. F50 모델은 단순하면서도 뚜렷한 개성이 있었다.

합성 프레임을 사용한 레이스카 스타일의 시트들에는 럭셔리한 코놀리 가죽이 씌워져 있었다. 운전자 시트와 페달 랙은 운전자의 체형에 맞춰 조정할 수 있었다. 그리고 레이스카의 특성을 갖고 있고 꼭 필요한 요소들만 갖춘 단순한 로드카 F40과는 달리 F50은 이탈리아산 맞춤 정장 같은 자동차였다.

복잡하지 않고 깔끔한 실내에서 가장 눈에 띄는 건 센터 터널★과 기어박스였다. F50의 기어박스는 옛것과 새것의 놀라운 조합이었다. 첨단 탄소섬유 시프트 노브★와 레버는 전통적인 강철 시프트 게이트shift gate 조금 위에 있으면서, ZF 트윈 콘 동기 장치 및 제한적인 슬립 디퍼렌셜 기능이 있는 6단 변속기와 연결시켜주었다.

이 모든 기술이 적절한 패키지 형태로 구현되어야 했으며, 그래서 카로체리아 피닌파리나는 F50의 스타일링을 통해 한계를 뛰어넘었다. F50은 아주 독특한 스타일의 자동차로, 스타일의 대담함 측면에선 엔초 모델에 버금갈 정도였다. 후드의 커다란 에어 덕트들과 널따란 타원형 그릴 그리고 통합된 헤드라이트들 때문에 앞에서 보면 거의 활짝 웃는 모습이었다. 신품 가격이 거의 50만 달러나 되는데다 1997년까지 제작된 349대의 자동차가 모두 예약 주문을 통해 팔렸으니, 아마 페라리 마라넬로 공장의 누군가는 분명 활짝 웃었을 것이다.

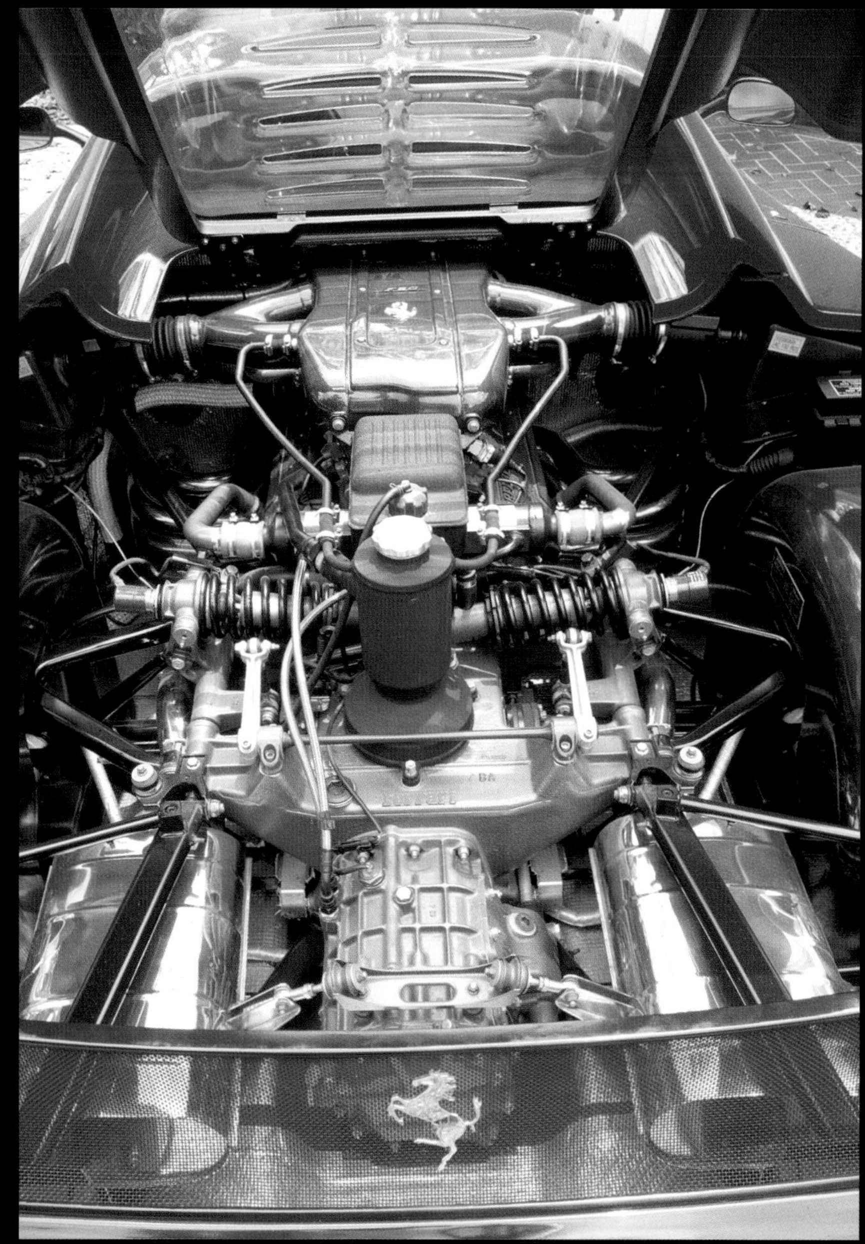

보디 뒷부분을 들어올려 엔진-기어박스-디퍼렌셜 조합이 드러나면 포뮬러 원에서 가져온 F50 서스펜션을 놓칠 수 없다. 엔진과 디퍼렌셜 사이에는 코일 스프링들과 선홍색 칠이 된 버팀대들이 수평 상태로 자리 잡고 있다. 현재의 레이스카 디자인 관행에 따르면, 수평 상태의 스프링 및 댐퍼를 서스펜션의 상부 및 하부 컨트롤 암에 연결하는 데는 푸시-로드(push-rod) 시스템이 이용된다. 프런트 부분에서도 비슷한 방식이 이용된다. F50의 배기량 4698.5cm³짜리 12기통 엔진 디자인에서도 포뮬러 원의 영향을 볼 수 있다. 65도 각도의 엔진은 1990년형 페라리 포뮬러 원 자동차의 엔진을 토대로 제작됐지만 엔진 배기량은 3.5리터에서 4.7리터로 늘었다. 4개의 오버헤드 캠샤프트에 실린더 하나당 5개의 밸브(3개는 흡입용, 2개는 배출용 밸브로 총 60개의 밸브)를 이용해, 보어×스트로크는 약 85×69mm에 압축비는 11.3:1이었다. 페라리의 주장에 따르면, 최대 출력은 8500rpm에서 513마력이었으며 최대 토크는 6500rpm에서 48kg/m였다.

S CR 1360

10장

21세기의 페라리

회사명이자 브랜드명이기도 한 페라리는 독특한 정체성을 갖고 있다.
많은 면에서 전통적이고 아주 '구식'이기도 하지만
현대적인 기술을 갖추고 있는 데다 디자인에 대한 관심도 많아
혁신과 발전 측면에서 늘 선두를 지키려 한다.

20세기 말에 나온 페라리 모델들 가운데 일부(550 마라넬로, 456M 등)는 새로운 세기까지 그 영향력을 발휘했지만, 페라리의 '주류'(페라리에 대한 얘기를 할 때 늘 쓰는 말이기도 하지만)인 미드-엔진 탑재 방식의 자동차군은 철저한 변화를 겪게 되었다. 페라리 마라넬로 공장은 새천년을 위해 뭔가 특별한 것을 만들어내야 했던 것이다.

놀라울 정도로 멋진 F355 모델은 완전히 만족스럽진 못했던 348 모델군을 완전히 탈바꿈시킨 모델이었다. 348 모델군에 쓰인 플랫폼* 과 파워트레인*은 그 뿌리가 1970년대 중반에 나온 최초의 308 모델까지 거슬러 올라간다. 모든 것을 철저히 새롭고 발전된 것으로 바꿔야 했던 것이다.

1999년과 2000년에 페라리는 각기 360 모데나360 Modena 모델과 360 스파이더360 Spider 모델을 내놓았는데, 후자는 페라리의 20번째 도로 주행용 컨버터블이었다. 400마력의 페라리 미드-엔진이 장착됐음에도 불구하고, 페라리의 디자이너들은 캐빈과 엔진 베이 사이에 자동으로 접혀 들어가는 지붕을 만들 방법을 찾아냈다. 그 결과 스파이더 모델에 끊어지지 않는 깨끗한 라인을 만들어낼 수 있었고, 360 모데나 모델에 고전적인 베를리네타 백라이트(엔진 위쪽이 보이게 조그만 창을 추가한 형태)를 그대로 유지할 수 있었다.

섀시와 보디를 만들면서 거의 전적으로 알루미늄을 쓴 것 또한 360 모데나와 360 스파이더 모델에서 거둔 기술적 발전들 중 하나였다. 알루미늄 보디 패널들로 만들었다고 해서 페라리 자동차가 완전히 새로운 자동차가 된 것은 아니었지만, 알루미늄 섀시 구조와 거의 100퍼센트 알루미늄으로 된 보디 패널들을 가진 도로 주행용 자동차는 완전히 새로운 자동차였다. 그 목표는 구조적 견고함과 온전함을 크게 늘

1968년 그 유명한 365 GTB/4 데이토나 모델을 선보였을 때, 페라리는 많은 사람들에 의해 데이토나의 가장 직접적인 정신적 후손으로 여겨지는 지붕 있는 쿠페인 베를리네타 형태의 디토 550 마라넬로 모델 제작만 제의받았다. 그리고 마라넬로 모델을 지붕 없는 자동차 형태로 제공하기 위해 페라리는 550 바르케타 피닌파리나(550 Barchetta Pininfarnina) 모델 제작을 의뢰했다. 1950년대의 오픈카인 '리틀 보트(Little Boat)' 모델들을 떠올리게 하는 바르체타를 통해 피닌파리나는 수십 년간 페라리의 스타일과 디자인에 지대한 기여를 했다. 탈착식 루프는 주차 중에 또는 비가 올 때 실내를 보호하기 위한 것으로, 놀라운 고속 주행을 자랑하는 모델들에는 적합하지 않다.
© culture-images GmbH/Alamy Stock Photo

리고 전체적인 무게를 줄이는 데 있었다. 모데나 개발을 통해 달성된 또 다른 목표는 캐빈 룸, 즉 실내 확장이었다. 모데나를 출시하면서 페라리 회장 루카 코르데로 디 몬테제몰로는 필자를 비롯해 그 자리에 모인 기자들에게 모데나를 몰고 도로를 달릴 때 승차감과 핸들링 밸런스가 어떤지를 물었다. 그리고 다음과 같은 유명한 말을 했다. “저는 우리 차가 우리의 테스트 트랙에서 얼마나 뛰어난 성능을 발휘할 것인지에는 별 관심 없지만, 뛰어난 스포츠카이면서도 도로 주행을 하거나 미 대륙을 횡단할 때 운전에 얼마나 큰 즐거

“그리고 스파이더(Spider) 모델이 나타났고…….” 페라리의 혁신적인 모델인 360 모데나는 쿠페형으로만 출시되었다. 물론 컨버터블 스파이더 버전이 나오는 것은 시간 문제였으며, 이 경우 2년이 채 안 걸렸다. 새로운 모데나 모델의 보디는 여전히 스카글리에티에서 제작했지만 모델 이름에는 미묘한 변화가 생겼다. 알루미늄 보디를 토대로 제작된 새로운 컨버터블은 분명 360 모데나 모델군에 속했지만, 공식적인 이름은 360 스파이더가 된 것이다.
© Michael Ward/Magic Car Pics

움을 줄 수 있는지에는 관심이 많습니다."

550 마라넬로의 선례에 따라 제작된 2002년형 575M 마라넬로는 훨씬 더 강력하고 훨씬 더 럭셔리하고 훨씬 더 스포티한 프런트-엔진 탑재 방식의 12기통 베를리네타 모델로, 격찬을 받았던 365 GTB/4 데이토나의 전통을 잇는 모델이기도 했다. 엔진 배기량이 5750cm³로 늘어나 575란 이름이 붙게 된 575M 마라넬로는 550 마라넬로에 비해 최대 출력과 토크 모두 아주 높아졌다. 575M 마라넬로라는 모델명에 들어간 M은 '모디피카타Modificata'(영어의 modified에 해당하는 이탈리아어)의 머리글자로, 어떤 사람들은 '업데이트된' 또는'새로워진' 정도의 뜻으로 받아들이기도 한다. 575M 마라넬로 모델의 특징들 중 하나는 핸들 뒤쪽에 패들 시프트가 장착된 포뮬러 원용 기어박스가 옵션이었다는 것이다. 이 오토클러치 수동 기술은 F355 F1 모델에 처음 제공되었다. 575M 마라넬로 모델에 장착된 65도 각도의 12기통 엔진에는 4개의 오버헤드 캠샤프트들과 실린더당 4개의 밸브들이 사용됐으며, 엔진 최대 출력은 7250rpm에서 515마력이었다. 그리고 550/575 마라넬로 모델군은 2005년 모델까지 이어졌다.

550 바르케타 피닌파리나 모델은 지붕 없는 마라넬로 모델을 만드는 데 많은 도움이 됐지만, 천으로 된 루프는 결코 이상적이진 못했다. 그래서 페라리와 피닌파리나는 '접이식' 컨버터블 선루프에 대한 기존 개념에 혁신적인 변화를 주었다. 새로운 모델은 슈퍼아메리카라고 명명됐고, 위에는 전기 변색 유리 선루프가 장착되었다. 버튼을 누르면 완전히 닫힌 상태에서 유리 천장이 회전하며 리어 덱 쪽으로 물러나 열리는 방식이었다. 전기 변색 유리라는 특수한 유리를 사용한 선루프는 투명도를 조절할 수 있어 탑승자들은 실내에서 적절한 빛과 안락함을 즐길 수 있었다.

ⓒ electochromic glass top

페라리는 자신들의 '슈퍼 스트리트 모데나(Super Street Mondena)'를 '360 챌린지 스트라달레(360 Challenge Stradale)'라 불렀는데, 레이싱 모데나 버전이 360 챌린지라 불렸고 스트라달레는 도로 주행용 버전이란 의미이므로 충분히 납득이 가는 이름이었다. 표준적인 360 모데나 모델만큼이나 경량 고성능 첨단 자동차였던 챌린지 스트라달레 모델은 안과 밖이 모두 레이스카 같았고 무게는 더 가벼웠으며 성능은 더 뛰어났다.

ⓒ culture-images GmbH/Alamy Stock Photo

2002년형 페라리 엔초는 자동차 레이싱에서 영향을 받아 제작된 대표적인 디자인의 자동차들 중 하나로, 원래는 제작 대수가 399대로 한정되어 있었다(그러나 최종적으로는 페라리 측에서 고인이 된 교황 요한 바오로 2세에게 바치는 선물로 400대까지 제작했다). 페라리 S.p.A에 따르면 "운전자들은 이 자동차를 통해 월드 컨스트럭터즈 챔피언십 타이틀을 여러 차례 획득한 페라리의 경험과 세계 챔피언 미하엘 슈마허Michael Schumacher의 기술적인 아이디어 및 엔진-튜닝 기술을 제공받게" 된다. 페라리 엔초 모델에는 직접적인 포뮬러 원 경험을 토대로 완전히 새롭게 디자인된 65도 각도의 자연흡기식 12기통 엔진이 장착되었다. 최대 출력은 7800rpm에서 660마력으로 평가되었다. 레이싱에서 영감을 얻어 제작된 이 엔진은 6단 변속기가 장착된 포뮬러 원의 트랜스액슬★이나 오토클러치 수동 트랜스미션에 의해서만 지원을 받았다. 피닌파리나의 켄 오쿠야마Ken Okuyama가 디자인한 보디 역시 포뮬러 원 레이스카 디자인에서 영감을 받은 것이었다. 갈매기 날개처럼 위로 젖히게 되어 있는 걸윙 스타일의 도어들이 독특하게도 A-필러의 힌지에 붙어 있어 갈매기 날개보다는 박쥐 날개와 비슷하게 열렸다. 2004년에 자동차 잡지 《모터 트렌드》는 2003년형 페라리 엔초 모델에 대한 그 유명한 테스트를 통해 최고 속도가 약 340km라는 것을 확인했다. 테스트는 미국 애리조나 킹맨에 있는 포드의 8km짜리 타원형 테스트 트랙에서 실시됐으며, 핸들을 잡은 사람은 인디카IndyCar의 뛰어난 카레이서 브라이언 헤르타Bryan Herta였다.

페라리 엔초 모델의 새 부리 비슷한 전면부와 수평 그릴 부분 그리고 거대한 냉각 및 다운포스 제어용 흡입구를 비롯한 여러 공기역학적 보조 장치들을 보고 있으면 페라리의 포뮬러 원 레이스카들이 떠오른다. 그리고 문자 그대로 포뮬러 원 레이스카에서 영향을 받은 최대 출력 660마력에 배기량 6.0리터짜리 자연흡기식 12기통 엔진 역시 기대에 잘 부응했다. © Vicky Dredge/Magic Car Pics

배트맨이 페라리를 몬다면 십중팔구 이 페라리 엔초 모델일 것이다. 멋들어진 다이헤드럴 도어와 공기 흡입구들 그리고 엄청난 파워를 자랑하는 자동차! 영화에서처럼 배트맨이 이 검은 자동차에 뛰어올라 시동을 걸며 이렇게 외치는 모습이 상상될 것이다. “파워는 원자 배터리로, 그리고 터빈은 스피드로 설정!” 흥미로운 사실이지만, 이 페라리 엔초 모델이 등장한 가장 유명한 영화 속 장면은 2003년에 나온 〈미녀 삼총사 2 - 맥시멈 스피드〉의 한 장면이다. 캘리포니아 말리부에서 데미 무어가 연기한 비키니 차림의 ‘배드 앤젤’ 매디슨 리가 이 자동차와 함께 포즈를 취한 것이다.
© John Colley / Magic Car Pics

FXX marks the spot. “이곳이 바로 그곳이다”라는 뜻을 가진 “X marks the spot.”이란 말을 살짝 비튼 것이다. ‘표준적인’ 페라리 엔초 모델이 충분히 ‘핫’하지 않다는 전제 아래 페라리는 고객들에게 레이싱 트랙에서의 훨씬 더 멋진 드라이빙을 경험할 수 있게 해주기 위해 FXX 생산 라인을 만들었다. 자동차 성능과 관련된 데이터를 페라리 공장에 전달해줌으로써, 페라리 측은 자신들의 자동차 성능이 어떤지를 알 수 있었다. FXX 생산 라인은 규모가 작고 독점적인 성격을 갖고 있었으며, 가장 뛰어난 페라리 기술자들만으로 드문 자동차들을 제작했다.
© Matt Stone photo

페라리의 유명한 레이싱 팀 스쿠데리아 페라리에서 이름을 따왔으며 포뮬러 원 레이스카 기술이 적용된 2007년형 페라리 430 스쿠데리아 모델은 가장 빠르고 가장 정교한 페라리 로드카 중 하나였다. 배기량 4.3리터짜리 자연흡기식 8기통 엔진이 장착되어 최대 출력이 8500rpm에서 510마력이었으며, 파워 대비 중량비가 아주 낮아 마력당 5.4파운드밖에 안 됐다. 제작 대수가 제한됐던 페라리의 특별 에디션 8기통 모델들 가운데 이 스쿠데리아 모델은 사람들이 특히 많은 관심을 갖고 수집해온 모델이다.
© John Lamm

360 모데나와 360 스파이더 모델은 2004년까지 맹활약을 펼쳤다. 다른 모델로 교체하기에 앞서 페라리는 아주 멋진 한정판 쿠페 모델들을 팔았는데, 하나는 도로 주행용이었고 하나는 페라리 챌린지 시리즈 전용이었다. 또한 페라리는 2003년형과 2004년형에 한해 '슈퍼 모데나 Super Modena' 모델을 제공했다. 슈퍼 모데나는 더 빨리 달리고 더 즉각 반응하고 더 본능적으로 움직이게 하기 위해 모든 것을 쏟아부은 모델로, 럭셔리한 면에는 신경을 덜 썼고 차를 무겁게 만드는 거의 모든 것을 버리거나 더 가벼운 것으로 교체했다. 이 모델은 현재 360 챌린지 스트라달레라고 불리고 있으며, 지붕 있는 쿠페(베를리네타) 형태로만 출시되었다. 360 챌린지 스트라달레라는 이름은 '(페라리가) 도전한다, 거리(에)' 정도의 뜻으로, 페라리 챌린지 시리즈의 트랙 전용 자동차에서 많은 영향을 받아 제작된 모델이었다.

360 모데나 모델의 배기량 3.6리터짜리 8기통 엔진은 미친 듯이 돌아가며 400마력의 출력을 냈지만, 일부 소유주들은 좀 더 큰 마력 또는 좀 더 낮은 토크가 필요하다고 느꼈다. 그래서 360 모데나 모델이 2004-2005년형 대체 모델로 재개발될 때, 사실상 새로 제작되는 엔진의 배기량은 3.6리터에서 4.3리터로 늘었고, 최대 출력은 8500rpm에서 400마력이 나오던 것이 502마력으로 늘었다. 360 모데나 출시 직후 스파이더 컨버터블 버전이 출시되었다. 두 모델 모두 6단 클러치와 스틱 수동 변속기를 쓰든가 아니면 포뮬러 원 패들-시프터 박스의 훨씬 업데이트된 버전을 쓸 수도 있었다. 컴퓨터로 제어되는 새로운 E-Diff 디퍼렌셜 덕에 도로 위에서나 트랙 위에서 더 부드러운 토크 및 더 나은 정지 마찰력 효과를 볼 수 있었다. 그리고 F430 모델의 캐빈은 럭셔리함 측면과 기술 측면에서 360 모델들보다 더 발전되었다.

페라리의 유명한 레이싱 팀 스쿠데리아 페라리에서 이름을 따왔으며 포뮬러 원 레이스카 기술이 적용된 2007년형 페라리 430 스쿠데리아 모델은 가장 빠르고 가장 정교한 페라리 로드카들 중 하나였다. 배기량 4.3리터짜리 자연흡기식 8기통 엔진이 장착되어 최대 출력이 8500rpm에서 510마력이었으며, 파워 대비 중량비가 아주 낮아 마력당 5.4파운드밖에 안 했다. 그리고 이전에 나온 챌린지 스트라달레 모델의 경우와 마찬가지로, 페라리의 일명 이 '스커드 미사일'*에는 포뮬러 원 패들-시프터 트랜스액슬만 제공되었다. 2007년부터 2009년까지 한정 제작된 이 페라리 430 스쿠데리아는 오늘날 많은 사람이 특별히 관심을 갖고 수집하려 하는 모델이다.

456 및 456M 2+2는 최정상급 2+2 그란 투리스모에 대한 페라리의 철학을 한 단계 업데이트한 모델들이었으나, 2003년에 이르러선 그

페라리의 612S 스카글리에티 모델은 앞서 나온 456 모델들을 대체한 가장 몸집이 큰 GT 2+2 쿠페이다. 이 모델의 긴 휠베이스와 전장 덕에 두 가지 주요 목표가 달성되었다. 첫째, 배기량 6.0리터짜리 12기통 엔진의 프런트-미드 탑재가 가능해졌고, 둘째 뒷좌석에 앉는 사람들이 다리를 뻗을 공간과 머리 위 공간이 커졌다. © Michael Ward/Magic Car Pics

599 GTB 피오라노 모델의 디자인은 어떤 각도에서 봐도 황홀하다. 이 조감도를 보면 긴 후드-짧은 덱 비율, 커다란 앞 유리 사이즈 그리고 리어 덱 부분과 합쳐지는 루프 뒤쪽의 플라잉 버트레스(flying buttress) 등이 특히 눈에 띈다. 이 모델은 로드카에 포퓰러 원 레이스카의 12기통 엔진을 채택한 많은 페라리 모델 중 하나이다. 조금도 과장하지 않고 말해, 그 성능이 아주 대단하다.
© James Mann

또한 새로운 철학으로 교체된다. 뭔가 새로운 게 필요했다. 이제 다소 구식이 된 456 모델의 숨겨진 헤드라이트 등의 디자인에서 벗어나 신선한 외부 디자인을 채택해야 했던 것이다. 그 외에 보다 넓은 공간과 개선된 승차감을 위해 보다 긴 휠베이스를 채택하고, 보다 가벼운 알루미늄 소재를 집중적으로 사용하며, 최신식 파워트레인과 인포테인먼트*를 채택하고, 보다 럭셔리한 감각을 가미해야 했다. 디자인과 관련된 얘기를 해보자면, 페라리는 이 새로운 모델에 인근 모데나 공장에서 여러 해 동안 많은 페라리 모델의 보디를 디자인하고 제작한 세르지오 스카글리에티의 이름을 붙이기로 했다. 그래서 새로 제작된 럭셔리한 2+2 그란 투리스모는 612 스카글리에티라고 명명되었다. 12기통 엔진이 장착된 자동차들의 제작을 이끈 마우리지오 만프레디니Maurizio Manfredini는 이런 말을 했다. "612 스카글리에티 모델 부품들의 거의 85퍼센트는 길이 약 2949mm의 롱 휠베이스 안에 들어갔습니다. 단 70퍼센트(2600mm의 휠베이스에 전체 무게의 47퍼센트가 뒷바퀴들 쪽에 몰림)만 들어갔던 456M GT 모델의 경우와는 비교되죠."

마우리지오 만프레디니는 이렇게 말을 이었다. "612 스카글리에티 모델은 이전의 2+2 모델에 비해 약 140mm 더 길었고 폭과 높이도 더 길었으며, 무게는 약 1860kg이었습니다. 이는 456M GT 모델보다 약 90kg 가벼운 것으로, 612 스카글리에티 모델이 주로 알루미늄 소재로 만들어졌기 때문이었습니다." 612 스카글리에티 모델에 장착된 배기량 5.7리터짜리 12기통 엔진에는 6단 수동 트랜스액슬 또는 6단 패들-시프터 오토클러치 수동 트랜스액슬을 사용됐으며, 엔진 최대 출력은 540마력이었다. 또한 612 스카글리에티 모델은 2004년부터 2008년까지 주류 모델로 군림했던 지붕 밀폐형 쿠페 형태로만 제공되었다. 2008년부터 2011년까지 612 스카글리에티 모델들은 페라리의 독특한 '1대 1' 프로그램에 따라 주문 제작만 되었다. 모든 자동차들이 그 소유주나 고객이 페라리 디자인 센터 및 그 직원들을 통해 주문한 디자인과 사양대로 제작된 것이다.

프런트-엔진형 12기통 GT 사업 이야기로 되돌아가, 페라리는 2006년에 599 GTB 피오라노 모델을 시판하기 시작했는데, 피오라노라는 이름은 이탈리아 모데나에 있는 페라리 공장의 레이스 서킷인 피오라노 서킷에서 따온 이름이었다. 페라리는 그 서킷에서 로드카와 포뮬러 원 레이스카들을 테스트했다. 페라리 엔초와 포뮬러 원 레이스카에서 영감을 받아 제작된 12기통 엔진은 이제 배기량이 6리터가 되었고 최대 출력은 무려 610마력에 도달했다. 기술적으로 6단 수동 변속기가 제공됐지만, 대부분은 새롭게 업데이트되고 업그레이드된 6단 포뮬러 원 슈퍼패스트 오토클러치가 장착되었다. 페라리 특유의 분위기가 바로 느껴지게 피닌파리나에서 디자인했으며, 전통적인 C 필러와 D 필러 대신 독특한 플라잉 버트레스에 의해 보강되었다. 599 GTB 피오라노 모델 디자인은 프런트-미드-엔진형 디자인이었고, 그래서 엔진이 보통 프런트-엔진형 자동차들에 비해 더 섀시 뒤쪽에 탑재되었다. 또한 현재 많은 사람들에 의해 최고의 페라리 로드카들 중 하나로 평가되고 있다.

페라리는 1984년부터 1987년 사이에 288 GTO 모델을 제작하면서 GTO란 유명한 이름을 부활시킨 적이 있었는데, '슈퍼 599' 모델이 GTO라는 그 유명한 이름을 다시 상기시킨다고 느꼈다. 그래서 2011년에 공개된 599 GTO 모델은 '최고의 힘을 가진 피오라노 모델'로 생각될 수도 있다. 그 모델은 이제 더 가볍고 더 강력해졌으며 최대 출력이 661마력에 이르게 된 12기통 엔진 덕에 훨씬 더 빨랐다. 그리고 이름 그대로 단 599대만 제작되었다. 그리고 능히 짐작이 가겠지만, 오늘날 아주 인기가 높으며 그래서 가격도 아주 비싸다. 또한 오리지널 599 피오라노 모델과 599 GTO 모델이 지붕이 밀폐된 쿠페인 베를리네타 형태로만 제작됐기 때문에, 페라리는 아주 제한된 수의 컨버터블 버전을 제공할 기회라는 걸 깨달았고, 그렇게 해서 내놓은 게 599 SA 아페르타599 SA Aperta 모델이었다. SA는 그 모델의 디자이너인 세르지오 피닌파리나와 안드레아 피닌파리나Andrea Pininfarina의 이름에서 따온 것이고, 아페르타는 'open'을 뜻하는 이탈리아어로 탈착 가능한 타르가 스타일의 루프 패널이 사용되었다는 의미였다. 또한 이 모델의 경우 GTO 모델에 장착됐던 661마력의 12기통 엔진을 그대로 가져왔으며 포뮬러 원 트랜스액슬은 업데이트된 상태로 장착되었다. 그리고 단 80대만 제작되어 훨씬 더 인기가 높고 가격도 더 비싸다. 오리지널 599 GTB 피오라노 모델은 2006년부터 2011년까지 시판됐고, 599 GTO 모델과 599 SA 아페르타 모델은 각각 2011년과 2012년에만 시판되었다.

메르세데스-벤츠와 재규어, 벤틀리, 마세라티, 애스턴마틴 등은 우아한 고성능 컨버터블 및 2인승 로드스터 시장에서 재미를 보고 있었다. 페라리도 이를 깨닫고 그 시장에 참여하고자 했다. 그렇게 해서 나온 모델이 1950년대 말과 1960년대 초에 큰 인기를 끌었던 페라리 오픈카들에서 이름을 따온 페라리 캘리포니아 모델로, 이 모델에는 프런트-엔진 탑재 방식의 8기통 엔진이 장착되어 있었고 또 완전히 새로운 접이식 하드톱 지붕이 달려 있었다. 페라리의 그런 시도는 효과가 있어, 처음으로 많은 고객이 페라리의 접이식 컨버터블 모델에 큰 관심을 보였다.
© James Mann

2006년에 필자는 마라넬로에 있는 페라리 공장을 방문했는데, 이름이 밝혀지지 않은 한 고위급 중역이 공장 내의 한 비밀 시제품 전시 지역으로 나를 데려가 2년 후에 나올 미래의 자동차를 미리 보여주었다. 그 시제품은 프런트-엔진 탑재 방식의 컨버터블로, 메르세데스-벤츠 SL63 AMG를 연상케 하는 완전 접이식 하드톱을 갖고 있었다. 당시 페라리 경영진은 그 시제품은 프런트-엔진 탑재 방식의 제대로 된 그란 투리스모 컨버터블로, 상당히 많은 판매가 이루어질 것이고 그 결과 페라리의 기존 고객들 중 일부를 빼어올 가능성도 있다고 했다. 그건 일리가 있는 얘기였는데, 그런 형태의 로드스터, 즉 지붕 없는 2인승 자동차는 애스턴마틴과 재규어 그리고 심지어 페라리의 예전 라이벌로 이제는 자매 회사가 된 마세라티에서도 제작 중이었기 때문이다. 목표는 확실한 승자가 되는 것이었으며, 이 고전적인 GT 모델을 위해 페라리는 다시 자신들의 영광스러운 과거에서 또 다른 소중한 이름 캘리포니아를 끄집어냈다. 1950년대 말과 1960년대 초에 큰 인기를 누렸던 그 위대한 페라리의 250 및 365 시리즈 스파이더Spider 모델들 말이다.

그렇게 해서 2008년부터 2009년 사이에 새로운 페라리 캘리포니아 모델인 250 GT 캘리포니아가 나왔다. 이 모델은 고속 그랜드 투어링 자동차로, 확실히 스포티했지만 프런트-라인 미드-엔진 자동차들만큼 트렌디하진 않았다. 어쨌든 이 모델은 놀라운 인기를 끌었으며, 구매하는 사람들의 상당수가 페라리 브랜드를 처음 접하는 사람들이었다. 주어진 임무를 제대로 완수한 것이다.

이 250 GT 캘리포니아 모델의 매끈한 공기역학적 보디를 디자인한 것은 물론 피닌파리나로, 그들은 이 모델에서 페라리 특유의 스타일을 대거 살려냈다. 공기역학적으로 길게 펼쳐진 후드는 짧은 덱 디자인과 멋지게 잘 어울리며, 뒤로 젖혀진 캐빈은 1957년 자동차들을 연상케 하면서

아주 특별히 한정 제작된 이 모델은 최대 출력이 599마력이었으며 페라리 역사상 GTO란 이름이 붙은 세 번째 모델이기도 했다. 앞서 나온 두 GTO 모델은 1960년대에 나온 오리지널 250 GTO 모델과 1980년대 중반에 나온 트윈-터보차저 방식의 8기통 엔진이 장착된 288 GTO 모델이었다. 굉음을 내며 달리는 포뮬러 원 레이스카들에서 영감을 받아 제작된 배기량 6.0리터짜리 12기통 엔진은 때론 약 612마력까지 내는 등 그 진가를 제대로 발휘했다.
© GFWilliams

458 이탈리아(458 Italia) 모델은 더없이 이국적인 스포츠카였다. 2009년에 출시된 이 모델은 당대의 가장 발전된 자연흡기식 8기통 자동차였으며, 레이스카에서 영감을 받아 제작된 자동차답게 안과 밖의 디자인에 공기역학적 측면이 중시되었다. 그리고 그 모든 것들이 터보차저 방식의 488 모델과 뒤이어 나온 F8 모델에 크게 반영되었다.
© Matthew Richardson/ Alamy Stock Photo

도 현대적인 느낌을 주고, 그릴과 보닛 중앙에 있는 날씬한 공기 흡입구는 특히 눈에 띄는 250 GT 캘리포니아 모델의 특징이다. 둥근 싱글 LED 테일라이트들은 트렁크 가장자리에 놓여 있으며, 독특하게 수직으로 쌓인 트윈 테일파이프tailpipe들은 오리지널 피닌파리나 작품이다. 이 자동차의 실내 또한 정제된 화려함과 편안함이 느껴지고 맞춤형 자동차 특유의 분위기가 물씬 풍기는 등 같은 수준의 세련된 디자인 감각을 보여준다.

새로운 8기통 엔진은 페라리 로드카 역사상 처음으로 미드-프런트 위치에 탑재되었다. 100퍼센트 알루미늄으로 제작된 이 엔진의 경우, 2개의 실린더 뱅크 사이가 90도 각도를 유지하고 크랭크 사이가 180도 각도를 유지하는 등 전형적인 페라리 엔진 구조를 취했다. 최대 출력은 7750rpm에 460마력이었으며, 그 출력이 듀얼-클러치 7단 기어박스(이제는 전통이 된 핸들에 장착된 포뮬러 원 스타일의 시프트 패들들과 연결된)를 통해 바퀴들까지 전달되었다. 또한 듀얼 클러치를 채택했는데, 하나는 짝수 기어들에 쓰이고 또 다른 하나는 홀수 기어들에 쓰여, 필요한 다음 기어를 미리 선택할 수 있었다. 이 모델은 정지 상태에서 시속 100km에 도달하는 데 3.8초가 걸렸고 최고 속도는 시속 약 315km였으며, 최첨단 로드카 디자인을 채택해 지붕이 열리거나 또는 (컨버터블 하드톱이 닫히면) 베를리네타 형태를 띠었다.

2012년에서 2013년 사이에는 보다 개선된 캘리포니아 30 모델이 나왔는데, 이 모델은 보디 무게가 30kg 더 가벼워졌으며 미드-프런트 탑

모든 사람이 페라리 FF 모델의 '슈팅 브레이크'★ 해치백 보디 스타일에 매료되는 건 아니었지만, 그 보디 스타일은 부인할 수 없을 정도로 실용적이었으며, 일부 시장들과 특정 구매자들의 입장에서 이 자동차의 공간과 4륜구동 방식은 아주 유용한 특성이었다. 물론 많이 진화되긴 했지만, 이 모델의 기본적인 면은 오늘날의 GTC/4 루소 모델에서까지 그 명맥이 이어지고 있다. © Michael Ward/ Magic Car Pics

재 방식의 8기통 엔진을 장착했을 때보다 출력이 30마력 더 세졌다. 그리고 캘리포니아 모델의 섀시 제작 과정에서 카로체리아 스카글리에티가 이용한 첨단 알루미늄 제조 기술과 자동차 제작 기술들 덕에, 그렇게 무게를 줄이면서도 구조적 견고성과 성능에는 아무 문제도 생기지 않았다. 정지 상태에서 시속 100km에 도달하는 데 3.8초가 걸렸다.

캘리포니아 30 모델에는 직접 분사 방식의 새로운 8기통 엔진이 장착됐으며, 듀얼-클러치 7단 기어박스(핸들에 장착된 포뮬러 원 스타일의 시프트 패들들과 연결된), 앞쪽은 더블 위시본이 그리고 뒤쪽은 멀티링크가 눈에 띄는 새로운 서스펜션 시스템, 새롭게 진화된 F1-Trac 견인력 제어 시스템, 카본 세라믹 소재 디스크를 표준으로 사용하는 브렘보 Brembo 브레이크 등이 주요 특징이었다. 페라리의 새로운 접이식 하드톱 기술을 사용함으로써, 캘리포니아 모델은 두 가지 버전으로 제공되었다. 전통적인 리어 벤치*를 저장 공간으로 쓰는 2인승 버전과 리어 벤치를 두 사람이 앉을 수 있는 자리로 만드는 +2 버전이 바로 그것이다.

2009년과 2010년 사이에는 미드-엔진 탑재 방식의 458 이탈리아 모델이 출시됐고(사랑받던 F430 모델군을 대체), 출시되자마자 바로 '올해의 퍼포먼스 차' 상과 '올해의 차' 상을 받았으며, 그 외에 베스트 퍼포먼스 엔진 상과 배기량 4리터 이상 베스트 엔진 상을 비롯해 세계적으로 30개가 넘는 상을 휩쓸었다. 페라리 8기통 엔진 모델들 가운데 가장 스포티한 모델로 디자인된 458 이탈리아 모델은 자동차 안팎의 대담한 비

주얼로 눈길을 끌었으며, 레이스카에서 영감을 받아 제작된 조종석, 듀얼 클러치, 핸들에 부착되어 고속도로 모드에서 경주 모드에 이르는 다이내믹한 드라이빙 모드들과 결합된 7단 포뮬러 원-슈퍼패스트2 패들-시프트 변속기 등도 돋보였다. 슈퍼패스트2는 모든 페라리 모델에 사용되는 포뮬러 원 기어박스가 진화된 것으로, 기어 변속 시간*을 단 60마이크로초로 줄여주게 제작됐는데, 이는 그 어떤 모델보다 빠른 변속 시간으로, 모든 자동-수동 기어박스 중에서도 가장 빠른 변속 시간이었다. 또한 458 이탈리아 모델은 본보기가 될 만큼 럭셔리하고 편한 특징들을 조종석에 결합시켜, 모든 주요 기능들이 핸들 주변에서 제어 가능했다.

보디 디자인 측면에서는 전반적인 다운포스를 늘림으로써 공기역학적 효율성을 개선하는 데 초점이 맞춰졌다. 배기량 4.5리터짜리 8기통 미드-리어-엔진의 최대 출력은 9000rpm에서 562마력이었으며, 최대 토크는 6000rpm에서 54kg/m였다. 정지 상태에서 시속 100km에 도달하는 데 단 3.3초밖에 안 걸렸으며 최고 속도는 시속 약 325km였다.

2011년에 페라리는 4륜구동 스포츠카인 획기적인 페라리 FF 2+2 모델을 출시했다. 페라리 마라넬로 공장에서 선보인 최초의 4륜구동 양산 자동차이자 페라리 최초의 양산 해치백 디자인 자동차이기도 한 FF(페라리 포Ferrari Four의 줄임말) 모델은 2004년에 나온 612 스카글리에티 2+2 모델의 계승자로 여겨졌다. 그러나 오랜 세월 400i 모델, 412 모델, 456 GT 모델 같은 2+2 디자인의 자동차들로 성공을 거두었음에도 페라리는 FF 모델로 아직 가본 적 없는 전인미답의 세계로 들어갔다. 그러니까 FF 모델을 통해 고성능 2+2 스타일에 아주 기능적이고 실용적인 디자인을 결합하는 페라리 특유의 스타일링에 작별을 고하면서 고성능 스포츠카에 대한 완전히 새로운 접근방식을 제시한 것이다. FF 모델의 디자인은 분명 실용적이었지만, 그렇다고 해서 모든 사람들이 페라리 FF 모델의 디자인에 매료된 건 아니다. 어떤 사람들은 이 모델을 '스테이션 웨건'*이라고까지 불렀지만, 또 어떤 사람들은 이 모델로 페라리가 SUV 분야에 본격 진입하고 있다고 느꼈다. 공평하게 말하자면, 영국인들이 말하는 '슈팅 브레이크'나 독일인들이 말하는 슈포르트바겐 Sportwagen*이 더 적절한 말이었다.

FF 모델의 4륜구동 시스템은 혁신적인 동력전달장치(PTU)를 통해 바퀴로 가는 동력 분배를 제어했는데, 그 장치는 싱글 드라이브샤프트를 리어 트랜스액슬로 움직이는 전통적인 방식으로 뒷바퀴들을 돌린다는 점에서 기존의 프런트-엔진 4륜구동 장치와 다르며, 미드-프런트 탑재 방식의 12기통 엔진에 이상적이기도 하다. 그 PTU는 필요할 때만 동력을 앞바퀴들에 전달하며, 경우에 따라 페라리 FF 모델은 크랭크샤프트로부터 직접 네 바퀴 하나하나에 토크를 분배할 수 있다. 또한 FF 모델에는 7단 포뮬러 원 듀얼-클러치 기어박스와 짝을 이루는 최초의 GDI 12기통 엔진이 장착되기도 했다. 최대 출력이 8000rpm에서 651마력이었으며, 최고 속도는 시속 약 335km에 정지 상태에서 시속 100km에 도달하는 데 3.7초가 걸렸다. 그 당시 FF 모델은 지상에서 가장 빠른 자동차들 중 하나였다.

피닌파리나에서 디자인한 페라리 FF 모델의 라인은 전반적인 주행 성능을 발휘하면서도 다양한 기능을 갖고 있었다. 또한 전면부는 한정판으로 제작된 F60 아메리카 모델을 연상케 했고, 독특한 리어 쿼터 및 백라이트 디자인은 페라리 로드카에서는 본 적이 없는 형태였다. FF 모델은 푹 파인 스포츠 시트들에 편히 네 명이 앉을 수도 있었지만, 뒷좌석들을 접을 경우 짐 싣는 공간을 만들 수도 있었다. 어쨌든 FF 모델은 같은 종류의 다른 스포츠카는 물론이고 다른 많은 4도어 자동차보다 짐 싣는 공간이 더 많았다.

2011년에 페라리는 베를리네타 디자인을 토대로 스파이더 버전을 만들어냈다. 458 스파이더 모델의 경우 미드-리어-엔진 자동차에 페라리 최초의 접이식 하드톱이 장착되었다. 이 하드톱은 전통적인 하드톱이나 천으로 제작된 루프보다 무게가 덜 나갔으며, 지붕을 닫았을 때 이례적일 만큼 소음이 줄어들고 편안했다. 그리고 버튼만 누르면 단 14초 만에 하드톱이 열리거나 닫혔다.
© John Lamm

2011년에는 또 다른 458 모델인 458 스파이더Spider 모델이 출시되는데, 이 모델에는 페라리 최초의 접이식 하드톱이 장착되었다. 접이식 하드톱은 스포츠카 세계에선 새로운 게 아니지만, 페라리가 그 이전까지만 해도 전혀 취급하지 않던 것이다. 458 스파이더 모델의 경우, 하드톱을 닫으면 전례가 없을 만큼 조용하고 편하게 미드-리어-엔진의 퍼포먼스를 느낄 수 있었고, 하드톱을 열면 스파이더 스타일의 퍼포먼스를 느낄 수 있었다. 또한 버튼을 누르고 14초면 스포츠 쿠페 버전인 베를리네타에서 컨버터블 버전인 스파이더로 변신해, 세계에서 가장 빨리 하드톱이 열리고 닫히는 '컨버터블' 중 하나로 인정받았다. 458 스파이더 모델의 독특한 하드톱은 소프트톱*처럼 고속으로 달려도 변형되지 않으며, 믿을 수 없을 만큼 가벼워 무게도 전통적인 하드톱보다 약 30kg, 직물형 루프보다 약 25kg 덜 나갔다. 또한 루프 디자인의 경우 더블 곡률 덕에 캐빈 공간이 넓어지고 더 안락해지며 하드톱이 닫히면 엔진 베이 앞쪽으로 숨겨지게 되어 있다. 이 모든 것은 뛰어난 공기역학적 효율성을 위해, 또 매력적인 뒷부분 스타일을 위해 그리고 또 미드-리어 방식의 엔진 탑재를 위해 중요하다. 시끄러운 바람 소리를 막고 스파이더 모드의 공기역학적 효율성을 보존하기 위해 하드톱을 접으면 전기 바람막이가 올라온다. (바람막이의 위치는 조절 가능하며, 그래서 운전자는 그걸 완전히 집어넣어 하드톱이 열릴 때 엔진 소리가 좀 더 잘 들리게 할 수도 있다.)

두 부분으로 된 루프를 접으면, 도로와 엔진 그리고 주변 모든 소리 쏟아져 들어온다. 새로운 8기통 엔진은 개선된 7단 듀얼-클러치 포률러 원 변속기를 통해 562마력의 출력을 뿜어대, 정지 상태에서 시속 100km에 도달하는 데 3.4초가 걸리고 최고 속도는 시속 약 320km이다. 또한 이 모델에 장착된 개선된 페라리 기어박스는 기어 변속 시간이 사실상 0초로, 엔진 토크가 바퀴들에 전달되는 데 아무런 간섭이 없다. 간단히 말해, 고른 간격의 기어 변속비*가 8기통 엔진의 출력 및 토크 커브torque curve와 일치해, 속도가 느릴 때도 높은 토크를 유지할 수 있다. 그리고 E-Diff 전자 제어 디퍼렌셜이 이제 기어박스와 통합되어 더욱 컴팩트하고 가벼워졌다. 그리고 또 458 스파이더 모델은 파이널 드라이브* 1단 그리고 7단 기어에 대한 독특한 비율들을 가진 자체 기어 세트들을 받아들인다. 운전자들은 아주 자주 낮은 토크와 강력한 가속을 경험하게 될 것이고 또 7단 기어로 최대 속도에 도달하는 모습을 보게 될 것이다.

2012년에 페라리는 12기통 엔진이 장착된 자신들의 전설적인 베를리네타(모든 599 피오라노 변종들을 대체하는) 모델을 완전히 새로운 보디 디자인과 12기통 엔진으로 재탄생시키게 된다. 75년 전 최초의 스포츠카들을 제작한 이래 페라리는 늘 12기통 엔진에 자신들의 영혼을 갈아 넣었다. 그리고 모든 12기통 엔진은 페라리 역사에서 늘 새로운 시대를 열었다. 1953년에 나온 375 아메리카 모델에서부터 그 이후에 나와 신기원을 연 250 GTO 모델과 364 GTB/4 데이토나 모델 등이 그 좋은 예다. 그 모델들은 하나같이 수십 년이 지난 뒤에도 많은 사람이 갖고 싶어 하는 페라리 모델들에 포함되어 있다. 가장 최근에 나온 F12 베를리네타 역시 그런 전통을 이어가는 모델이다.

새로운 세대의 미드-프런트 탑재 방식의 12기통 엔진이 처음 장착된 F12 베를리네타 모델의 65도 각도의 자연 흡기식 엔진(배기량 6.3리터)은 7단 듀얼-클러치 자동 변속기를 통해 730마력의 출력을 뿜어낸다. 이 모델의 스페이스-프레임* 섀시와 보디는 둘 다 완전히 새로운 것들로, 무려 12가지의 다른 알루미늄 합금들로 이루어져 있는데, 그중 일부는 자동차 업계에서 결코 쓰인 적이 없는 합금이었다.

페라리 스타일센터와 피닌파리나가 서로 손잡고 디자인한 F12 베를리네타 모델은 역동적인 외관과 기능 중심적인 보디 라인 간에 균형을

반대쪽 일부 사람들에게 458 스페치알레 아페르타(458 Speciale Aperta) 모델은 8기통 엔진이 장착된 위대한 페라리 모델 중 하나이다. 아주 뛰어난 성능을 자랑하는 이 모델은 자연흡기식 458 모델들 가운데 가장 제한적으로 제작된 모델이기도 하다. 이 스페치알레 아페르타 버전에서는 모든 것에 컨버터블-루프가 장착된 보디 구조가 가미되었다. 2015년에만 제작되었으며, 정지 상태에서 시속 100km에 도달하는 데 2.9초밖에 안 걸렸다. © GFWilliams

맞추는 데 집중했으며, 그 결과 이 모델은 공기저항계수가 0.299밖에 안 되는 공기역학적으로 가장 효율적인 페라리 모델이 되었다. 그리고 그 같은 공기역학적 효율성은 주로 세 가지 디자인 요소, 즉 '에어로 브리지Aero Bridge'와 '블로운 스포일러Blown Spoiler' 그리고 공기역학적 언더보디를 통해 달성되었다. 먼저, 후드 위의 에어로 브리지는 후드 라인을 활용해 자동차 양쪽의 공기역학적 경로를 통해 다운포스를 만들어낸다. 그 다운포스가 프런트 휠 아치와 A-필러 아래쪽 사이 지역인 브리지 아래를 지나면서 기류를 양쪽의 후드 스쿠프 안으로 돌리게 되며, 거기에서 공기가 휠 웰에서 나오는 공기와 상호작용해 공기 저항을 줄여준다. 그다음에 자동차 뒤에 붙인 블로운 스포일러는 특수한 공기 흡입구를 통해 지나가는 뒤쪽 기류를 이용해 휠 웰에 발생하는 압력장을 조절해 전반적인 공기역학적 효율성을 높여준다. 마지막은 평평한 언더보디로, 이 언더보디는 자동차 전면 하부에 부착한 새로운 프런트 스플리터와 함께 다운포스를 만들어내면서 동시에 기류를 뒤쪽 환기 장치 쪽으로 보내는 역할을 한다. 앞바퀴들 앞에는 에어로다이내믹 댐과 반원뿔형 디퓨저가 있어, 그것들이 다운포스를 만들어내면서 동시에 브레이크를 식혀주는 역할도 한다. 리어 댐rear dam은 두 가지 역할을 하는데, 바퀴들에서 기류를 내몰고 소용돌이를 만들어 언더보디가 뒷바퀴들의 움직임으로 인해 생겨나는 원심력으로부터 자유롭게 해준다.

F12 베를리네타 모델의 뒤쪽은 리어 펜더 라인을 자동차 뒷부분에 통합해 페라리 T 모양을 만듦으로써 캠 테일Kamm tail(원래 레이싱용으로 개발)을 현대적으로 그리고 또 기능 중심적으로 재해석한 게 특징이다. 또한 디자인 측면에선 2개의 풀-LED 원형 테일라이트들과 포뮬러 원 레이스카에서 영감을 받아 제작된 후방 안개등도 눈에 띈다. 루프부터 뒤끝까지 매끈하게 이어지는 이 패스트백 스타일의 자동차 후면 유리는 유압 실린더 방식으로 잠금 해제되고 올라가 짐을 실을 수 있는 널찍한 공간을 쉽게 만들 수 있다.

2009년에 페라리는 458 이탈리아 시리즈를 선보였는데, 페라리 역사상 8기통 엔진이 장착된 모델 가운데 가장 스포티한 모델로 여겨지고 있다. 아주 매혹적인 보디 라인과 레이스카에서 영감을 받아 제작된 조종석 그리고 듀얼-클러치 방식의 7단 포뮬러 원-슈퍼패스트2 패들-시프트 변속기가 돋보였던 이 모델은 거의 언제든 레이스에 참가 가능한 로드카였다. 458 이탈리아 베를리네타 및 스파이더 모델을 능가하는 차를 만들기 위해 페라리 엔지니어들과 디자이너들은 또 4년을 보내야 했고, 그렇게 해서 2013년에 드디어 스페치알레 A(아페르타) 모델이 공개되었다. 스파이더 모델을 토대로 제작된 스페치알레 A 모델은 알루미늄 접이식 하드톱을 장착하면서 스페치알레 쿠페 모델에 비해 50kg 정도 더 가벼워졌다. 또한 접이식 하드톱을 올리거나 내리는 데 14초밖에 안 걸려, 정지 신호를 기다리는 동안 루프를 여닫는 게 가능할 정도였다. 앞서 나온 458 모델들과 마찬가지로, 스페치알레 A 모델은 애초부터 오픈카에 올라 트랙 지향적인 운전 경험을 원하는 레이스 애호가들을 위해 만들어졌다. 458 스페치알레 A 스파이더 모델의 자연 흡기식 엔진은 그 성능이 아주 놀라워 정지 상태에서 시속 100km에 도달하는 데 3초, 그리고 정지 상태에서 시속 200km에 도달하는 데 9.1초밖에 안 걸렸다.

458 스페치알레 A 스파이더 모델의 공기역학적 디자인에 숨겨진 비밀 중 하나는 보디 앞부분 중앙에 있는 2개의 수직 플랩flap들과 그 아래에 있는 수평 플랩이다. 차가 느린 속도로 달릴 때면 이 플랩들은 닫힌 채로 있어 공기가 라디에이터로 들어간다. 그러나 시속 약 169km가 넘어가면 플랩들이 열려 라디에이터로 들어가는 공기가 줄어들면서 공기 저항 계수가 떨어진다. 그러다 시속 약 220km가 넘어가면 수평 플랩이

반대쪽 많은 사람이 이 F12 tdf* 모델을 궁극적인 F12 모델로 생각하는데, 사실 그렇게 생각해서 안 될 이유도 없다. 이 F12 tdf 모델은 트랙과 도로에서 두루 높은 성능을 발휘한다는 게 입증된 유명한 페라리 모델에서 영감을 받아 제작됐으며 이름도 그 모델에서 따왔다. 페라리는 한정판으로 제작된 이 궁극적인 F12 버전을 위해 F12 모델의 디자인은 물론 성능과 핸들링에 대해서도 많은 개선을 했다.
© GFWilliams

8888
KSA
BJA

낮아지면서 프런트 액슬과 리어 액슬 간 다운포스의 균형을 맞춰 뒤쪽으로 향하는 전체 다운포스를 20퍼센트 정도 바꾸게 된다. 게다가 과장될 정도로 큰 리어 스포일러 덕에 리어 다운포스가 추가되면서 훨씬 더 큰 안정감을 갖게 된다. 또한 458 이탈리아 모델의 경우 중앙 트리오 배기관이 F430 스쿠데리아 모델의 경우와 비슷하게 더 멀리 떨어진 채 더 높게 위치한 듀얼 배기관으로 대체되었다. 다운포스나 낮은 항력을 우선적으로 처리하기 위해 필요한 경우 리어 플랩들이 전자식으로 올라가거나 내려가게 되는데, 이는 항력저감장치(DRS)가 장착된 포뮬러 원 레이스카에서 사용되는 방식과 비슷하다. 458 스페치알레 A 모델의 보디 구조는 주안점이 주로 성능 향상에 맞춰졌으며, 대부분의 보디 패널들은 승객석을 비롯해 대표적인 디자인 특징들은 건들지 않은 채 재디자인되었다. 범퍼들도 재디자인되었으며, 후드에서는 공기가 라디에이터로 빠져나가게 하는 2개의 깊은 공기 배출구가 눈에 띄었다. 헤드라이트 측면에 있는 공기 배출구들의 경우 250 GTO 모델과 F40 모델을 연상케 하는 3개의 루버가 포함되어 있었다.

페라리의 디자이너들은 이 458 스페치알레 A 스파이더 모델에서 자신들의 기준을 끌어올려, 운전자들에게 458 이탈리아 모델의 경우에서 보다 훨씬 더 특별하고 강렬한 운전 경험을 제공해주었고, 그러면서도 고객들로 하여금 첨단 기능을 좀 더 쉽게 사용할 수 있게 해주고 또 각자 운전 능력을 늘려 이 모델의 첨단 기술을 제대로 사용할 수 있게 해주려 했다. 또한 전자 장치들과 브레이크, 서스펜션, 타이어 등 모든 면에서 기술 혁신을 꾀해 더 뛰어난 퍼포먼스를 자랑하는 자동차로 만들었다. 그 모든 기술 혁신 덕에 프로 카레이서가 트랙 한 바퀴를 도는 시간이 단축됐을 뿐 아니라 프로가 아닌 아마추어 운전자들이 트랙을 여러 바퀴 돌 경우에도 그 성능이 꾸준히 유지되어 숨이 턱 막힐 정도의 짜릿함을 안겨주었다. 458 스페치알레 A 모델은 핸들 조작에 대한 반응 속도가 0.060초이고 횡가속도가 1.33g(로드카의 경우 한때 1g도 달성하기 힘들다고 여겨졌다)로, 가장 성능이 뛰어난 8기통 엔진이 장착된 모든 페라리 양산차의 기록을 깼다. 또한 최대 출력이 9000rpm에서 597마력으로, 자연흡기식 8기통 엔진이 장착된 페라리 스파이더 모델들 가운데 가장 강력한 모델이기도 했다. 게다가 458 스페치알레 A 모델은 제작 대수가 단 499대로 제한되었다.

페라리는 2012년에 F12 모델을 출시한 뒤 이미 더 나은 베를리네타 제작 계획을 수립하고 있었고, 그 결과로 나온 것이 놀랄 만큼 새로운 F12 버전인 그 유명한 F12tdf 모델이다. tdf라는 세 글자에는 아주 큰 의미가 담겨 있다. 전설적인 레이스인 투르 드 프랑스에서 페라리가 거둔 위대한 승리들을 의미한 것이다. 그러니까 1950년대와 1960년대에 레이싱 팀 스쿠데리아 페라리가 계속 우승을 거두었는데, 투르 드 프랑스에서 250 GT 베를리네타로 우승한 것은 특히 유명했다. 그리고 1951년부터 마지막으로 우승을 거뒀던 1986년 투르 드 프랑스 로드 레이스에 이르기까지, 페라리 GT 모델들은 모두가 탐내는 투르 드 프랑스 레이스 우승 타이틀을 무려 12회나 거머쥐었다.

1950년대에 레이스에 참가하는 스포츠카들이 성능 면에서 그랑프리 자동차들에 점점 더 가까워지자, 1956년 국제자동차연맹은 그랜드 투어링이라는 새로운 레이싱 부문을 만들었고, 그 덕에 페라리의 그랜드 투어링 모델들은 영원히 잊히지 않을 명성을 얻게 된다. 잊지 말라. 그로부터 반세기 넘는 세월 후에 나온 페라리의 F12tdf 모델은 레이스에 특화된 럭셔리 그랜드 투어링 자동차의 전형이었다.

F12tdf 모델의 성능은 많은 상을 받은 F12 베를리네타 엔진을 그대로 가져온 자연 흡기식 12기통 엔진에서 뿜어져 나오는 769마력의 출력으로 이미 입증된 바 있다. 이 모델의 7단 포뮬러 원 듀얼-클러치 기어박스와 그 엔진, 서스펜션 그리고 보디 디자인의 결합을 통해 짜릿할 만큼 다이내믹한 핸들링이 가능해졌으며, 특히 프런트 타이어들과 리어 트레드의 비율이 8퍼센트 늘어난 덕에 코너를 돌 때 멋진 횡가속도를 경험할 수 있다. F12tdf 모델의 경우 버추얼 숏 휠베이스로 알려진 혁신적인 후륜 스티어링 시스템을 통해 타이어 사이즈 변화에 따른 오버스티어 현상을 상쇄시켜준다. 이 기술은 다른 차량의 다이내믹 제어 장치들과 통합 운영되어 고속 주행 시의 안전성을 높이면서 동시에 핸들 반응 시간을 줄이고 레이싱용 자동차의 턴-인을 보장해준다. 게다가 코너링 속도 또한 2012년형 F12 베를리네타 모델보다 더 빠른데, 이는 프런트-엔진 탑재 방식의 12기통 엔진이 장착된 베를리네타 모델에선 불가능했던 무려 87퍼센트의 다운포스 증가 덕이다. 또한 F12tdf 모델의 경우 보디와 실내, 엔진, 변속기, 주행 장치 등을 근본적으로 재설계한 데다 자동차 안팎에 탄소섬유를 대거 사용해 전체 무게가 110kg 정도 줄었다. 그 결과 이 새로운 F12 버전은 놀랍게도 정지 상태에서 시속 100km에 도달하는 데 2.9초밖에 안 걸렸고 최고 속도는 시속 약 340km였으며, 페라리 피오라노 테스트 트랙을 한 바퀴 도는 데 1분 21초가 걸려 라페라리 하이퍼카보다 단 1초 느린, 100퍼센트 레이스카나 다름없었다.

1950년대 말에 나온 모델의 중요한 특징을 50년 후 새로 개발하는 모델로 가져오는 상황에서, '복고' 작업처럼 보이지 않으면서 보다 뛰어난 성능을 가진 모델을 만들기 위해선, 능숙한 엔지니어링 기술과 세심한 디자인이 필요했다. 페라리는 다시 태어난 F12 tdf 모델로 또다시 큰 성공을 거두었다. 눈부신 외양과 뛰어난 성능을 가진 자동차를 만들어내면서, 그 토대가 된 F12 모델을 뛰어넘어 한참 더 멀리 나아갔기 때문이다.

페라리는 여러 대의 모델 이름에 자신들의 세계 최대 시장인 아메리카라는 단어를 넣어 슈퍼아메리카, 330 아메리카 식으로 명명했다. 그리고 미국 진출 60주년을 맞아 그들은 다시 그런 식의 명명법을 되살려, 자신들의 다음 한정판 양산 모델에 F60 아메리카라는 이름을 붙였으며, 2014년에만 제작했다.

1997년부터 2014년 사이에 더없이 멋진 많은 페라리 디자인이 미국 도로를 누볐는데, 그러다가 페라리 특별판 모델이 새로 나와 북미에서의 긴 페라리 역사에 의미를 더했다. 라페라리 모델이 베를리네타 버전이었던 반면, 미국 시장 진출 60주년을 기념해서 나온 F60 아메리카 모델은 스파이더 최상급 버전이었으며, 모든 페라리 미국 진출 기념 모델 가운데 가장 제작 대수가 한정된 모델이기도 했다. 1950년대와 1960년대에 그랬듯, 페라리 공장에서는 정교한 맞춤형 차체에 거의 레이스카 수준의(그리고 로드카에 채택 가능한) 서스펜션과 엔진 그리고 변속기를 장착한 자동차들을 한정 제작했다. 이 모든 것은 1967년에 미국에서 독점 판매된 루이지 치네티의 그 전설적인 275 GTB/4 NART 스파이더 모델을 연상케 했다. 그 모델은 단 9대만 제작됐는데, F60 아메리카 모델은 10대가 제작된다.

전에 없이 큰 배기량 6.3리터에 최대 출력 730마력 그리고 미드-프런트 탑재 방식의 12기통 엔진이 장착된 F60 아메리카 모델은 베벌리힐스 시티홀에서 열린 페라리 미국 진출 60주년 기념식에서 처음 공개되었다. 페라리의 지속적인 성공에 미국과 캘리포니아 시장이 얼마나 중요한지 잘 알고 있었기 때문에 또다시 베벌리힐스를 공개 장소로 선택한 것이다. F12 베를리네타 버전을 토대로 제작된 F60 아메리카는 포뮬러 원 7단 오토클러치 수동 트랜스액슬까지 장착해, 놀랍게도 정지 상태에서 시속 100km에 도달하는 데 3.1초밖에 안 걸렸고 최고 속도는 시속 약 340km였다.

275 GTB, 365 GTB/4, 512 TR, 엔초, F12, 612 스카글리에티 같은 전설적인 모델들을 생각나게 하는 펜더 모양과 그릴, 도어 그리고 백라이트 등 F60 아메리카의 보디 스타일은 너무도 많은 역사적인 페라리 자동차들을 떠올리게 하는 전통적인 페라리 스타일이었는데, 다만 그 모든 것이 적절히 결합되고 완화되면서 뒤섞여 페라리의 유산을 고수하면서도 대체로 새로운 모습을 띠었다. 자동차 전면부의 경우 고전적인 싱글 그릴이 시선을 사로잡았지만, 아래쪽은 레이스 지향적인 공기역학 구조를 띠고 위쪽은 기다란 후드 라인이 돋보여, 1960년대의 고전적인 피닌파리나 디자인을 그대로 가져온 듯했다. 어쨌든 F60 아메리카 모델의 디자인은 지나는 길에 있는 모든 걸 집어삼킬 듯 대담했다. 뒤쪽에선 가죽으로 장식된 2개의 롤 후프roll hoop가 눈에 띄었고, 그 롤 후프들 뒤에는 탄소섬유로 장식된 플라잉 버트레스들이 조종석 뒤쪽에서부터 차 뒤쪽

F60 아메리카 모델은 여러 가지 측면에서 특별하다. 우선 페라리 역사에서 중요한 기념일, 즉 북미 사업 60주년을 축하하는 모델로 10대밖에 제작되지 않았다. 또 특별한 아페르타 오픈카 디자인이 적용되었다. 그리고 안팎으로 세세한 면에서 특별히 디자인된 부분들이 많다. 또한 성능 면에서도 그 토대가 된 F12 모델의 성능을 사실상 거의 그대로 가져와, 배기량 6.3리터짜리 12기통 엔진을 썼고 7단 듀얼-클러치 변속기를 장착했다. 최대 출력은 729마력이었고 토크는 70kg/m였으며, 정지 상태에서 시속 약 100km에 도달하는 데 3.1초밖에 안 걸렸고 최고 속도는 시속 약 322km였다.

까지 뻗어 있어, 우아하고 조화로운 테일 형태에 움직이는 듯한 느낌을 주었다. 이 오픈카는 애초부터 맑은 날씨에 몰고 다니게 디자인됐으며, 직물 패널로 조종석을 덮는 방식으로 시속 약 120km 이하의 속도에서만 쓰게 되어 있었다.

F60 아메리카 모델의 탁 트인 실내는 운전석 쪽에는 페라리 특유의 빨간색을 쓰고 조수석 쪽에는 검은색을 쓰는 등 비대칭적으로 디자인해 스포티하고 럭셔리한 스파이더 장르의 정의를 다시 세웠다. 또한 인스트루먼트 패널과 각종 제어 장치들은 모두 레이스카의 영향을 받았으며, 운전석 쪽 대시보드, 트랜스미션 터널, 도어 패널 등은 모두 복합 소재로 씌웠다. 레이스카 스타일의 시트 등받이에는 미국 시장과 F60 아메리카라는 모델 이름에 경의를 표하는 의미에서 성조기 문양을 넣었고, 펜더들과 실내에는 그 전설적인 NART의 '도약하는 말' 엠블럼을 부착해 이 자동차의 파란색과 흰색이 섞인 NART 레이싱 배색을 보완했다. 미 대륙에 헌정하는 자동차가 된 F60 아메리카 모델은 250만 달러를 호가했다.

반대쪽 2016년형 페라리 488 GTB 모델은 자연 흡기식 엔진이 장착된 458 모델군을 토대로 큰 변화를 준 모델이었다. 이 모델에는 유일한 구동 장치로 처음 트윈-터보차저 방식의 8기통 엔진이 장착됐는데, 일부 페라리 팬들은 이전의 비 터보차저 방식의 8기통 엔진을 그리워했지만, 출력이 크게 증가한 것에 불만을 표하는 사람들은 없었다. 이처럼 차세대 8기통 엔진 모델들은 워낙 강력해졌고, 그래서 이 모델이 그 유명한 그리고 두고두고 높이 평가될 1970년대의 308 GTB 모델을 잇는 차세대 모델로 여겨진다는 게 어떤 면에선 놀라운 일이다.
© John Lamm

페라리는 터보차저 기술이라면 이골이 나 있다. 1987년에는 최대 출력 476마력의 F40 모델에서 그리고 또 288 GTO 모델에서 트윈 터보차저가 달린 엔진을 썼다. 또한 모기업인 피아트의 또 다른 부문인 마세라티를 위해서도 터보차저 방식의 6기통 엔진과 8기통 엔진을 제작해오고 있다.

2015년에 새로운 캘리포니아 T 모델을 디자인할 때는 터보차저 방식의 트윈 IHI 엔진을 사용해 배기량 3.9리터짜리 8기통 엔진의 성능을 높였고, 그 결과 최대 출력이 7500rpm에 70마력 높아진 553마력에 이르게 되었다. 페라리는 터보차저들을 실린더 뱅크들 사이가 아닌 엔진 측면에 둠으로써 무게 중심을 낮추었다. 캘리포니아 T 모델의 트윈-터보차저 방식의 8기통 엔진의 경우 ECU(엔진 회전 속도와 해당 기어에 맞춰 토크를 조절하는 전자 제어 장치)와 통합된 새로운 제어 시스템인 페라리의 혁신적인 '가변 부스트 매니지먼트' 시스템이 사용되어 터보 래그* 가 사실상 0에 가깝다. 따라서 보다 높은 기어 상태에서 포뮬러 원 듀얼-클러치 7단 변속기에 더 큰 변속비를 적용할 수 있고, 그 결과 직선 퍼포먼스에 영향을 주지 않고도 연료 소비량과 배기가스를 줄일 수 있다. 캘리포니아 T 모델은 정지 상태에서 시속 약 100km에 도달하는 데 단 3.6초가 걸렸고 최고 속도는 시속 약 315km였다.

더 정확한 핸들링과 뛰어난 퍼포먼스를 제공하기 위해, 강도가 11퍼센트 더 높은 스프링들로 롤링*과 피칭*을 줄였고, 반응 속도가 10퍼센트 더 빠른 새로운 스티어링 박스를 사용해 핸들 조작을 더 직접적으로 할 수 있게 하고 또 꾸불꾸불한 도로에서의 핸들 움직임을 줄였다. 또한 캘리포니아 T 모델에는 브렘보의 탄소-세라믹 브레이크 장치가 장착됐는데, 그 브레이크 장치에는 마찰 계수가 더 높은 새로운 소재의 브레이크 패드가 쓰여 모든 환경에서 일정한 기능을 유지하고 마모도 덜 됐으며, 그 결과 브레이크 패드 및 디스크의 수명이 거의 자동차의 전체 수명과 맞먹었다.

가장 최근에 나온 이 캘리포니아 모델의 보디 라인은 페라리 F60 아메리카 한정판의 보디 라인과 아주 비슷했다. 전면부 그릴은 넓고 테일은 짧아 1960년대에 나온 고전적인 페라리 모델들의 디자인을 연상시켰다. 또한 실내는 왠지 따뜻하면서도 정인정신이 느껴졌을 뿐 아니라, 스쿠데리아 페라리 팀의 포뮬러 원 레이스 경험이 반영된 인체공학적 배열과 최신 기술도 눈에 띄었다. 대시보드는 아주 콤팩트해 투톤 컬러의 가죽 장식들로 인해 매끄러운 수평 움직임이 더 돋보였으며, 손으로 조각한 듯한 디자인으로 인해 메인 대시보드가 센터 터널과 분리되어 있다는 사실이 더 부각되었다. 조그만 뒷좌석 2개는 짧은 여행 때는 아이들 두 명 또는 체구가 작은 성인 두 명이 앉을 만했다. 아니면 좌석 등받이들을 앞으로 접어 짐칸을 넓힘으로써 짐 싣는 전체 공간을 늘릴 수도 있었다.

타협하지 않는 디자인과 다이내믹한 제어 장치 그리고 새로운 엔진이 조화를 이룬 캘리포니아 T 모델은 고전적인 고성능 오픈카를 현대적으로 해석한 모델로, 1960년대의 전설적인 모델 250 GT SWB 스파이더Spyder 캘리포니아의 21세기판 버전이라 할 만하다.

488 GTB 모델은 페라리의 오리지널 미드-리어 탑재식 8기통 엔진이 장착됐던 투리스모 베를리네타 버전인 308 GTB 모델 이후 약 40년 후에 나왔다. 과거부터 지금까지 GTB라는 말은 275 GTB, 275 GTB/C, GTB/4, 328 GTB, 365 GTB/4 데이토나 같이 아주 기념비적인 페라리

모델들에 붙었다. 새로운 트윈-터보차저 방식의 8기통 엔진을 장착해 최대 출력이 660마력에 최고 속도가 시속 약 330km인 488 GTB 모델은 자신이 대체한 458 스페치알레 모델보다 최대 출력이 63마력 더 컸으며, 페라리 피오라노 테스트 트랙 랩 타임도 0.5초 더 빨랐다.

2013년 공개된 라페라리는 포뮬러 원 레이스에서 영감을 받아 제작된 최초의 가솔린-전기 하이브리드 모델이자 과감한 스타일에서 엔초 모델에 필적할 만한 최초의 한정판 모델이기도 하다. 또한 대당 100만 달러 정도의 가격에 단 499대만 제작되어, 일부 '도약하는 말' 수집가들에게 진정 페라리를 대표하는 모델로 여겨진다.

페라리의 사장이었던 루카 디 몬테제몰로는 이 차를 공개하면서 이런 말을 했다.

"우리가 이 모델을 라페라리라 부르기로 한 건 우리 회사를 규정짓는 말인 '뛰어남excellence'을 가장 잘 표현해주기 때문입니다. 기술 혁신과 퍼포먼스, 시각적인 스타일링 그리고 드라이빙의 순수한 설렘 측면 등에서 다 뛰어나다는 것이죠. 페라리 수집가들의 입장에선 정말 특별한 자동차로, 미래에도 모든 면에서 자동차 업계 전체를 선도할 만한 놀라운 해결책들이 담긴 자동차이기도 합니다. 한마디로 라페라리는 포뮬러 원 레이스에서 획득한 비할 데 없는 우리 회사만의 엔지니어링 및 디자인 노하우가 가장 잘 응축된 자동차입니다."

라페라리 모델에서는 스쿠데리아 페라리 팀의 포뮬러 원 운동에너지 회수시스템(KERS) 기술이 사용되었는데, 그것은 배터리에 저장된 전기 에너지로 전기 모터(가솔린 엔진과 협력해 일하는)를 돌리는 데 쓰는 기술이다. 그러니까 브레이킹이나 코너링 같은 동작에 사용되는 에너지를 비축해두었다가 12기통 가솔린 엔진 성능을 높이는 데 사용하는 것이다.

라페라리 모델의 경우 공기역학 디자인을 적극 활용했을 뿐 아니라 페라리 로드카로서는 처음으로 다이내믹 제어 장치들도 장착되었다. 프런트 디퓨저, 언더보디의 안내 날개,* 리어 디퓨저, 리어 스포일러 등이 그 좋은 예들이다. 이런 장치들은 특허를 낸 페라리 소프트웨어와 차체 제어 장치들에 의해 실시간 모니터링되는 다른 많은 퍼포먼스 매개 변수를 토대로 자동으로 작동된다. 그 결과 라페라리는 어떤 형태의 손상도 없이 절대적인 수준의 퍼포먼스와 공기역학적 효율성 그리고 핸들링을 구현할 수 있다.

라페라리 모델은 페라리 역사상 최초로 하이브리드 KERS 기술로 움직이는 로드카로, 9250rpm에서 무려 950마력의 출력을 뿜어내는 12기통 엔진이 장착되어 있는데, 이는 같은 배기량의 엔진으로서는 최고의 기록이다. 또한 라페라리 모델의 엔진은 13.5:1이라는 아주 높은 압축비를 자랑한다. 전기 모터로부터의 낮은 엔진 회전 속도에도 높은 토크가 가능해, 엔지니어들은 보다 높은 엔진 회전 속도에서도 내연기관의 성능을 최적화할 수 있었으며, 따라서 어떤 rpm에서도 꾸준히 아주 강력한 출력을 낼 수 있다. 예를 들어 하이브리드 KERS 기술 덕에 코너링을 할 때 12기통 엔진의 회전 속도가 계속 높게 유지되어 코너를 빠져나올 때도 지속적인 가속이 보장된다. 전기 모터는 포뮬러 원 듀얼-클러치 기어박스와 함께 최적의 중량 배분을 구현할 뿐 아니라 에너지 효율성도 높이는데, 토크가 계속 바퀴들로 전달되고 바퀴에서 다시 전기 모터로 전달되어 재충전되기 때문이다.

하이브리드 시스템은 마그네티 마렐리Magneti Marelli와 공동 개발한 전기 모터 2개로 이루어져 있는데, 한 전기 모터는 돌아가는 바퀴들에 동력을 전달하며 또 다른 전기 모터는 보조 역할을 한다. 또한 배터리 팩은 섀시 바닥에 부착되어 있는데, 스쿠데리아 페라리 팀의 포뮬러 원 부서에서 조립되는 배터리들로 구성되어 있다. 배터리가 충전되는 방식은 여러 가지여서, 브레이크를 밟을 때 그리고 코너링 등의 상황에서 12기통 엔진이 필요 이상의 토크를 발생시킬 때마다 충전된다. 후자의 경우, 과잉 토크는 바퀴들로 전달되기보다는 에너지로 전환되어 배터리에 저장된다.

라페라리 모델은 실내 디자인에도 아주 단호하면서도 발전된 접근방식이 적용되었는데, 포뮬러 원의 1인승 레이스카들에서 영감을 받은 '인간-기계 인터페이스'*가 특히 눈길을 끈다. 예를 들어 운전석 시트는 영구적으로 고정되며, 페달들과 핸들은 운전자에 맞춰 조정 가능하다. 또한 새로 디자인된 핸들에서 모든 주요 명령을 할 수 있게 되어 있으며, 기어-시프트 패들들은 더 길고 더 인체공학적이다. 포뮬러 원 기어박스 기능들이 몰려 있는 시그니처 브리지는 매끈한 날개 모양을 하고 있는 등 사실 전반적인 인테리어가 레이스카에서 영향을 받은 바 크다.

라페라리 모델의 섀시는 페라리 마라넬로 공장의 레이싱 부서에서 제작되는데, 네 종류의 탄소섬유들로 이루어져 있으며, 라미네이팅 작업 등은 모두 포뮬러 원 레이스카들과 같은 디자인, 같은 제작 방식으로 레이싱 부서에서 일일이 수작업으로 이루어진다.

라페라리 모델의 디자인은 포뮬러 원 레이스카에서 영감을 받아 제작되어 아주 독특하다. 도어 디자인은 위로 휘어져 올라가고, 전면부 디자인은 아래쪽으로 날카롭게 떨어지며, 후드 라인은 아주 낮아 우람한 휠 아치들이 더 눈에 띄고, 테일 부분은 스포티한 분위기를 물씬 풍긴다. 전반적으로, 라페라리 모델은 어떤 상황에서도 최대한의 드라이빙 즐거움을 안겨주며 또 정지 상태에서 시속 100km에 도달하는 데 3초도 안 걸리고 페라리 피오라노 테스트 트랙을 한 바퀴 도는 데 1분 20초가 걸려 엔초 모델보다 5초 빠르고 F12 베를리네타 모델보다 3초 이상 빠르다. 제작 대수가 훨씬 더 제한됐던 지붕 없는 라페라리 아페르타LaFerrari Aperta 모델은 2016년부터 2018년까지 제작되었다.

하이브리드 모델의 경우 대개 기업 평균 연비*와 탄소 발자국 등급*을 높이는 데 총력을 기울인다. 그러나 어느 정도 예상하겠지만, 라페라리 모델의 경우 배터리와 전기 모터 지원을 받는 12기통 엔진을 통해 세계 최고의 성능을 내는 데 초점을 맞췄다. 게다가 조종석과 엔진실 그리고 차체 하부는 구석구석 모두 공간과 부품들이 가장 효율적으로 활용될 수 있게 최적화되었다. 이 페라리 하이퍼카에서는 그 어떤 낭비도 허용되지 않은 것이다. © James Mann

이례적일 정도로 우수한 엔진과 정교한 공기역학적 디자인 그리고 세련된 차체 자세 제어 장치들이 돋보인 트윈-터보차저 방식의 488 GTB 모델은 2015년에 공개됐는데, 이 모델에서 이미 지극히 예민했던 페라리 로드카들의 반응 속도가 거의 레이스카 수준으로 올라왔다. 이 모델의 새로운 8기통 엔진은 '가변 토크 관리' 기술이 적용된 7단 기어박스와 연동되어 작동됐는데, 엔진과 기어박스 모두 페라리의 포뮬러 원 레이스 및 GT 레이스 경험을 토대로 개발된 것으로, 페라리는 이전에 나온 458 모델로 르망 24시간 레이스의 GT 부문에서 두 번 우승한 적이 있다.

성능에 주안점을 두고 제작된 488 GTB 모델에는 롤러-핑거 팔로워roller-finger follower들이 딸린 새로운 실린더 헤드들이 사용되고 있으며, 줄어든 마찰 덕에 낮은 엔진 회전 속도에서 밸브트레인*에 흡수되는 동력이 10퍼센트 줄어든다. 또한 페라리의 플랫-플레인 프랭크샤프트flat-plane crankshaft를 사용해, 엔진의 내부 유체 역학이 개선될 뿐 아니라 최대한의 컴팩트함과 보다 낮은 질량이 보장된다. 트윈-터보차저들을 비롯한 많은 부품이 파워트레인의 아주 뛰어난 반응 속도에 일조하고 있다. 그리고 터보차저의 핵심 부품인 컴프레셔 휠들이 저밀도의 티타늄-알루미늄 합금으로 만들어져, 터보 지체 시간이 사실상 0으로 줄어들며 스풀-업 속도가 빨라진다.

488 GTB 모델의 매혹적인 공기역학 라인은 공기 저항 없이 다운포스를 늘리는 스쿠데리아 페라리 팀의 레이스 경험에서 영감을 받은 것이었다. 그 결과 488 GTB 모델의 다운포스는 항력이 줄었음에도 불구하고 458 모델의 다운포스보다 50퍼센트나 더 늘었다. 자동차 전면부는 중앙 에어로 필러와 포뮬러 원에서 영감을 받은 더블 스포일러가 단연 눈에 띄는데, 둘 다 라디에이터 효율성을 높이고 다운포스를 만들어내는 데 도움이 된다. 또한 488 GTB 모델의 경우 보디 하부가 혁신적인 공기역학적 특성을 갖고 있다. 공기 속도를 높여 압력을 줄여주는 특수한 형태로 휜 공기역학적 부속물인 와류 발생기들이 부착되어 있는 것이다. 그 결과 자동차의 보디 하부가 땅으로 빨려 내려가 항력이 증가하지 않고도 다운포스가 더 커진다. 페라리에서 특허를 낸 '블로운 스포일러'는 또 다른 새로운 해결책이다. 공기가 뒤 유리 하단의 흡입구로 들어가 범퍼를 통해 빠져나가면서 리어 스포일러를 높이지 않고도 다운포스를 늘릴 수 있는 것이다.

이 모든 요소들은 페라리 스타일링 센터에서 만든 독특한 488 GTB 보디 스타일과 연결되어 있다. 리어 펜더들 안으로 파고들게 만든 커다란 공기 흡입구들에는 오리지널 308 GTB 모델에 대한 경외심이 담겨 있다. 488 GTB 모델의 흡입구들은 스플리터splitter에 의해 위아래 두 부분으로 나뉜다. 엔진 공기 흡입구로도 사용되는 윗부분으로 넘어가는 공기는 방향을 바꿔 테일 부분 쪽으로 빠져나가 자동차 바로 뒤쪽의 저기압 기류 때문에 생겨나는 항력을 줄여주고, 아랫부분으로 흐르는 공기는 인터쿨러* 쪽으로 간다.

앞서 언급했듯이, 대담하게 넓은 프런트 스포일러에는 양옆에 위치한 라디에이터들의 열효율을 개선하기 위해 이중 측면을 이용한다. 자동차 중앙 부분에서는 파일론pylon 2개가 디플렉터deflector와 결합되어 공기를 평평한 보디 하부로 보낸다. 자동차 뒷부분에서는 블로운 스포일러와 커다란 통기 구멍들이 있어, 자동차의 공격적인 스타일 및 도로 주행 성능 향상에 도움을 준다.

488 GTB 모델을 내놓고 1년 만에 페라리는 걱정을(그리고 공기역학도 일부) 내려놓고 과감히 또 다른 스파이더Spider 버전을 내놓는다. 그 당시 이 모델은 가장 강력한 미드-리어 엔진 방식의 8기통 자동차로 가장 높은 수준의 성능과 기술이 집약된 페라리 로드카로 여겨졌으며 특

458 GTB 모델과 488 GTB 모델은 실내 디자인 측면에서 힘든 과제를 떠안았는데, 페라리의 전통을 유지하면서도 과거에는 상상도 못 했을 새로운 기술을 접목해야 했기 때문이다. 밑부분이 평평한 핸들과 핸들에 부착된 패들 시프터는 페라리의 레이스카들에서 그대로 진화된 것이었으며, 그 모든 게 각종 디지털 기기 장치들과 후방 카메라, 운전자 인터페이스 그리고 현대의 슈퍼카들에서 흔히 볼 수 있는 다른 정보 스크린들과 통합되어야 했다.
© Barrett-Jackson/Getty Images

허받은 접이식 하드톱이 장착되었다. 알루미늄 스페이스-프레임 섀시와 보디 디자인에서부터 새로운 터보차저 방식의 8기통 엔진에 이르기까지, 자동차의 모든 부분이 새로운 기술적 표준이 될 정도였다. 공기역학 공학 기술을 통해 항력은 줄어들고 다운포스는 늘어났으며, 스파이더Spider 버전의 캐빈 공기 흐름 및 차량 역학 또한 개선되어 더 빠르고 더 기민하고 더 즉각적인 반응이 가능해졌다. 그리고 그 모든 것 덕에 안락함, 차량 핸들링, 파워 등이 획기적으로 개선되었다.

엔진 커버 밑에는 2015년형 488 GTB 모델에 장착됐던 배기량 3902cm^3의 트윈-터보차저 방식의 8기통 엔진이 그대로 들어 있다. 스파이더 버전은 성능 또한 아주 뛰어나 최대 출력이 8000rpm에 661마력이었으며, 정지 상태에서 시속 약 100km에 도달하는 데 3초가 걸렸고 최고 속도는 시속 약 322km였다.

488 GTB와 마찬가지로, 488 스파이더 역시 자연 흡기식 엔진이 장착된 이전 458 모델들을 대체한 모델이다. 트윈-터보차저 방식의 8기통 엔진은 독특한 특성을 갖고 있어, 다양한 엔진 회전 속도에 따라 더 높은 수준의 출력을 내뿜었고, 스로틀 반응 시간이 단 0.8초밖에 안 되어 이전에는 흔했던 터보 래그*가 완전히 사라졌다. 이는 단순히 터보차저 같은 부품들 덕분일 뿐 아니라 페라리 마라넬로 공장의 최첨단 시설들에서나 가능한 정교한 제작 과정 덕분이기도 하다. 그 시설들은 포뮬러 원 스쿠데리아 팀과 공유되었고, 그래서 레이싱 기술들이 로드카들로 옮겨질 수 있었다.

새로운 488 스파이더 버전의 보디는 마라넬로에 있는 페라리 스타일링센터에서 플라비오 만초니Flavio Manzoni가 디자인했으며 이번에는 더 이상 피닌파리나의 개입이 없었다. 488 스파이더 버전은 또 '블로운 스포일러'와 보디 하부의 와류 발생기 등 다운포스를 늘리고 항력을 줄이기 위한 GTB 모델들의 공기역학적 디자인 요소들을 그대로 가져온 모델로, 페라리 역사상 공기역학적인 측면에서 가장 효율적인 스파이더 모델이기도 하다. 또한 접이식 하드톱 개념에 따라 디자인된 488 스파이더 버전에는 스페이스-프레임 섀시가 사용됐는데, 그 섀시는 11가지 다른 알루미늄 합금들과 마그네슘 같은 다른 귀금속으로 만들어졌으며, 그 합금과 귀금속들은 각각 아주 특별한 목적에 사용되고 있다. 그 결과 488 스파이더 모델은 GTB 모델과 동일한 비틀림 강성 및 빔 강성을 갖게 되었으며, 섀시의 성능 또한 458 스파이더 모델에 비해 23퍼센트 더 향상되었다. 지붕 구조를 감안하면 이는 아주 놀라운 결과로, 페라리 자동차들의 알루미늄 섀시와 보디를 제작하고 있는 카로체리아 스카글리에티의 노하우나 전문 지식이 아니고서는 내기 힘든 결과이다.

페라리는 예전에 스쿠데리아 페라리 팀이 포뮬러 원 레이스카들을 제작할 때 사용한 것과 비슷한 모의 실험 장치를 가지고 최첨단 가상 설계 기법들을 활용했으며, 그 결과 최초의 시제품이 제작되기 한참 전인 디자인 초기 단계부터 운전자에 맞춘 자동차 인터페이스를 개발하는 게 가능해졌다. 또한 다이내믹한 488 스파이더 모델이 모든 도로 상황과 운전자 지시에 더 잘 반응하게 만들기 위해, 기계 장치들과 전기 장치들은 완전히 페라리의 개선된 'SSC2 사이드 슬립 앵글 컨트롤 시스템SSC2 Side Slip Angle Control System'에 통합됐으며, 그 결과 코너를 돌 때 458 스파이더 모델보다 12퍼센트 더 빠른 가속도를 내는 게 가능해졌다. 그렇게 해서 전체적으로, 488 스파이더 모델의 반응 시간은 운전자의 편안함을 손상시키지 않은 상태로 9퍼센트 더 빨라졌다. 사실 488 스파이더 모델은 별 노력 없이도 금방 다이내믹한 움직임을 보인다. 더없이 까다로운 도로 상황에서도 핸들링에 전혀 문제가 없어 극한 드라이빙을 즐기기가 너무도 쉬운 것이다. 그러니까 488 스파이더는 2016 모델 연도*에 아주 적합한 모델이었으며, 덕분에 페라리는 새로운 트윈-터보차저 8기통 엔진과 7단 듀얼-클러치 변속기 시대로 무사히 넘어가게 된다.

페라리가 아주 최근에 내놓은 모델은 전륜구동 방식의 페라리 FF 모델 디자인을 토대로 제작된 새로운 2+2(앞좌석 2개에 뒷좌석 2개 추가) 버전인 2016년형 GTC4 루소이다. 이 모델 이름 역시 다시 1960년대의 또 다른 유명한 페라리 모델 이름에서 따온 것인데, 이번 경우에는 250 GT 베를리네타 루소였다. 한때 '지구상에서 가장 빠른 4인승 자동차'이자 가장 우아한 자동차들 중 하나로 여겨졌던 루소라는 자동차 이름을 생각하면 4인승 페라리 모델에 장착된 12기통 엔진의 엄청난 성능을 떠올리게 한다. GTC4 루소는 전설적인 두 자동차인 330 GT 2+2와 250 GT 베를리네타 루소의 역사적인 스타일들을 합쳐놓은 듯한 최신 4륜구동, 4륜조향 방식의 4인승 자동차로, 진정한 스포츠카의 퍼포먼스를 보여주면서 동시에 로드카의 편안함과 운전 편의성을 제공하고 이질적인 필요조건들이 적절히 잘 섞여 있기도 한 페라리 모델이다.

GTC4 루소 모델의 엔진은 부드러우면서도 일관된 출력을 뿜어내, 속도 면에서 페라리 FF 모델을 뛰어넘고 거의 F12 베를리네타 모델을 넘본다. 이 모델의 배기량 6.3리터짜리 자연흡기식 12기통 엔진은 최대 출력이 8000rpm에서 680마력으로 FF 모델보다 29마력 더 높고, 엔진 압축비 역시 13.5:1로 FF 모델의 12.3:1보다 더 높다. 또한 GTC4 루소 모델은 정지 상태에서 시속 약 100km에 도달하는 데 3.4초 걸려 FF 모델보다 빠르며, 최고 속도는 시속 약 333km로 FF 모델과 똑같다. 그리고 GTC4 루소 모델에는 최신 4RM-S 4륜구동 시스템이 채택되었으며, 페라리의 최신 버전(4.0) 슬립 사이드 컨트롤 시스템(이 시스템은 전기식 제어 디퍼렌셜 및 전자식 조정 댐퍼들과 연계되어 움직임)에 통합되었는데, 이제 모두 후륜 조향과 관련이 있다. 그 덕에 이 GTC4 루소 모델은 아주 건조한 사막 포장도로에서부터 눈 덮인 산악 도로에 이르기까지 모든 도로에서 아주 뛰어난 핸들링을 보여준다.

그러나 매혹적인 건 뛰어난 성능과 핸들링만이 아니다. GTC4 모델의 전면부에는 바로 이전 488 GTB 모델에서 가져온 스타일 요소들이 녹아 있고, 새로운 스타일의 펜더 통기 구멍들에는 전설적인 330 GTC 모델의 흔적이 들어 있다. 자동차 뒤쪽의 새로운 둥근 테일라이트 4개는 365 GTB/4 데이토나 같은 역사적인 모델들의 모습을 떠올리게 하며, 새로워진 루프 라인과 백라이트 때문에 새로운 모델들의 라인 또한 더 매끄러워 보인다. GTC4 모델의 실내를 들여다보면 어떤 의미로든 여전히 럭셔리 카이다. 최근에 유행하는 더블-콕핏double-cockpit 디자인에 더 콤팩트한 핸들과 7단 듀얼-클러치 변속기가 채택된 2016년형 GTC4 모델은 FF 모델의 콘셉트를 한 단계 더 끌어올렸다. 성능이 향상되고 스타일도 개선됐으며 루소라는 이름의 콘셉트까지 추가된 이 GTC/루소 모델은 결국 보편적인 찬사를 받지 못하던 '스테이션 왜건 같은 이미지를 개선하는 데도 성공했다. 이 모델은 오리지널 버전에 비해 스타일이 훨씬 더 멋있어진 데다가, 그 무렵 고객들은 이제 해치백 루프가 달린 새로운 2+2 자동차 개념을 받아들이기 시작했다. 게다가 트윈-터보차저까지 채택되었다. 더 이상 좋을 수가 없었다.

GTC4 루소 모델은 페라리가 기존 모델을 빠른 속도로 업데이트해 더 멋지고 더 성능 좋고 더 첨단 기능을 가진 '모디피카타' 즉 업데이트 버전으로 만들어낼 수 있다는 걸 보여준 예이다. 그러나 페라리는 상당한 변화를 거쳐 재탄생한 이 모델을 FF M이라 부르지 않고 GTC4 루소라 불렀다. GTC4와 루소 모두 과거에 큰 성공을 거두었던 페라리 모델의 이름이다.

2016년 페라리는 캘리포니아 모델에 프런트 엔진용으로 쓰기 위해 개발된 트윈-터보차저 방식의 8기통 엔진 모델을 추가했다. 새로운 변종인 GTC4C 루소 T 모델이 새로 추가됐으나 이 모델은 자연 흡기식 엔진

페라리 J50은 488 모델을 일본 시장에 맞게 변경한 모델로, 단 10대만 제작되었다. 이 모델의 공격적인 디자인은 최종적인 업데이트를 거쳐 488 모델을 대체하게 될 F8 트리부토 모델을 연상케 하며, 어느 정도는 몇 년 후에 나오게 될 SF90 스트라달레 플러그-인 하이브리드 모델도 연상케 한다. 오늘날 이 모델은 일본 내수 모델(JDM) 서클 내에서 아주 인기가 높으며 수백만 달러에 팔리고 있다.
© Mariusz Burcz/Alamy Stock Photo

이 장착된 GTC4 모델의 대체품은 아니었고, 고객들은 이제 12기통 엔진과 바이-터보bi-turbo 방식의 8기통 엔진 중에 선택할 수 있었다. 출력이 즉각 602마력(이 정도면 아주 핫한 '스테이션 왜건 아닌가?)으로 늘어났고, 또 다른 캘리포니아 T 모델의 기술이 가장 새로워진 루소 모델로 이전되었다.

2016년과 2017년 모델 연도에 페라리는 나온 지 5년 된 캘리포니아 모델을 철저히 뜯어고친(그리고 이름까지 고친) 또 다른 놀라운 모델을 내놓았다. 페라리는 캘리포니아 모델을 워낙 철저히 업데이트하고 디자인도 변경해, 단순한 '모디피카타' 즉 업데이트 버전 개념을 크게 뛰어넘었으며, 그래서 페라리 포르토피노Ferrari Portofino라는 완전히 새로운 이름이 붙었다. 참고로 포르토피노는 이탈리아의 부유하고 멋진 해안 휴양 도시이다. 앞쪽과 뒤쪽 스타일이 크게 변하고 실내 역시 변해, 새로운 모델은 캘리포니아, 캘리포니아 30, 캘리포니아 T 모델보다 조금 더 공격적으로 보인다. 새로운 포르토피노 모델은 무게가 오리지널 캘리포니아 모델보다 약 80kg 가벼워졌는데, 보다 무거운 알루미늄 프레임의 좌석들이 보다 가볍고 얇은 마그네슘 프레임의 좌석들로 바뀌는 등 무게의 대부분이 실내에서 줄었다. 핸들과 거기에 부착된 각종 제어 장치들 역시 최신 페라리 디자인으로 업데이트되었다. 배기량 3.9리터짜리 바이-터보 방식의 8기통 엔진의 테일은 약간 더 타이트하게 구부러져 출력이 40마력 늘었다. 대체로 포르토피노 모델은 그 토대가 된 오리지널 캘

페라리 812 슈퍼패스트 모델은 확실히 '슈퍼'와 '패스트'라는 이름값을 했다. 이 모델명에서 '8'은 800마력을, 그리고 '12'는 물론 12기통 엔진을 뜻한다. 이 모델은 길고 편안한 럭셔리함과 최상급 슈퍼카의 성능을 두루 갖추었다. 이 812 슈퍼패스트 모델은 크로스컨트리(또는 유럽 대륙 횡단)에 이상적이며, 가끔 유명한 레이스 코스 경주에도 나섰다. 이 모델을 몰고 나갔을 때 한 구경꾼이 내게 이런 말을 했다. "새로운 코르벳 모델도 이렇게 멋졌으면 좋겠습니다."
© James Mann

리포니아 모델보다 성능도 더 뛰어나고 조금 더 공격적인 그랜드 투어링 자동차였다.

페라리는 오랜 세월 '특별판'이나 '한정판' 모델들을 내는 일에 숙달되어 있다. J50이란 이름이 붙은 모델도 내놓았는데, J라는 알파벳은 일본 시장만을 위해 제작된 아주 특수한 자동차 10종에 붙는다. 이 특별판 자동차는 '페라리 스페셜 프로젝트 팀'이 2017년에 제작한 것으로, 그 프로젝트 팀은 보다 특별한 페라리 한정판 자동차들을 다룬다. 특히 J50 모델은 2016년 페라리가 일본 시장 진출 50주년을 맞아 그 기념으로 내놓은 것이었고, 그래서 이름도 J50이 된 것이다. 이 모델은 페라리 488 GTB의 스타일을 토대로 제작됐지만, 페라리 디자이너들은 타르가 타입의 탈착식 루프 패널이 장착된 이 모델에 페라리 특유의 공격적인 이미지를 주려고 많은 노력을 했다.

2017년에 페라리와 관련된 가장 큰 뉴스는 그들이 12기통 프런트-라인, 프런트-엔진이 장착된 베를리네타 쿠페의 완전한 업그레이드 버전을 내놓은 것이었다. 충분할 정도로 다양한 F12 모델들이 출시됐지만, 고객들은 여전히 더 많은 F12 모델을 원했다. 그리고 자신들의 최고급 12기통 엔진을 재창조하는 과정에서, 페라리는 또다시 자신들의 오랜 자동차 역사를 뒤져 아주 유명한 콘셉트카이자 후속 모델이었던 슈퍼패스트라는 이름을 되살려냈다. 그래서 새로운 자동차에는 812 슈퍼패스트라는 이름이 붙게 된다. 이 모델은 여기저기서 F12 모델의 흔적들이 발견되지만, 어쨌든 사실상 모든 점에서 새로운 자동차이다. 여기서 812라는 수가 중요한데, '8'은 800(유럽 버전에서. 북미 스펙에선 789로 바뀌지만)의 경우에서처럼 완전히 새로운 12기통 엔진의 마력을 나타내고, '12'는 실린더 수를 나타낸다. 그리고 '슈퍼패스트'는 페라리 측의 주장에 따르면 그리고 또 실제로 최고 속도가 시속 약 340km에 달하기 때문에 붙은 이름이다. 변속기는 선택의 여지 없이 한 가지로, 페라리의 최신 오토-듀얼-클러치 수동 7단 트랜스액슬뿐이다. 이게 전부가 아니다. 아주 커다랗고 아주 효율적인 카본 세라믹 디스크 브레이크 얘기도 빼놓을 수 없다. 편안한 실내는 온통 아주 멋진 이탈리아산 가죽과 탄소섬유 그리고 알칸타라 원단으로 감싸여 있다. 일부 사람들은 이 모델을 역대 최고의 12기통 프런트-엔진 방식의 페라리 로드카라고 부른다.

2017년은 페라리 창사 70주년이 되는 해였고(1947년에 창업), 그래서 페라리의 사내 특별 프로젝트 디자인 팀은 창사 70주년을 기념하는 일련의 특별 모델들을 만들기로 했다. 과거부터 내놓은 70가지 주요 모델에 대해 각기 특별판을 내 창사 70주년을 자축하기로 한 것이다. 그리고 각 특별판에는 따로 이름을 붙였다. 페라리는 각 특별판당 5대씩 제작해 총 350대의 독특한 자동차들을 제작해 전 세계에 판매했다.

늘 그렇듯, 페라리는 새로운 488 GTB 쿠페 모델에 이어 바로 스파이더(Spider)라 불리는 오픈카 버전을 내놓았다. 머리카락을 휘날리는 많은 바람과 또 트윈-터보차저 방식의 엔진 쪽으로 들어가는 많은 바람 덕에 8기통 엔진은 더 힘차게 돌았다.
© Michael Ward/ Magic Car Pics

많은 도로 주행 테스트 담당자들(그리고 자동차 소유주들)에 따르면, 488 모델군을 대체한 F8 트리부토 모델의 경우 바이-터보차저 방식의 엔진이 장착된 488 모델과 자연 흡기식 엔진이 장착된 458 모델의 장점들이 더 개선된 디자인 속에서 잘 조합되어, 각 모델에서 제기됐던 문제들이 절로 해결되었다고 한다. 놀랄 만큼 현대적이고 공격적인 외형에도 불구하고, 전체적인 디자인 속에 페라리의 과거 모델들로부터 가져온 복고풍 이미지들이 교묘하게 잘 섞여 있다.
© GFWilliams

Monza Returns

몬자가 돌아오다, 라 피스타 마지카

페라리는 이탈리아 몬자 그랑프리의 유명한 레이싱 서킷인 라 피스타 마지카에서 그동안 많은 성공을 거두었으며, 그래서 페라리는 1953년부터 1957년 사이에 몬자Monza라는 이름을 붙인 로드카와 레이스카들을 제작하기도 했다. 가장 안목 높은 자사 고객들을 위해 단기간 내에 한정판 모델과 특별판 모델들을 디자인하고 개발하고 제작해내는 자신들의 능력을 과시하기 위해, 2020년에 페라리는 현대적인 섀시와 파워트레인을 토대로, 그러면서도 1950년대에 내놓았던 자신들의 그 특별한 몬자 모델들을 상기시킬 만한 스타일로, 멋들어진 특별판 모델 2대를 공개했다. 그중 하나는 '모노포스토monoposto' 즉 1인승 자동차인 몬자 SP1Monza SP1 모델이었고, 다른 하나는 듀얼-콕핏dual-cockpit 스타일에 가까운 2인승 모델이었다. 둘 다 지붕이나 창문이 없는 오픈카 형태의 로드스터였다. 아주 독특한 일이었지만, 1950년대의 몬자 모델들에는 람프레디가 디자인한 비교적 큰 직렬 4기통 엔진이 장착되어 있었다. 요즘의 페라리 모델에는 어울리지 않는 엔진 같겠지만, 배기량 2.0리터와 3.0리터짜리 직렬 4기통 엔진은 아주 정교한 트윈 오버헤드 캠 레이싱 엔진이었다. 그 엔진들은 밀레 밀리아 레이스나 타르가 플로리오 레이스처럼 복잡하고 기술적으로 난이도가 높은 레이스들에 참가하는 스포츠카들에도 쓰일 만큼 엄청난 토크 출력을 자랑하는 엔진들로 유명했다. 그러나 새로운 페라리 몬자 모델들(영어 'icon'에 해당하는 이탈리아어 Icona라는 이름의 시리즈 자동차 또는 양산차 형태로 나옴)에는 812 슈퍼패스트 모델들에 쓰인 그 강력한 800마력짜리 12기통 엔진이 장착되었다.

많은 자동차 제조업체들과 공장들 그리고 부품 시장 독립 업체들은 오랫동안 현대적인 섀시 및 주행 장치들에 다른 시대의 디자인 철학을 접목시키려 애써왔지만, 대개는 세세한 부분이나 전반적인 균형미 측면에서 실패를 맛봤다. 그러나 페라리가 새로 내놓은 이코나 몬자Icona Monza 모델들의 경우는 달랐다. 시각적으로나 기술적으로 현대적인 페라리 모델들이라는 건 의심의 여지가 없었고, 그러면서도 사려 깊고 세심한 신구의 조합으로 외형과 세세한 부분 그리고 균형미 측면에서 기막히게 멋진 모습을 띠게 된 것이다.

희귀한 모델들이냐고? 즉각 그리고 계획에 따라 단 500대만 제작될 것이다. 비싸냐고? 물론이다. 이 책을 쓰고 있는 지금 200만 달러다.

페라리는 자신들의 특별판 및 맞춤형 보디 제작 능력을 최대한 활용하는 방법을 익혔다. 몬자 그랑프리 레이스에 참가한 1950년대의 레이스카들에서 이름을 따오고 또 스타일 측면에서 그 레이스카들의 영향을 많이 받은 두 가지 몬자 모델은 제작 대수가 극도로 제한됐고 가격도 높았으며(페라리 자동차치고도) 수요도 많았다.

© Martyn Lucy/ Getty Images

페라리는 360 모데나(챌린지 스트라달레)와 F430(스쿠데리아) 그리고 458(스페치알레) 모델을 가지고 더욱 트랙 지향적인 첨단 변종들을 한정판 형태로 제작했다. 그러니 그런 페라리가 488 쿠페 모델과 오픈카 형태의 488 아페르타 모델을 가지고 그와 비슷한 한정판 488 피스타('트랙'을 뜻하는 이탈리아어)를 제작했다는 것은 충분히 납득될 것이다. 최대 출력 약 711마력에 산악 지대를 달리는 78kg/m 토크의 트윈-터보차저 방식의 엔진은 어떤가? 당연한 얘기지만, 차량 무게는 줄었고 변속기는 더 높은 rpm과 더 빠른 기어 변속을 할 수 있게 교정됐으며, 서스펜션 역시 더 높은 퍼포먼스가 가능하게 상당 부분 조정되었다. 이 488 피스타 모델은 2018년에 출시됐으며, 페라리 역사상 가장 강력한 8기통 엔진이 장착된 자동차였다.

2019년에 페라리는 8기통 미드-엔진 모델군을 새로운 F8 트리부토 쿠페 및 F8 트리부토 스파이더 버전으로 대체했다. 488 모델을 토대로 많은 진화를 했지만, 그 어떤 488 M 모델과도 전혀 다른 완전히 새로운 모델이었다. 외부 디자인은 물 흐르듯 했고 통합적이었지만, 그 이전의 8기통 미드-엔진형에서 완전히 현대적인 모습으로 진화되었다. 그 외에 더 전통적인 듀얼 리어 테일라이트들, 작은 플리퍼 스타일의 외부 도어 핸들(1970년대 초에 나온 데이토나 모델을 연상케 하는), 새로운 휠 디자인, 여기저기 사용된 탄소섬유 장식 그리고 지극히 이국적인 F40 모델을 상기케 하는 퍼스펙스 소재의 뒤쪽 창 등도 눈에 띄었다. 최대 출력이 710마력인 트윈-터보차저 방식의 8기통 엔진이 많은 변화를 거치고 업그레이드된 오토-듀얼-클러치 방식의 7단 트랜스액슬과 연동되어 움직였다. F8 트리부토 쿠페 및 F8 트리부토 스파이더 버전은 성능과 효율성, 배기가스 배출, 안정성 면에서 타의 추종을 불허하는 기준을 세웠고, 그래서 페라리 측에서는 이 모델들을 "새로운 미드-리어-엔진이 장착된 스포츠카로, '도약하는 말'의 고전적인 2인승 베를리네타의 궁극적인 모델들"이라 부른다.

2010년대에 접어들면서 그랬듯, 페라리는 2020년과 2021년에 새롭게 업데이트된 모델들을 내놓았다. 이전에 쿠페 형태로만 나왔던 812 슈퍼패스트 모델은 2021년에 GTS*라 불리는 오픈카 버전으로 출시되었다. 이 모델의 기계적 사양과 성능은 사실상 812 베를리네타 모델의 경우와 동일했다.

페라리는 그 당시 자신들의 자동차 이름을 중요한 모데나나 마라넬로 그리고 포르토피노 같은 이탈리아 도시나 지역 이름에서 따오는 경우가 많았는데, 2020년에 새로운 8기통 프런트-엔진이 장착된 그란 투리스모 베를리네타 버전을 내놓으면서 로마라는 지명을 선택해 페라리 로마Ferrari Roma라 명명했다. 로마 모델은 대략 포르토피노 모델의 쿠페 버전으로 생각될 수도 있지만, 그렇게 단순히 비교하기엔 너무 독특한 모델이다. 섀시 구조는 상당히 비슷하며, 파워트레인 역시 포르토피노 모델의 파워트레인에서 진화된 것이다. 또한 로마 모델의 특성들은 미드-엔진형 모델들에 비해 덜 '극단적'이며, 빠른 속도와 편안함 그리고 멋진 그랜드 투어링에 더욱 최적화되어 있다. 그리고 또 캘리포니아나 포르토피노 모델과 마찬가지로 페라리 자동차를 처음 구입하는 많은 사람들의 관심을 끌 것으로 예상되었다.

로마 모델의 분명한 목표 중 하나는 우아하면서도 '매력적인' 페라리를 만드는 것이었다. 그렇다고 해서 다른 고성능 페라리 모델들이 매력적이지 않다는 얘기는 아니지만, 그런 모델들은 로마 모델보다 윙과 스쿠프와 엣지가 더 많아 전체적인 분위기부터 다르다. 물 흐르듯 우아한 스타일의 페라리 쿠페들에 대한 얘기를 하다 보면 1960년대 초에 나온 250 GTL 루소 모델을 떠올리게 되는데, 그 루소야말로 새로운 로마 모델에

페라리는 2018년에 캘리포니아 모델을 워낙 크게 업데이트하고 개선해, 그 새로운 모델에 포르토피노(이탈리아에서 가장 유명하고 아름다운 해안 리조트 지역들 중 하나)라는 새로운 이름을 붙였다. 능히 짐작되겠지만, 이 모델은 투-도어와 접이식 하드톱 등 캘리포니아 모델의 기본적인 요소들을 그대로 유지하면서도 스타일과 디자인은 업데이트됐고 새로운 계기 장치들과 인포테인먼트 기술이 적용됐으며 성능과 핸들링 역시 개선되었다. 그리고 모든 캘리포니아 모델에 장착됐던 자연 흡기식 엔진이 포르토피노 모델에서는 완전히 바이-터보차저 방식의 8기통 엔진으로 바뀌게 된다. © James Mann

RO21 YCH

더없이 잘 어울리는 이름이기 때문에, 그게 현재 다른 페라리 모델에 쓰이고 있다는 것은 다소 안타까운 일이다. 아무튼 현재 이름은 로마이고, 너무 멋진 모델이다. 전적으로 이탈리아 스타일에 전적으로 페라리 자동차인 로마 모델은 물 흐르듯 하는 선들과 최소한의 공격적인 외형에 전체적으로 뛰어난 균형 감각을 갖고 있어, 자신이 '럭셔리한 스포츠카'라는 것을 큰 소리로 분명하게 밝히고 있다.

그 외에 2021년에 캘리포니아 모델로 세상에 나온 자동차가 또다시 대규모 업데이트를 거쳤다. 포르토피노 M*이라 불린 이 최신 캘리포니아 버전은 페라리 포르토피노 모델이 진화된 것이었다. 새로운 '도약하는 말' 2+ 스파이더Spider 모델은 여러 가지 새로운 기술적 특징과 디자인상의 특징을 과시하고 있는데, 그중 특히 주목할 만한 것은 8단 듀얼-클러치 기어박스와 5-포지션 마네티노Manettino 통합 시스템 제어 다이얼(페라리 GT 컨버터블 모델에는 처음 채택됨)이다. 포르토피노 M 모델은 여전히 접이식 하드톱이 장착된 스파이더 버전이지만, 일부 사람들로부터 페라리 자동차치곤 '너무 부드럽다'는 비판을 받던 이전 캘리포니아 모델들보다 더 첨단을 걷고 성능도 더 뛰어난 스포츠카이다. 심지어 완전히 재창조되고 재설계된 배기 장치 덕에 배기음도 좀 더 컸다.

앞서 라페라리 모델에 대해 살펴볼 때, 우리는 전기 모터와 하이브리드 구동 장치를 적절히 이용할 경우 얼마나 큰 효과를 볼 수 있고 또 얼마나 성능이 좋아질 수 있는지 보았다. 2021년에 페라리는 이 모든 걸 SF90이라는 새로운 최고급 8기통 미드-엔진 하이브리드-전기 모델에 적용해, 지붕이 막혀 있는 쿠페(스트라달레)와 오픈카 형태의 스파이더(SF90 스파이더) 그리고 트랙 지향적인 초고성능 SF90 버전인 SF90 아세토 피오라노SF90 Assetto Fiorano(페라리의 사내 테스트 트랙인 라 피스타 피오라노에서 이름을 따왔다)를 내놓았다. 12기통 엔진이 없다는 점만 제외하고, SF90 모델은 앞서 언급한 라페라리 모델의 업데이트 및 대체 버전이라고 생각해도 좋다. 고도로 발전된 바이-터보차저 방식의 배기량 4리터짜리 8기통 엔진이 전기 모터 3대와 4륜구동 장치, 그리고 기어 변속 및 반응 속도가 아주 빠른 오토-듀얼-클러치 방식의 8단 트랜스액슬의 도움을 받아 무려 986마력의 출력을 뿜어낸다.

반대쪽 두 모델이 섀시와 플랫폼 그리고 파워트레인 등 상당 부분을 공유하고 있다고 말하는 것은 문제가 없지만, 페라리의 새로운 로마 모델이 포르토피노 모델의 쿠페 버전에 지나지 않는다고 보는 건 무리일 것이다. 극도로 우아한 베를리네타 버전인 로마 모델의 목표는 보기도 좋으면서 동시에 페라리 자동차답게 성능도 뛰어나고 또 새로운 구매자들의 마음을 사로잡는 것이다. 진정 얼마나 '달콤한 인생(La Dolce Vita)'인가!
© GFWilliams

반대쪽 페라리의 최신 하이퍼-하이브리드 자동차인 SF90 스트라달레는 페라리 모델 중 꼭대기에 위치해 있다. 가격이 50만 달러인 이 모델의 배기량 4.0리터짜리 트윈터보 8기통 엔진은 플러그-인 방식의 하이브리드 전기 모터와 함께 포장도로에서 무려 986마력의 출력을 낸다. © Martyn Lucy/Getty Images

미래의 페라리

페라리는 현재 최대 출력 800마력의 자연 흡기식 12기통 엔진과 최대 출력 986마력의 4륜구동 하이브리드 트윈-터보차저 8기통 엔진을 보유하고 있는데, 또 다른 1000마력짜리 고성능 도로 주행용 모델을 내놓는 게 그리 어려운 일일까? 페라리가 그런 모델이나 모델군의 출시 계획을 발표한 적은 없지만, 우리는 곧 그런 모델이 나올 거라고 확신한다.

단기적으로 훨씬 더 실현 가능해 보이는 것은 순수한 페라리 전기 자동차(EV) 모델이다. 페라리는 하이퍼카 라페라리 모델과 초고성능 자동차 SF90 모델 같은 하이브리드-구동 방식의 모델들에서 이미 관련 기술을 많이 배웠으며 또 상당 수준 발전시켜왔다. 게다가 페라리는 그간 자신들의 전기 자동차 출시 계획을 특별히 비밀에 부치려 하지도 않았다. 물론 구체적인 내용이 공개된 적은 거의 없지만, 페라리 회장인 존 엘칸John Elkann이 2025 모델 연도 출시를 언급한 바는 있다.

페라리 고성능 SUV 자동차라는 개념은 전통주의자들의 귀에는 이상하게 들릴 수도 있겠지만, 그런 자동차는 정말 있으며 2022년에 푸로산게*라는 이름으로 나오게 된다. 그 모델의 동력 전달 장치, 디자인, 성능 재원 등에 대해선 아직 공개된 게 없으나, 8기통이나 12기통 엔진형이 될 수도 있고 전기화된 하이브리드형이 될 수도 있을 것이다. 위장된 시제품인지 아니면 실제 푸로산게의 모습인지는 알 수 없지만, 그 전기 자동차가 분명한 '쿠페' 또는 패스트백 루프라인과 오프닝 리어 해치가 있는 4도어 해치백이라는 걸 보여주는 '스파이 사진'과 기타 다른 그림들도 있다.

어쨌든 페라리 앞에는 희망찬 미래가 펼쳐져 있으며, 그 브랜드 및 제품 잠재력 또한 크다. 또한 페라리는 세계에서 가장 인지도 높고 가치 있는 브랜드로, 기업의 재정 상태도 좋고 관리도 잘되고 있으며, 전기 자동차 같은 미래의 기술에도 많은 투자를 하고 있어, 세계의 그 어떤 기업만큼이나 신제품 및 관련 제품들을 효과적으로 개발할 수 있다. 코로나 바이러스가 창궐하던 2020년에도 거의 1만 대의 자동차를 판매했다는 걸 감안하면, 오랜 역사를 가진 페라리의 수요는 언제든 보장되어 있다고 봐도 될 듯하다.

한때 페라리 회장이었던 루카 코르데로 디 몬테제몰로는 언젠가 다음과 같은 유명한 말을 했다. "페라리는 단순한 자동차가 아니라 꿈이다." 그런 맥락에서, 그 꿈은 분명 계속될 것이다.

페라리는 과거의 뿌리 위에 완전히 새로운 내일을 향해 가지를 뻗고 있다. 새로운 296 GTB 모델은 페라리가 40년 넘는 세월 중 처음으로 6기통 엔진을 장착한 도로 주행용 자동차로, 트윈-터보차저와 플러그-인 배터리 그리고 전기 모터를 통해 최대 출력이 830마력에 달하며, 페라리 포뮬러 원 자동차들과 디자인 요소를 공유하고 있다. 모델명에 들어 있는 숫자 '29'는 엔진 배기량 2.9리터를 뜻하고 '6'은 실린더 수를 의미한다.
© abrizioannovi/Alamy Stock Photo

끝없이 들려오는 먼 드럼 소리처럼 당신의 온몸을 휘저으며 대기 속으로 울려 퍼지는 배기음, 전속력으로 내달릴 때 12기통 페라리 엔진에서 뿜어대는 그 우렁찬 배기음에 필적할 만한 소리는 없다. 수작업으로 만든 정교한 차체에서 느껴지는 그 짜릿함 속에서 당신은 욕망과 시가 결합된 위대한 자동차 역사를 보게 된다. – 데니스 애들러

페라리는 열정이며, 열정은 무한하다. 지난 75년간 노란색과 검은색으로 된 카발리노 람판테, 즉 '도약하는 말' 엠블럼이 달린 페라리 자동차들은 스피드와 관능미의 궁극적인 표현이었다. 지난 75년간 페라리 자동차들은 근육이 발달된 운동선수, 순수 혈통을 지닌 말의 우아함과 스피드 그리고 고전적인 건축물의 아름다움에 비유되곤 했다. 게다가 페라리는 지난 75년간 스포츠카의 기준이 되어 다른 모든 스포츠카들의 비교 대상이 되었다.

지금은 고인이 된 내 친구이자 집필 파트너이기도 한 T. C. 브라운은 여러 해 전 전 세계의 학자들이 'Ferrari'가 가장 널리 알려진 이탈리아어라는 데 동의한다는 말을 했다. 이 책 『페라리 75년』에서 우리는 마라넬로에서 출발해 승리와 비극과 천재성으로 포장된 먼 길을 걸어오며 전설을 쓴 페라리에 경의를 표한다. 우리는 또 엔초 페라리가 제2차 세계대전 직후인 1947년에 페라리 티포 125 스포츠 모델에 처음으로 자기 이름을 붙인 이래 그와 그의 자동차들에 대해 그리고 그 모든 게 스포츠카 애호가들에게 의미해온 바에 대해서도 경의를 표한다.

엔초 페라리에게는 많은 재능이 있었고, 그는 그 재능을 최대한 활용했다. 그는 노련한 카레이서로 많은 승리를 거두기도 했으나, 알파 로메오의 레이싱 팀을 이끌 때든 레이스카들을 제작할 때든, 그의 가장 위대한 재능은 다른 사람들을 지휘하고 이끄는 데 있었다. 엔초는 자기 자신의 특성과 사람들을 '움직이는' 타고난 재능에 대해 이렇게 적었다. "나는 스스로 디자이너나 발명가라고 생각한 적은 전혀 없지만, 일을 진행하고 계속 해나가는 걸 해내는 유일한 사람이라 생각합니다." 그 '타고난 재능' 덕에 엔초 페라리 주변에는 늘 재능 있는 사람들이 들끓었다. 그래서 지오아키노 콜롬보, 비토리오 자노, 마우렐리오 람프레디 같은 엔지니어들과 카를로 펠리체, 비안키 안데를로니, 바티스타 피닌 파리나, 세르지오 스카글리에티, 마리오와 기안 파올로 보아노, 세르지오 피닌파리나 같은 디자이너들의 이름은 페라리 자동차 그 자체만큼이나 페라리 전설의 큰 부분이 되었다. 그리고 페라리와 관련된 모든 사람들 가운데 가장 위대한 인물로 지금은 고인이 된 루이지 치네티 시니어에 대해서도 잊지 말자. 그의 노력이 없었다면, 아마 오늘날 페라리에 대해 쓸 게 별로 없었을 것이다.

페라리 자동차는 자동차 역사상 가장 많은 글이 쓰였으면서도 가장 이해하기 어려운 스포츠카들 중 하나이며, 그래서 나는 페라리 공장이 있는 마라넬로에서부터 죽 이어져온 이 혼란스러운 길을 환히 밝혀준 페라리 관련 저자들에게 최대한의 존경심을 표하고자 한다. 가장 주목할 만한 것은 페라리의 역사를 십자군 운동으로 이해하게 해주는 앙투안 프루네

의 책이다. 고인이 된 한스 태너는 더그 나이와 함께 그 어떤 책보다 광범위한 페라리 초기의 역사를 썼으며, 그 책은 페라리 레이싱에 대한 필독서가 되었다. 그리고 물론 나의 첫 편집자로 지금은 고인이 된 딘 배철러가 쓴 뛰어난 페라리 관련 책들은 전 세계적인 참고 도서들이 되었다.

이 책을 쓰면서 우리는 더 많은 조사가 필요할 경우 오토모빌리아가 이탈리아에서 출간한 두 권짜리 놀라운 책 『페라리 분류 목록Ferrari Catalogue Raisonne』, 기아니 로글리아티, 세르지오 피닌파리나, 발레리오 오레티가 공동 집필해 아벨빌레 출판사에서 출간된 『페라리 - 전설의 디자인, 공식 역사와 카탈로그Ferrari - Design of a Legend, the Official History and Catalog』, 엔초 페라리가 쓴 『엔초 페라리 회고록: 내 엄청난 기쁨들The Enzo Ferrari Memoirs: My Terrible Joys』 등을 참고했다.

이 책의 내용에 도움을 준 또 다른 사람으로는 지금은 고인이 된 데니스 매클루게이지를 꼽을 수 있는데, 그녀는 페라리 NART 소속으로 레이스에 참가한 최초의 여성 카레이서들 중 한 명으로, 자동차 저널리즘 분야에서도 진정 빛나는 별 중 하나였다. 그 외에도 이 책이 나오기까지, 그것도 한 번만이 아니라 세 번이나, 보이지 않는 데서 도움을 준 사람들도 많다. 그런 사람들로는 우선 내 출판 대리인인 피터 리바, 지금은 고인이 된 로버트 M. 리와 로버트 M. 리 컬렉션, 스콧 버간을 꼽을 수 있고, 딕 페서와 피터슨 자동차 박물관, 세계 최고 수준의 자동차 수집가들인 스키츠 던, 데이비드 사이도릭, 샘 만과 에밀리 만, 내 친구로 가끔 이탈리아어 통역도 해주는 루이지 '코코' 치네티 주니어도 빼놓을 수 없다. 그 외에 R. L. 윌슨과 스티브 피에스태드는 나와 함께 이 책 집필을 위해 너무 많은 모험을 해주었는데, 지금은 둘 다 이 세상에 없지만 영원히 기억될 것이다. 지금은 고인이 된 그레그 개리슨은 정말 멋진 친구이자 위대한 페라리 애호가였다. 론 부슈틸 박사와 칩 코너도 빼놓을 수 없다. 특히 내 친구이자 완벽한 자동차 광이었던 브루스 메이어, 그 친구의 친절한 도움이 없었다면 이 책에서 몇몇 멋진 자동차들은 아예 다룰 수도 없었을 것이다.

이 책에 들어 있는 옛 사진들과 신모델들의 사진들 가운데 상당수는 페라리 NART와 이탈리아의 페라리 본사에서 세계에서 가장 멋진 자동차 사진들 일부와 함께 제공한 것들이다.

페라리 창사 75주년을 기념하기 위해 출간된 이 책으로 인해, 페라리는 또 다른 이정표를 갖게 되었다. 얼마나 기쁜지 동의하지 않을지 모르지만, 나는 엔초와 루이지도 기뻐할 거라 확신한다.

캘리포니아 롱비치에 있는 사우스베이 스튜디오에서 이 책 초판에 쓸 212 투어링 바르케타 모델(헨리 포드 2세에게 선물)을 촬영 중인 필자.

주요 용어

본문의 내용 이해를 돕기 위해 옮긴이가 작성한 것이다.

5점식 안전벨트five-point safety harnesses
자동차 사고시 안전성을 높이기 위해 설계된 안전벨트로 자동차 레이스에서 의무화되었다.

ECU
엔진 회전 속도와 해당 기어에 맞춰 토크를 조절하는 전자 제어 장치.

GT
그랜드 투어러(Grand Tourer)의 줄임말로, 장거리 운전을 목적으로 설계된 고성능 자동차.

GTB/C
GTB 콤페티지오네(Competizione)의 줄임말. competizione는 '경쟁'이란 뜻의 이탈리아어.

GTS
그란 투리스모 스파이더(Gran Turismo Spider)의 줄임말.

tdf
투르 드 프랑스(Tour de France)의 약어.

강직 차축rigid axle
좌우 차륜이 독립적으로 진동할 수 없는 차축.

개비어gabbia **또는 케이지**cage
'새장'이라는 뜻으로, 여기에서 마세라티의 버드케이지(Birdcage)라는 자동차 이름이 나왔다.

개스킷gasket
접합부를 메우는 데 쓰이는 패킹.

걸윙Gullwing
갈매기 날개처럼 위로 젖히게 되어 있는 도어.

그란 투리스모 Gran Turismo
레이스카 제조 기술을 적용한 고성능 자동차로 흔히 GT 카라고 한다.

그란 투리스모 오몰로가토 Gran Turismo Omologato
레이스카 승인을 받은 GT, 즉 고성능 자동차라는 뜻이다.

기어 변속 시간gear-shifting time
2개의 클러치가 열리고 닫히는 단계들 간에 겹치는 시간.

기어 변속비gear ratio
크랭크축에서 발생한 엔진의 출력이 변속기 안에서 구동력으로 변환될 때 각 기어의 비율.

기어시프트gearshift 기어 변환 장치.

기업 평균 연비corporate average fuel economy
미국에서 기업에 부과하는 연간 생산 자동차의 평균 연비.

내구 레이스endurance race
장시간 또는 장거리를 달려 운전자와 자동차의 성능을 시험하는 레이스.

뉴 가드 New Guard
원래는 정계에 새로 두각을 드러내는 사람들 집단을 뜻하나, 여기선 새로 두각을 드러내는 자동차 집단 정도의 뜻으로 쓰인다.

다운드래프트downdraft
하향 통풍식.

다운포스downforce
공기역학적으로 주행 중인 차의 보디를 공기가 노면 쪽으로 내리누르는 힘.

다이렉트 드라이브direct drive
전동기의 회전력을 기어 박스 등을 통하지 않고 구동 대상에 직접 전달하는 방식.

당량비equivalence ratio
연소시 연료와 공기의 비율.

댐퍼damper
진동 에너지를 흡수하는 장치로 제진기 또는 흡진기라고도 한다.

댐핑damping
진동을 흡수해서 억제시키는 것.

덕트duct
공기가 흐르게 만든 공기 통로.

도어 래치door latch
흔히 도어 록(door lock)이라고도 한다.

드라이브라인driveline
변속 기어에서의 출력을 구동축에 전달하는 구동 장치 부분.

드립 몰딩drip molding
유리창 가장자리를 둘러싼 굴곡진 금속 몰딩.

디퍼렌셜differential

차량의 각 바퀴에 토크를 분산시키는 장치.

라임록Lime Rock

미국 코네티컷에 있는 자연적인 모터 스포츠용 도로.

랩 타임lap time

트랙을 한 바퀴 도는 데 걸리는 시간.

랩어라운드wraparound

유리를 나누지 않고 한 장으로 제작하는 것.

로드 레이스road race

트랙이 아닌 도로에서 치러지는 레이스.

로드스터roadster

지붕이 없는 2인승 자동차.

로열royale

자동차와 관련해서 '럭셔리한 제품' 또는 '최첨단 제품' 정도의 뜻이다.

로커 패널rocker panel

자동차를 옆에서 보았을 때 도어 아랫부분.

롤 케이지roll cage

전복 사고시 탑승자를 보호하기 위해 차 안에 설치하는 케이지.

롤링rolling

차가 좌우로 흔들리는 현상.

루버louver

폭이 좁은 판을 비스듬히 일정 간격을 두고 수평으로 배열한 것.

리 아이아코카 Lee Iacocca

파산 직전인 크라이슬러를 미국 톱3 자동차 기업으로 만든 기업가.

리어 벤치rear bench

벤치처럼 붙어 있는 뒷좌석 자리.

리어 스포일러rear spoiler

자동차의 전반적인 공기 저항 계수를 저하시키지 않고 필요한 다운포스를 만들어내는 스포일러.

모노코크monocoque

보디와 프레임이 일체가 된 자동차 구조.

모델 연도model year

자동차가 설계된 연도.

모디피카타modificata

영어의 modified에 해당하는 이탈리아어. '변경된'이라는 뜻이다.

모트로닉motronic

독일 보쉬에서 개발한 전자식 점화 시스템.

뮬산느 스트레이트 Mulsanne Straight

르망 24시간 레이스 구간들 가운데 길이가 6킬로미터에 달하는 직선 구간.

미드-엔진mid-engine

자동차 중앙에 위치한 엔진.

박서 엔진boxer engine

수평 대향형 엔진이라고도 한다.

배기 헤더exhaust header

배기 가스의 흐름을 최적화해 엔진 성능을 향상시키는 장치.

배압back pressure

배출구로 나가는 기체의 압력.

밸브트레인valvetrain

캠축에서 밸브 시트까지의 모든 밸브 작동 기구.

베를리네타Berlinetta

이탈리아어로 'little saloon'의 의미이며 흔히 '스포츠 쿠페'를 뜻한다.

벨트 라인belt line

옆에서 볼 때 후드에서 옆 유리창 아래쪽을 지나 뒤로 이어지는 선.

보어bore

실린더의 안쪽 지름.

브레이크 마력brake horsepower

내연기관 등에서 실제로 기관에 이용되는 마력.

센터 터널center tunnel

차체 바닥 가운데를 앞뒤로 잇는 튀어나온 부분.

셸비 아메리칸 Shelby American

미국 고성능 자동차 제조업체.

소프트 톱soft top

직물 등으로 된 자동차 지붕.

수페르레게라Superleggera

'초경량'이란 뜻을 가진 이탈리아어.

쇼크 업소버shock absorber

주행 중 발생하는 노면의 충격과 진동을 흡수해 승차감을 향상시키는 충격 흡수 장치.

슈팅 브레이크shooting brake/shooting break

쿠페와 웨건을 합친 형태.

스커드 미사일 Scud Missile

페라리 430 스쿠데리아 모델의 애칭.

스테이션 웨건station wagon

뒷좌석 뒤에 화물칸을 만들어 사람과 화물을 동시에 운반할 수 있게 제작된 자동차.

스트로크stroke

피스톤 등의 왕복 운동 거리.

스파이더spider/spyder

자동차 업계에서 이 말은 2인승 컨버터블과 비슷한 뜻으로 널리 쓰인다.

스페이스-프레임space-frame

입체 뼈대라고도 한다.

슈포르트바겐sportwagon

영어의 스포츠카(sports car)에 해당하는 독일어.

시케인chicane

자동차 속도를 줄이게 하기 위한 이중 급커브.

시프트 노브shift knob

기어 변속 손잡이.

아우토스트라다autostrada

이탈리아의 고속도로.

안내 날개guide vane

유체의 흐름을 적당한 방향으로 유도하기 위한 유선형 날개.

암코armco

자동차 레이스 도로의 코너 등에 세우는 금속제 안전 장벽.

언더스티어understeer

코너를 돌 때 회전 반경이 핸들을 돌린 각도보다 커지는 현상.

오버드라이브overdrive

속도를 내기 위해 가장 높은 기어를 사용하는 것. 증속 구동이라 한다.

오버스티어oversteer

코너를 돌 때 회전 반경이 핸들을 돌린 각도보다 작아지는 현상.

오일 섬프oil sump

기름받이.

와이어-스포크 휠wire-spoke wheel

바퀴의 림과 중심부를 강선으로 연결한 차 바퀴.

인간-기계 인터페이스human-machine interface

인간과 기계가 상호작용을 하는 것.

인스트루먼트 패널instrument panel

대시보드 중에 각종 기계 장치가 달려 있는 부분.

인터쿨러intercooler

흡입 공기를 냉각하는 장치.

인포테인먼트inforainment

정보(information)와 즐거움(entertainment)의 합성어로 '정보 오락' 정도의 뜻.

일 코멘다토레Il Commendatore

엔초 페라리의 애칭으로 '사령관' 정도의 뜻이다.

전장overall length

보디 앞의 가장 튀어나온 부분에서 보디 뒤의 가장 튀어나온 부분까지의 길이.

친 스포일러chin spoiler

자동차 전면 하부에 붙인 턱 모양의 스포일러.

카레라 파나메리카나Carrera PanAmericana

멕시코에서 열리던 장거리 자동차 경주.

컨버터블convertible

지붕을 접었다 폈다 할 수 있는 자동차.

케블라Kevlar

미국 듀퐁이 1973년 개발한 내열성 합성 섬유.

쿼터 윈도quarter window

뒤쪽 창 뒤의 조각 창.

크라운 주얼crown jewel

왕관의 보석. 가장 가치 있는 자산을 뜻한다.

크래시 박스crash box

충격 완화 장치.

타임 레이스time race

정해진 시간 안에 얼마나 먼 거리를 달렸는지를 놓고 겨루는 레이스.

탄소 발자국 등급carbon-footprint rating

온실 효과를 유발하는 이산화탄소 배출량 등급.

태코미터tachometer

자동차의 회전 속도를 나타내는 계기판.

터보 래그turbo lag

터보차저에서 가속 페달을 밟는 순간부터 엔진 출력이 운전자가 기대하는 목표에 도달할 때까지의 시간 지연.

테일 라이트tail light

흔히 미등 또는 후미등이라고 한다.

토크torque

프랭크축에 일어나는 회전력.

투어링카touring car

장거리 주행을 편하게 할 수 있는 자동차.

트랙track
자동차가 지나간 뒤 나타나는 타이어의 흔적에서 좌우 중심 간의 거리. 흔히 윤거라고 한다.

트랜스액슬transaxle
트랜스미션과 파이널 드라이브가 하나로 되어 있는 것.

트레일링 에지trailing edge
보디의 맨 끝부분.

트윈-캠 엔진twin-cam engine
고회전으로 성능을 높인 엔진.

파워트레인powertrain
클러치, 토크, 컨버터, 트랜스미션, 디퍼렌셜 등의 동력 전달계.

파이널 드라이브final drive
최종 감속 장치.

패스트백fastback
지붕에서 뒤끝까지 유선형으로 된 구조의 자동차.

퍼스펙스perspex
유리 대신 쓰는 강력한 투명 아크릴 수지.

펜더 루버fender louber
자동차가 고속 주행할 때 공기 흐름을 극대화시켜주는 펜더의 구멍.

포르토피노 M
이때의 M은 모디피카타(Modificata), 즉 '변화된 버전' 또는 '업데이트된 버전' 정도의 의미이다.

포모코FoMoCo
포드 모터 컴퍼니(Ford Motor Company)의 애칭.

포뮬러 원 Formula One
국제자동차연맹이 주관하는 세계 최고의 자동차 레이스로 F1이라고도 한다.

포뮬러 투 Formula Two
포뮬러 원보다는 좀 더 가벼운 대회. F2라고도 한다.

푸로산게Purosangue
'순종의'라는 뜻을 가진 영어 단어 'pur sang'을 이탈리아어화한 것이다.

풍동wind tunnel
인공적으로 바람을 일으켜 공기의 흐름이 물체에 미치는 영향을 조사하는 장치.

프런트 오버행front overhang
앞바퀴의 중심을 지나는 수직면에서 자동차의 맨 앞부분까지의 수평 거리.

프런트 파시아front fascia
그릴 부분의 자동차 전면부.

프런트-엔드front-end
자동차 앞쪽 끝. 뒤쪽 끝은 백-엔드(back-end).

플랫폼platform
주요 장치들이 장착된 기본 골격.

피칭pitching
차가 위아래로 흔들리는 현상.

피트pit
자동차 레이스 도중 급유, 타이어 교체 등을 하는 곳들.

픽스드-헤드 쿠페fixed-head coupe
스포츠카 모양의 쿠페.

필로타pilota
영어의 파일럿(pilot)에 해당하는 이탈리아어.

하드톱hardtop
지붕이 금속으로 된 스타일.

허니콤honeycomb
육각형 세포 모양의 금속.

회색시장grey market
품귀 제품을 비싸게 판매하는 시장.

회전속도계
분당 회전수인 rpm을 측정하는 계기.

후드 스쿠프hood scoop
후드 위에 덧대는 장치.

휠 아치wheel arch
바퀴 위의 아치형 부분.

휠 웰wheel well
타이어를 탈착하기 위해 움푹 들어간 부분.

휠베이스wheelbase
자동차의 앞바퀴 중심과 뒷바퀴 중심 사이의 거리로, 축간 거리라고도 한다.

페라리 75년

초판 1쇄 발행 2025년 4월 15일

지은이 데니스 애들러
옮긴이 엄성수

책임편집 이현은 **편집** 정일웅 **디자인** 피크픽
제작·마케팅 이태훈 **경영지원** 김도하 **인쇄·제본** 재원프린팅

펴낸곳 주식회사 잇담
펴낸이 임정원
주소 서울특별시 강남구 언주로 201, 1108호
대표전화 070-4411-9995
이메일 itdambooks@itdam.co.kr
인스타그램 @itdambooks
ISBN 979-11-982226-9-5 13030